Sonnenberg / Weis

Das Workshop-Buch
Photoshop CS3

Guido Sonnenberg / Stefan Weis

Das Workshop-Buch

Photoshop CS3

FRANZIS

Bibliografische Information der Deutschen Bibliothek

Die Deutsche Bibliothek verzeichnet diese Publikation in der Deutschen Nationalbibliografie;
detaillierte Daten sind im Internet über http://dnb.ddb.de abrufbar.

© 2009 Franzis Verlag GmbH, 85586 Poing

Herausgeber: Ulrich Dorn
Satz & Layout: Phoenix publishing services GmbH
art & design: www.ideehoch2.de
Druck: Himmer AG, Augsburg
Printed in Germany

· ISBN 978-3-645-60008-8

Alte Bilder, neue Bilder

Die wohl wichtigste Veränderung in der traditionellen Fotografie ist, dass man nun mit Unterstützung von Computer und Software die Bearbeitung seiner Fotos selber durchführen kann. Sie legen zu vergrößernde Bildausschnitte fest, nehmen Farbanpassungen vor, lassen störende Details verschwinden und begradigen mit einem Mausklick stürzende Linien. Alles kann nach Wunsch verändert werden. Mit leistungsfähigen Druckern geben Sie Ihre Bilder in bestechender Qualität aus oder schicken sie für die Ausbelichtung vorbereitet über die DSL-Leitung an ein Online-Fotolabor. Doch digitale Fotografie ist das eine, digitale Bildbearbeitung das andere. Leider wird die Bedeutung des Wissens zur Optimierung von Bildern durch irreführende Werbung nicht wirklich bewusst gemacht und heruntergespielt. Selbst für Ausbelichtungen wird quasi suggeriert, dass eine Nachbearbeitung nicht nötig sei, und im Internet werden immer noch Bilder von mehreren Megabyte und unrealistischen Bildgrößen hochgeladen. Die Arbeit ist selten damit getan, dass man ein Foto geschossen hat. Denn egal wie das Foto aufgenommen wurde, den letzten Schliff bekommt es immer mit der digitalen Nachbearbeitung. In diesem Kontext stellt sich natürlich die Frage nach der Wahrhaftigkeit eines Bildes. Inwieweit man die digitalen Beeinflussungsmöglichkeiten nutzt, entscheidet jeder für sich selbst. Das Ziel gestaltender Fotografie beschränkt sich niemals auf eine möglichst exakte Reproduktion, sondern lässt sich viel treffender mit den Worten „das Gesehene zeigen" ausdrücken.

Die in diesem Buch gezeigten Workshops helfen Ihnen, Ihre Vorstellungen von der Bildretusche gekonnt umzusetzen, und geben Ihnen viele wertvolle Bearbeitungshilfen mit auf den Weg.

Guido Sonnenberg, September 2009

INHALTSVERZEICHNIS

PHOTOSHOP CS3 WORKSHOPS

SCHNELLE BILD-KORREKTUREN

Schnelle Bildkorrekturen

Bilddateien umbenennen

Wer weiß schon, welches Bild sich hinter kryptischen Bezeichnungen wie *DCS123456.jpg*, *Bild16.tif* oder *L10203040.jpg* versteckt. Schon gar nicht bei der Masse von digitalen Fotos, die sich im Laufe der Zeit ansammeln. Früher oder später werden Sie sich beim Archivieren der Bilddateien der Umbenennung stellen müssen. Doch keine Angst, Sie müssen nicht jedes Bild einzeln öffnen und neu abspeichern. Das Ganze funktioniert schneller und einfacher als Sie denken. Sich einen aussagekräftigen Namen für

die Bilddateien auszudenken, ist vielleicht am schwierigsten.

Starten wir mit der ersten Möglichkeit, vielen Dateien schnell eine neue Bezeichnung zuzuweisen. Das Programm Adobe Bridge offeriert Ihnen unter anderem diese Möglichkeit. Möchten Sie nur vereinzelte Dateien umbenennen, dann bietet Ihnen das Programm tolle Sortiereigenschaften und Auswahlverfahren, um Ihre Favoriten zu bestimmen.

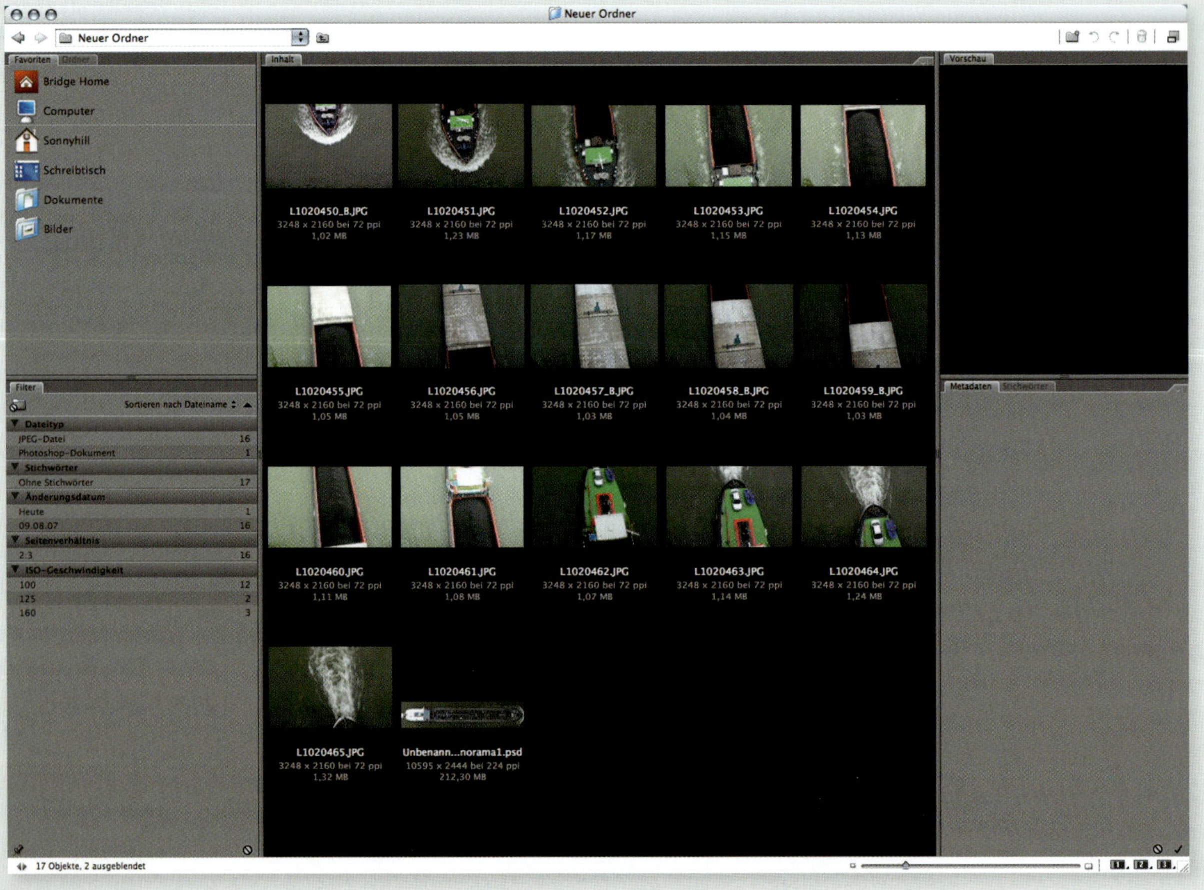

[1] Zielordner bestimmen

Haben Sie sich die Bilder, die Sie umbenennen
möchten, eventuell schon in einen neuen Ordner
einsortiert, dann können Sie direkt unter der
Menübezeichnung *Werkzeuge* das Dialogfeld
zur *Stapel-Umbenennung* aufrufen. Alle Dateien
innerhalb des Ordners werden mit einer einheit-
lichen fortlaufenden Bezeichnung geändert.
Werden vereinzelte Bilddaten aus einer Masse
heraus gewählt, kommt es sehr gelegen, dass
diese direkt auch in einen neuen Ordner abgelegt werden können. Erweitern Sie die Kompa-
tibilität im entsprechenden Optionsfeld. Den
ursprünglichen Dateinamen sollten Sie auf jeden
Fall in den Metadaten übernehmen. So fällt
Ihnen eine spätere Rückidentifizierung leichter.

[2] Dateiname konstruieren

Erstellen Sie im Bereich *Neue Dateinamen*
mithilfe der Pop-up-Fenster Ihre Namens-
kombination. Starten Sie mit der Namens-
kreation von rechts nach links. Die angegebenen
Element- und Texteingaben werden zu einem
neuen Dateinamen kombiniert. Die Vorher/
Nachher-Namenskombination wird im unteren
Vorschaubereich angezeigt.
Wenn Sie *Text* anwählen, öffnet sich ein
Eingabefeld. Vermeiden Sie bei der Texteingabe
die Umlaute ä, ö, ü, das ß sowie Sonderzeichen
und setzen Sie einen Bindestrich oder einen
Unterstrich für Leerzeichen ein.
Die Erweiterung (*jpg*; *tif*) einer Datei sollten
Sie besser nicht umbenennen. Sonst werden
die Daten nicht mehr dem richtigen Programm
zugeordnet und können eventuell nicht mehr
geöffnet werden.

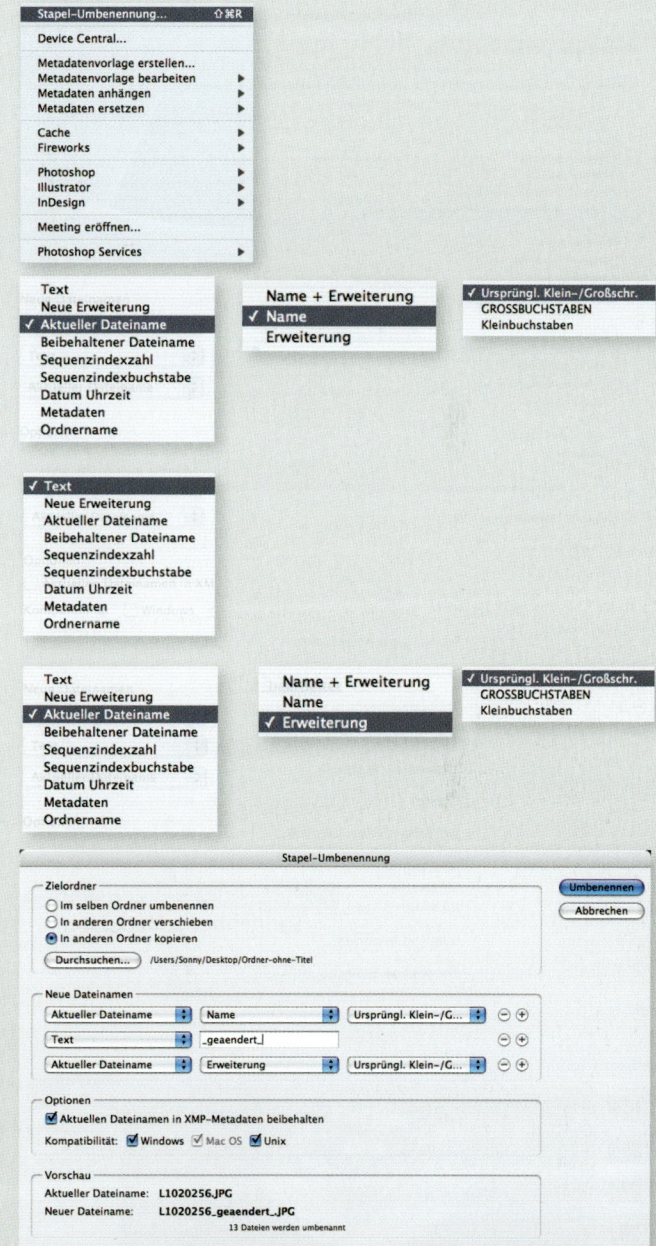

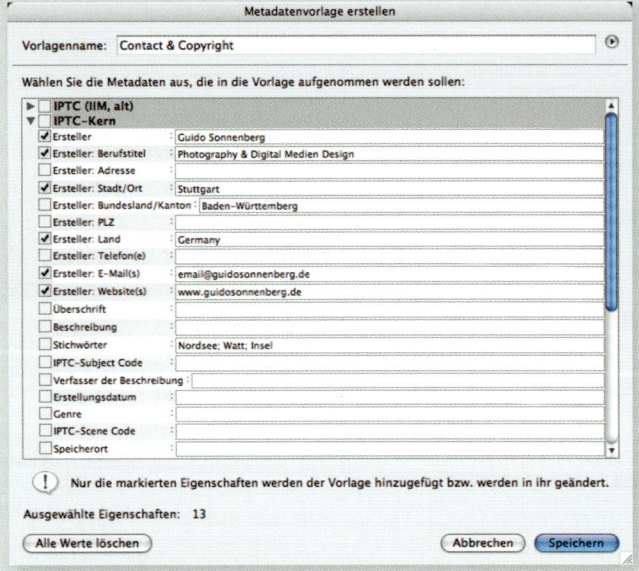

[3] Paperwork

Die alte Dateibenennung finden Sie dann unter den Metadaten wieder. Schnell sind diese auch um ein paar weitere Angaben ergänzt. Eine Vorlage zum Ergänzen von Metaangaben finden Sie ebenfalls im Menü *Werkzeuge* unter *Metadatenvorlage erstellen.*

Auch wenn Sie detailliertere Angaben machen, übernommen werden nur die markierten Eigenschaften. Die ausgefüllte Vorlage können Sie abspeichern, um damit auch zu einem späteren Zeitpunkt die Metadaten ausgewählter Dateien zu ergänzen.

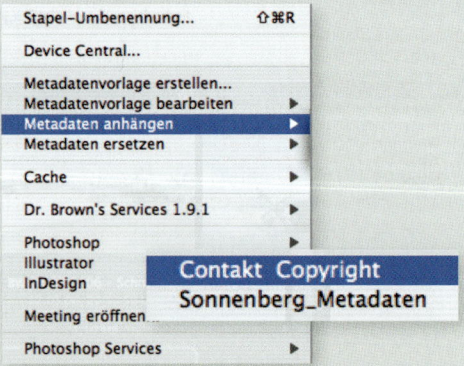

[4] Metadaten anhängen

Unter *Metadaten anhängen* wählen Sie dann aus verschiedenen Vorlagen die geeignete aus.

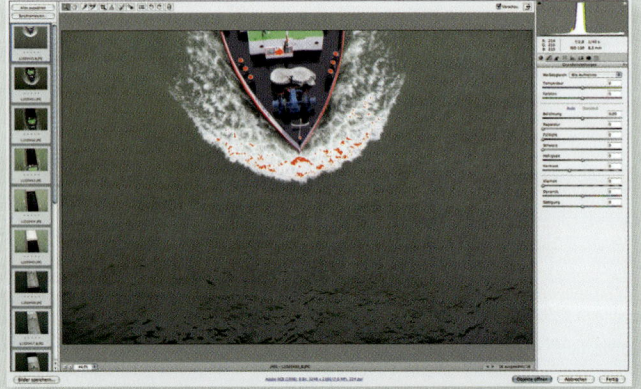

[5] Umbenennung aus Camera Raw heraus

Auch bei der Stapelverarbeitung von RAW-Daten werden alle angewählten Daten nicht nur analog bearbeitet, sondern können auch gleichzeitig umbenannt werden. In der Palette unten links finden Sie die *Bilder speichern*-Option.

[6] Speicheroptionen

Die Vorgehensweise ist selbsterklärend, bis auf
den Unterschied zur Bridge, dass hier zwischen
vier Abspeicherformaten gewählt werden kann.
Alle Dateien werden im gewählten Format und
in der angegebenen Dateibenennung abgespeichert.

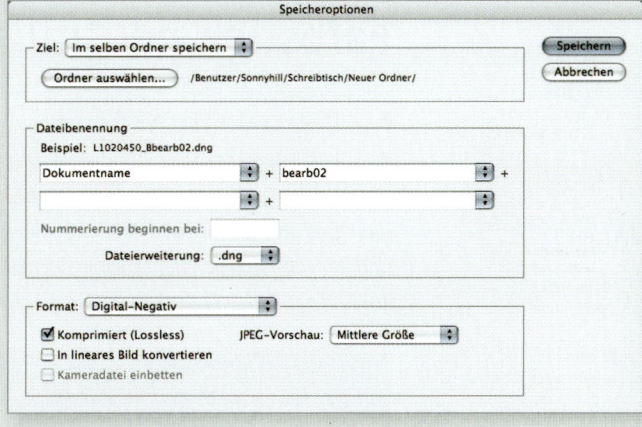

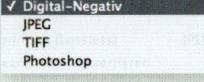

Farbstich neutralisieren

Die Farben, die wir wahrzunehmen meinen, entstehen eigentlich erst im Gehirn. Die Erfahrung sagt uns, dass Schnee weiß ist. So empfinden wir Schnee auch bei herrlich blauem Himmel als weiß. Die Kamera ist da schon etwas objektiver. Sie speichert beim Auslösen die Farben nach der vorherrschenden Farbtemperatur. Und da hat Schnee an einem Tag mit klarem blauem Himmel nun einmal einen kräftigen Blaustich. Und weil alles so schön hell leuchtet, werden Verschlusszeit und Blende klein gehalten. Mit dem Resultat, dass die Aufnahmen etwas zu dunkel geraten. Was tun?

VORHER
*Eine Winteraufnahme aus der objektiven Sicht der Kamera. Die Lichter im Bild sind zu dunkel und mit einem Blaufarbstich versehen.
(Foto: Guido Sonnenberg)*

NACHHER
Schnee wie man ihn liebt, für unser subjektives Empfinden aufgearbeitet. Sauberes Schneeweiß und die Schatten in den Tonwerten neutral.

[1] Farben automatisch ausgleichen

Der Anpassungsbefehl *Auto*-Farbe versucht die Farbstimmung im Bild zu neutralisieren. Das Bild wird sofort nach dem Aufrufen von *Auto-Farbe* bearbeitet.

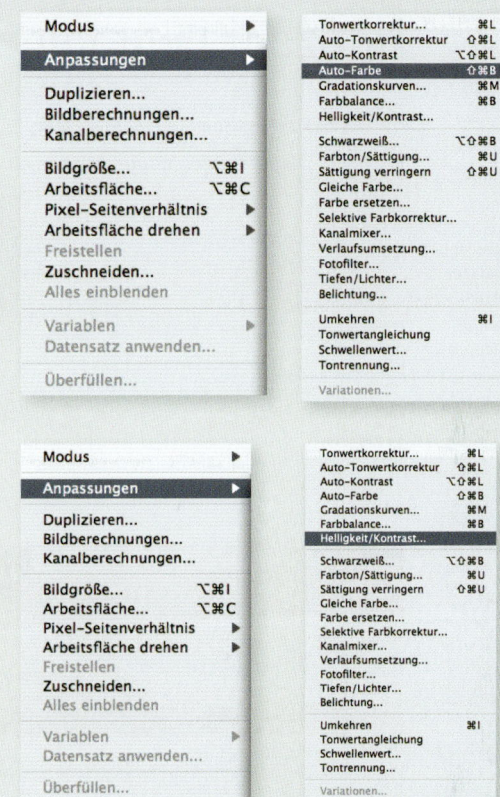

[2] Helligkeit und Kontrast ausgleichen

Im zweiten Schritt gleichen Sie die Helligkeit und den Kontrast im Bild aus. Auch diesen Befehl finden Sie unter *Bild/Anpassungen*. Hier sehen Sie drei Punkte hinter dem Befehl, was so viel bedeutet wie: „Hier können noch weitere Einstellungen vorgenommen werden."

[3] Bildwerte anpassen

Variieren Sie mit den Schiebereglern die Bild-werte. Mit der aktivierten Vorschau werden Ihre Korrekturen direkt im Bild angezeigt. Schließen Sie Ihre Einstellungen mit *OK* ab und die neuen Werte werden mit den Bilddaten verrechnet. Adobe hat diesen Filter für Photoshop CS3 überarbeitet und ihm seine destruktive Wirkung genommen. Helligkeits- und Kontrastwerte werden nicht mehr über die Eckwerte von Schwarz und Weiß befördert. Wer den Filter wie in den alten Photoshop-Versionen einsetzen möchte, dem steht diese Möglichkeit über die Option *Früheren Wert verwenden* offen.

Horizont begradigen

Wer aus der „freien Hand" ein Foto schießt, bei dem wird der Horizont des Öfteren schief hängen. Ein unschöner Gestaltungsfehler, auf den man gerne verzichten kann.

VORHER
*Der Horizont verläuft nicht waagerecht und irgendwie wartet man darauf, dass auf der einen Seite des Bildes das Wasser ablaufen wird. Auch die Trennung der Strandbesucher zur Küstenlinie könnte besser ausfallen.
(Foto: Guido Sonnenberg)*

NACHHER
Ein gerade verlaufender Horizont, der durch einen angepassten Bildausschnitt noch hervorgehoben wird. Zur weiteren Steigerung der Optik wurde der Kontrast etwas angehoben und die Farben Blau und Cyan entsättigt.

[1] Messwerkzeug auswählen

Wählen Sie in der Werkzeugleiste das *Lineal-werkzeug* und ziehen Sie damit eine Linie auf. Am besten an einer markanten Kante, die später waagerecht oder senkrecht verlaufen soll.

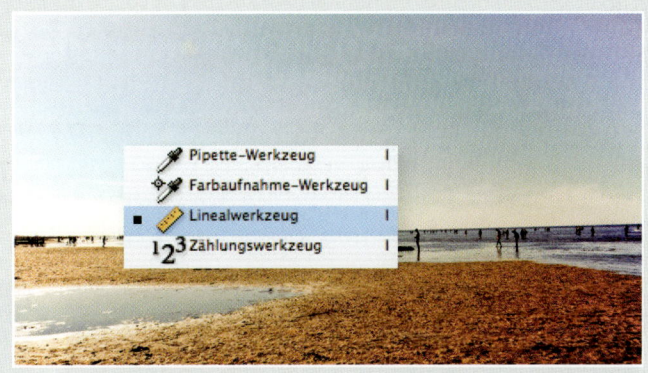

[2] Arbeitsfläche drehen

Im Menü *Bild* finden Sie für diesen Zweck eine wunderbare Lösung, die den Winkel der auf-gezogenen Linie automatisch erkennt. Wählen Sie im Menü Bild die Funktion *Arbeitsfläche drehen/Per Eingabe*.
Im Dialogfeld *Arbeitsfläche drehen* finden Sie alle relevanten Eingaben bereits getätigt. Sogar die Drehrichtung wird automatisch erkannt.

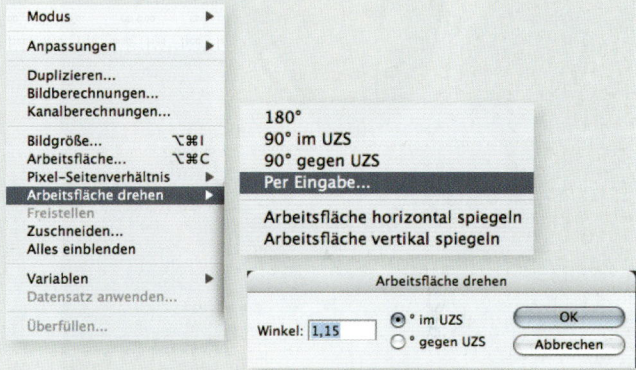

[3] Arbeitsflächenzuwachs

Mit der Bestätigung der geänderten Werte wird Ihr Foto ausgerichtet und die Arbeitsfläche um die notwendige Fläche erweitert.

[4] Bildausschnitt festlegen

Mit dem *Freistellungswerkzeug* aus der Werkzeugpalette, können Sie jetzt im Anschluss Ihr Foto beschneiden, Ihren neuen Bildausschnitt festlegen und weitere Bildbear-beitungsschritte vornehmen.

Rote Augen umfärben per Werkzeug

Bedingt durch die Bauweise der kleinen digitalen Kompaktkameras liegen Blitz und Objektiv sehr eng beieinander. Bei geblitzten Schnappschüssen reflektieren die roten Pigmente der Augen und werden durch den kleinen Winkel vom Objektiv aufgezeichnet. So passiert es, dass bei geblitzten Schnappschüssen Personen häufig rote Augen haben.

VORHER
Ein leuchtendes Beispiel für rote Augen, die als störend und unnatürlich empfunden werden.
(Foto: Christian Haasz)

NACHHER
Das Foto wird nach der Korrektur nicht mehr so stark von den Augen dominiert und der Bildausdruck wirkt natürlicher.

[1] Rote-Augen-Werkzeug-Einstellungen

Speziel für dieses Phänomen wurde eigens ein Tool entwickelt – das *Rote-Augen-Werkzeug*. Die Photoshop-Voreinstellungen können Sie in der Optionsleiste belassen, viele bevorzugen allerdings etwas dunklere Ergebnisse und stellen den Verdunklungsbetrag auf ca. 80 % hoch.

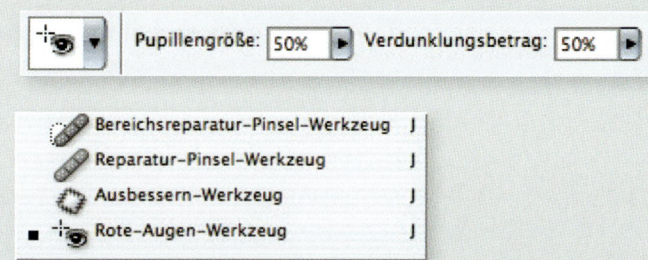

[2] Rotfärbung beseitigen

Die Anwendung des Werkzeugs ist wirklich einfach. Sobald Sie mit dem Mauszeiger auf die betroffene Stelle klicken, verliert die Pupille sofort ihre rote Färbung.

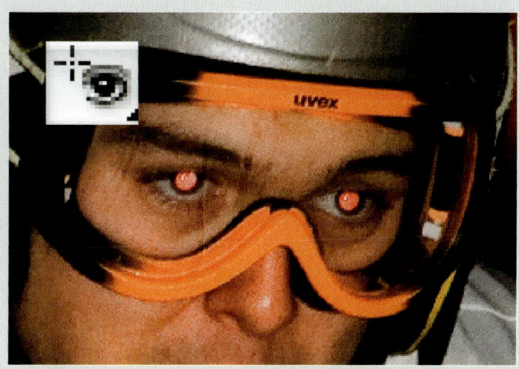

[3] Manuell nacharbeiten

Bleiben noch vereinzelt rote Pixel übrig, dann können diese leicht mit dem *Farbe-ersetzen-Werkzeug* manuell korrigiert werden.

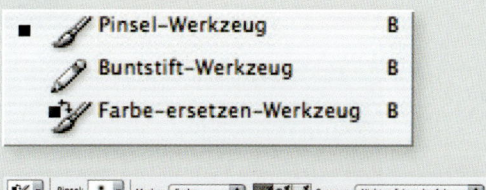

Dieses Werkzeug arbeitet in Abhängigkeit zur eingestellten Toleranz. Alle Pixel innerhalb dieser Toleranz werden mit der definierten Vordergrundfarbe umgefärbt. Setzen Sie diese Vorgabe auf einen geringen Wert von ca. *10 - 20* %. Wählen Sie eine weiche Pinselspitze mit dem Wert *13* und den Modus *Farbe*.
Um die restliche Rotfärbung zu entsättigen, müssen Sie mit schwarzer Vordergrundfarbe arbeiten. Malen Sie mit dem Werkzeugzeiger entlang der roten Bereiche, um die betroffenen Stellen zu entfärben.

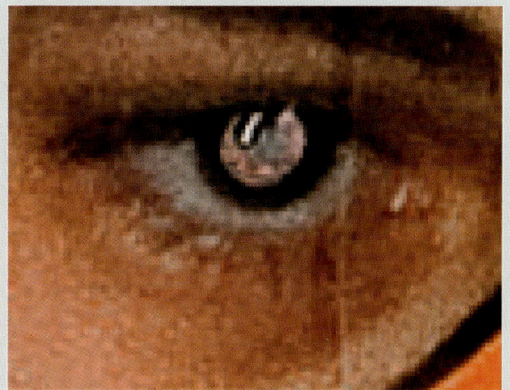

Tiefen und Lichter anpassen

*Auch wenn viele Kameras automatisch bei ungünstigen Lichtverhältnissen, insbesondere bei Gegen-lichtaufnahmen, versuchen, die Kontraste des Motives mit einem Aufhellblitz abzuschwächen, reicht die Blitzleistung oft nicht aus. Die Funktion **Tiefen/Lichter** bietet Ihnen die Möglichkeit, einen hohen Kontrast auszugleichen.*

VORHER
Licht zieht das Auge an und so ist die Bildgewichtung auf den bandagierten Sandsack gerichtet, statt auf den Protagonisten. Viele Details sumpfen in den Tiefen ab und werden durch den hohen Kontrast nicht wahrgenommen. (Foto: Björn Gantert)

NACHHER
Ausgewogenere Linien-führung durch Kontrast-angleichung und frischere Farben sowie optimierte Detailzeichnung in den Tiefen. Auch in den Bild-lichtern konnte Motiv-zeichnung hinzugewonnen werden.

[1] Tiefen und Lichter

Die Funktion *Tiefen/Lichter* wurde mit Photo-shop CS3 neu eingeführt und ist ein ausge-zeichnetes Tool, um einen selektiven Tonwert-bereich zu optimieren. Sie finden die Funktion *Tiefen/Lichter* im Menü *Bild/Anpassungen*.

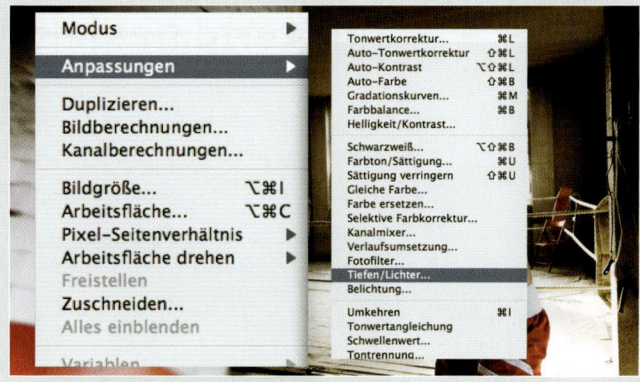

[2] Schatten aufhellen

Über das Dialogfeld *Tiefen/Lichter* besteht die Möglichkeit, die Schatten des Bildes durch den Regler *Tiefen* aufzuhellen.Mit dem Regler *Licht* können die hellen Motivstellen im Bild abgedun-kelt werden. Variieren Sie mit den Stärkereglern die Korrekturen.

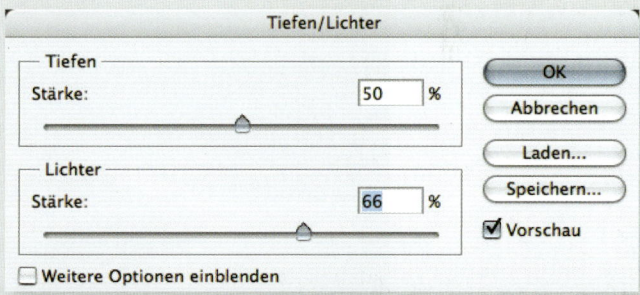

[3] Zusätzliche Korrekturmöglichkeiten

Wird das eckige Optionsfeld *Weitere Optio-nen einblenden* aktiviert, vergrößert sich das Dialogfeld um einen weiteren Bereich und bietet Ihnen zusätzliche Korrekturmöglichkeiten für die Tonwerte an. Die Einstellung *Tonbreite* legt fest, wie weit sich die Korrektur auswirken soll. Je höher dieser Wert gewählt wird, desto mehr Tonwertstufen werden beeinflusst. Dieser Parameter sollte den mittleren Grauwertbereich (*50 %*) eigentlich nicht überschreiten.
Der *Radius* legt fest, wie weit benachbarte Pixel bei der Entscheidung berücksichtigt werden, ob ein Bildpunkt aufgehellt oder abgedunkelt werden soll.
Werden Bildschatten aufgehellt, so müssen auch die matt wirkenden Farben in den betrof-fenen Bereichen angepasst werden. Mit der *Farbkorrektur* können Sie die Farbsättigung in diesen Bereichen gezielt erhöhen; alle anderen Bereiche behalten ihre Farbwerte.
Die abgebildeten Parameter können Sie *Als Standard speichern* und ausgehend davon mit eigenen Werten experimentieren.

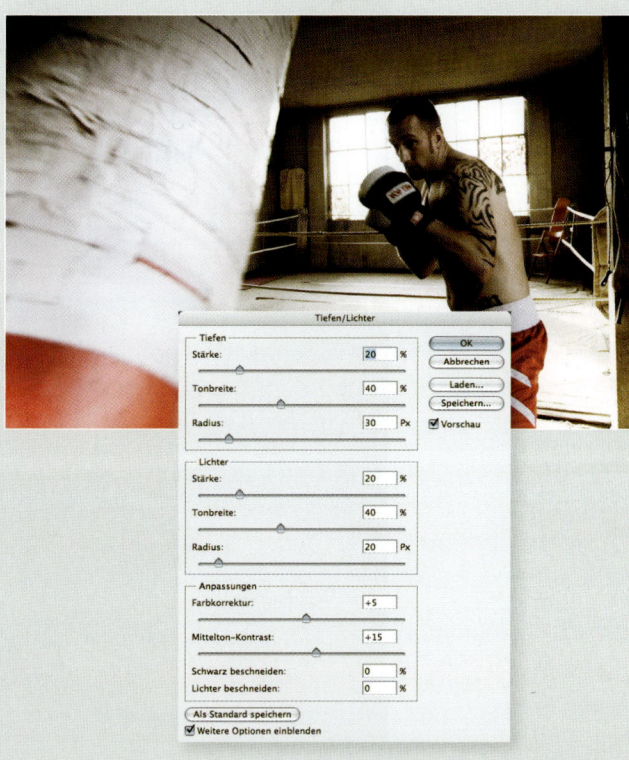

Tonwerte angleichen

Hin und wieder gibt es Motive, deren Tonwerte in allen Bereichen suboptimal sind. Hier ein schneller Lösungsweg für alle, die keine Zeit haben oder für die sich keine Möglichkeit mehr bietet, die Aufnahme zu wiederholen.

VORHER
Bei Gegenlichtaufnahmen fällt das Licht leicht auf das Objektiv und mindert zum einen den Kontrast der Aufnahme, zum anderen die Buntheit der Farben. (Foto: Dirk Trachte)

NACHHER
Eine bessere Verteilung der Bilddaten durch eine Tonwertanpassung und auch das Farbverhalten konnte trotz des hohen Motivkontrastes nachgebessert werden.

[1] Stabilisierung der Vitalfunktionen

Eine automatische *Tonwertkorrektur* ist bei fast allen Bildpatienten ein guter Wiederbelebungsversuch, doch bei den hoffnungslosen Fällen probieren Sie es einmal mit der *Tonwertangleichung*.

Zum Vergleich die Histogrammkurven für *Tonwertangleichung* und *Tonwertkorrektur*. Bei der *Tonwertangleichung* werden die Pixelwerte neu zugeordnet, sodass der hellste Wert weiß und der dunkelste Wert schwarz ist. Die dazwischen liegenden Werte werden gleichmäßig über die Graustufen verteilt.

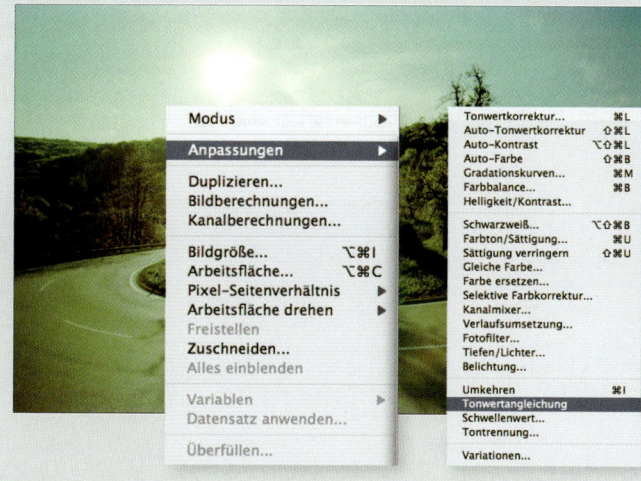

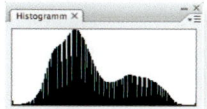 

[2] Color-Therapie

Farbstiche können für das ungeübte Bildbearbeitungsauge gut mit der *Variationen*-Übersicht im zweiten Bearbeitungsschritt angegangen werden.

[3] Dosierungen

Die zwei oberen Vorschaubilder zeigen Ihnen links das Original und rechts daneben zum Vergleich einen korrigierten Vorschlag von Photoshop (aktuelle Wahl). Sie können diesen mit *OK* übernehmen und haben den Bildpatienten therapiert.

Wollen Sie weitere Korrekturvarianten ausprobieren, sollten Sie nicht klotzen, sondern die Farbkorrekturen in den drei auswählbaren Tonwertbereichen fein dosiert anwenden. Unsere Augen reagieren selbst auf subtile Farbveränderungen. Stellen Sie den Schieberegler auf *Fein* zurück und klicken Sie sich zu Ihrem Farbfavoriten durch.

Die Vorschausymbole reagieren kumulativ. Durch mehrmaliges Anklicken addieren sich die Korrekturen. Der übliche Zurückbefehl [Strg]+[Z] funktioniert hier leider nicht. Zum Ausgangspunkt gelangen Sie immer mit einem Klick auf das obere Original.

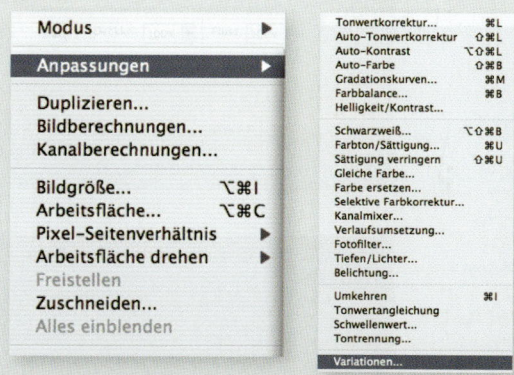

Tonwerte korrigieren

*Die eigentliche Bildbearbeitung fängt immer mit der Überprüfung der Tonwerte an. Alle weiteren nach-
folgenden Bildbearbeitungen bauen auf diese Tonwertverteilung, auch Tonwertspreizung genannt, auf.*

VORHER
*Ein flauer Bildeindruck, der
die dramatische Spannung
der Naturgewalten nicht
annähernd wiedergibt.
Auch das Farbenspiel wirkt
monochrom.
(Foto: Guido Sonnenberg)*

NACHHER
*Einen Faustregel besagt,
dass ein gutes Bild
schwarze und weiße Mo-
tivflecken enthalten soll.
Durch die Neuverteilung
der Tonwerte konnte dem
Rechnung getragen und
die Bilddramaturgie deut-
lich gesteigert werden.*

[1] Tonwertkorrektur aufrufen

Das Dialogfeld *Tonwertkorrektur* benötigen Sie
so häufig, dass es sich lohnt, sich das Tastaturkürzel [Strg]+[L] zu merken. Die Tonwertkorrektur ermöglicht die Optimierung des Bildkontras-
tes und ist eine wichtige, grundlegende
Einstellung in Photoshop.

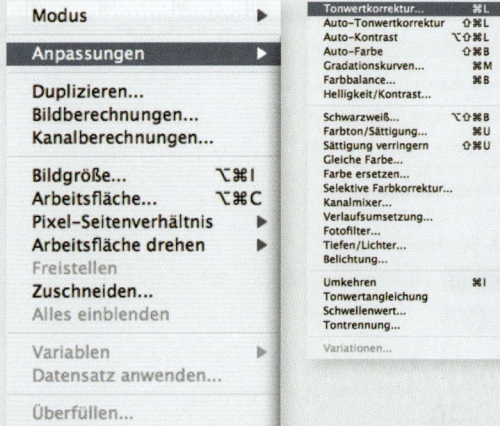

[2] Automatische Tonwertspreizung

Allen Werkzeugen mit der Vorsilbe „Auto" im
Namen, sollten Sie skeptisch begegnen. Mit
etwas Übung sind die Ergebnisse Ihrer Einstellwerte besser als das, was die Photoshop-Auto-
matiken erreichen können. Doch Ausnahmen
bestätigen die Regel und ein Versuch kostet
nichts.

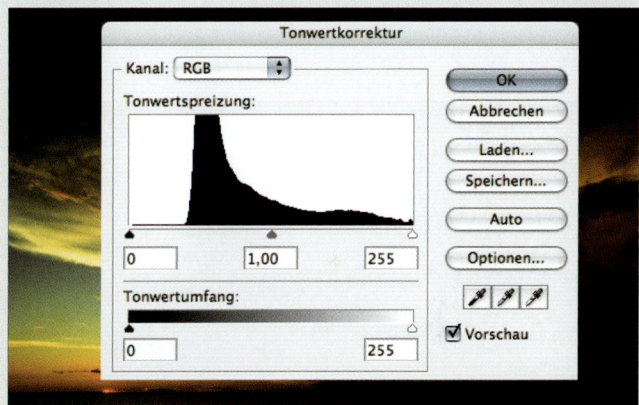

[3] Hinter den Kulissen

Wenn Ihnen das Ergebnis gefällt, können Sie
über *OK* aussteigen oder weitere Variationen
erforschen. Denn das, was bei einem Klick auf
Auto geschieht, können Sie unter *Optionen*
festlegen.

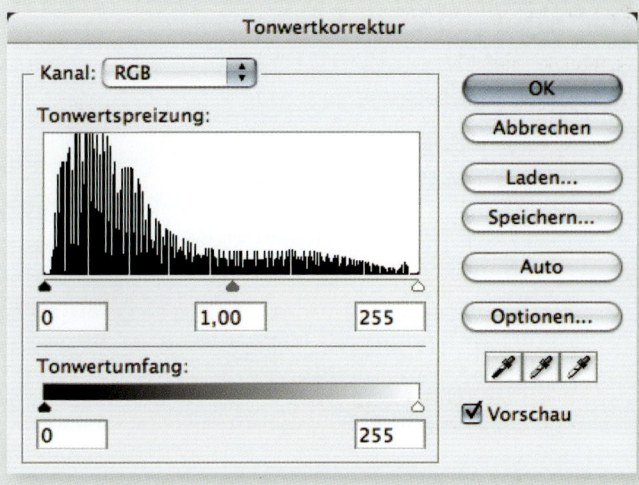

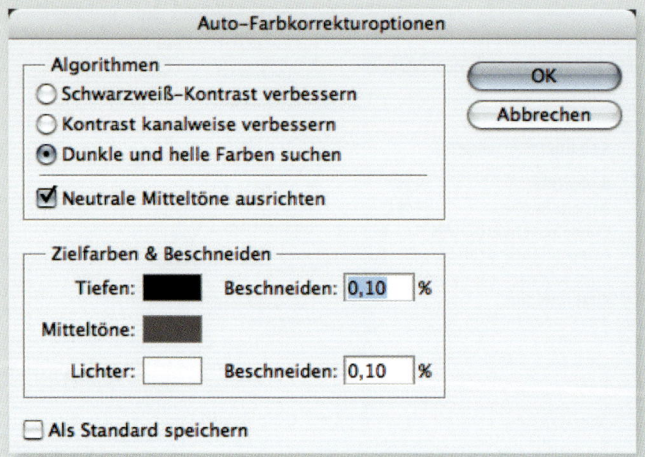

Tonwertvariationen

Hinter den Kulissen stehen Ihnen insgesamt drei Berechnungsalgorithmen zur Verfügung. Alle drei können zudem mit *Neutrale Mitteltöne ausrichten* kombiniert werden. Nach welchen Algorithmen Ihre zukünftigen Bilder bevorzugt korrigiert werden sollen, legen Sie mit der Option *Als Standard speichern* fest.

[5] **Auto-Algorithmen**

Die drei Varianten sind auch über das Menü *Bild/Anpassungen* anwählbar. *Auto-Farbe* ist gleich *Dunkle und helle Farben suchen*. *Auto-Kontrast* würde der Schwarzweiß-Kontrastverbesserung entsprechen und *Auto-Tonwertkorrektur* der kanalangepassten Kontrastverbesserung.

[6] Zurück auf Los

Wenn Ihnen die Automatik nicht zugesagt hat,
halten Sie die [Alt]-Taste gedrückt und die
Schaltfläche *Abbrechen* ändert sich in *Zurück-
setzen.* Mit einem Mausklick werden dann alle
Tonwerte auf die ursprünglichen Werte zurück
gesetzt.

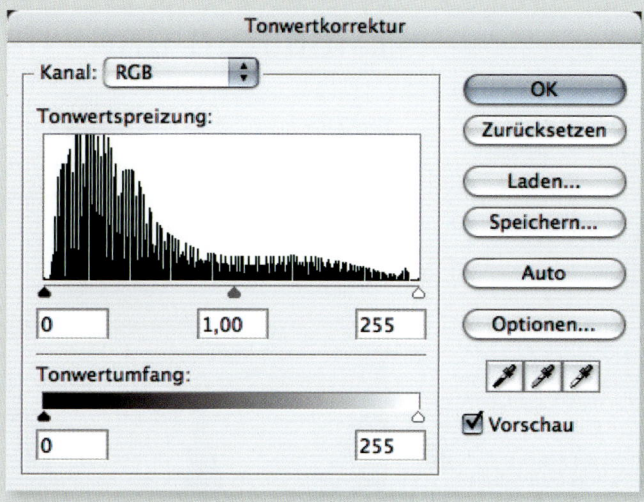

Bilddaten und –dimensionen

*Was auch immer Sie bei Ihrer Kamera an Bildgröße, Bildauflösung oder Bildqualität eingestellt haben, in Photoshop bekommen Sie unter dem Menüpunkt **Bild/Bildgröße** verbindliche Auskunft über die Abmessungen (Höhe und Breite) und die Datenmenge, die Sie beim Auslösen gesammelt haben. In diesem Dialogfeld können Sie sich bequem über die Ausgabegrößen informieren und die Bildgröße gegebenenfalls interpolieren.*

VORHER
*Bei Kleinbild oder Rollfilmaufnahmen war die Dia- oder Negativgröße das Maß der Dinge. Bei der Digitalfotografie haben Sie flexible Formatvarianten, die erfasst und auf Ausgabegröße gebracht werden müssen.
(Foto: Guido Sonnenberg)*

NACHHER
Für verschiedene Ausgabezwecke wie E-Mail oder Fotodrucker in Bildabmessug und Datenmenge individuell optimierte Bilder. Hier ein Beispiel für E-Mail.

[1] Datenmenge

Nachdem Sie eine Bilddatei in Photoshop geöffnet haben, erhalten Sie im Dialogfeld *Bildgröße* verbindliche Auskunft über die Bilddaten und Bilddimensionen. Wundern Sie sich nicht, wenn das Pixelmaß die Leistung Ihrer Kamera überschreitet. Photoshop rechnet beim Öffnen der Bilddatei die komprimierten Bilddaten hoch. So erkennen Sie, hier am Beispiel einer Sony T3, dass die JPEG-Datei aus der Kamera eine Datenmenge von 9 MByte ergibt.

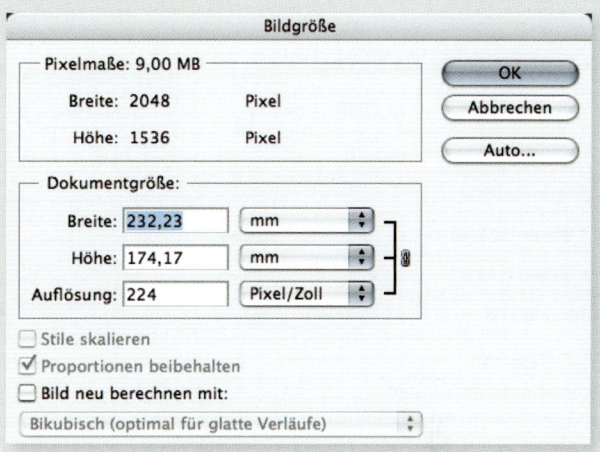

[2] Dokumentgröße

Würde man also die einzelnen Pixel aus der Datenmenge von 9 MByte nebeneinander ausbreiten, so könnte man damit eine Fläche von ca. 23 x 17 cm belegen. Unter der Bedingung, dass auf einem Inch (entspricht 2,54 cm) 224 Pixel gequetscht würden.

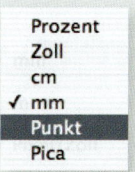

[3] Größenvarianten

Geben Sie eine andere Pixeldichte unter dem Eingabefeld *Auflösung* ein, dann errechnet Photoshop die daraus resultierende Fläche, die mit der gesammelten Datenmenge von 9 MByte abgedeckt werden kann.

Die Bilddaten werden nicht verändert und kein Pixel wird interpoliert, wenn im Feld *Bild neu berechnen mit* kein Häkchen gesetzt ist. Werfen Sie einmal einen Blick auf die Eigenschaften Ihres Bildschirms. Bildschirme arbeiten standardmäßig mit 72 Pixel pro Zoll/Inch (dpi). Die Daten dieses Beispiels würden jetzt für ein Monitorbild von ca. 72 x 54 cm ausreichen.

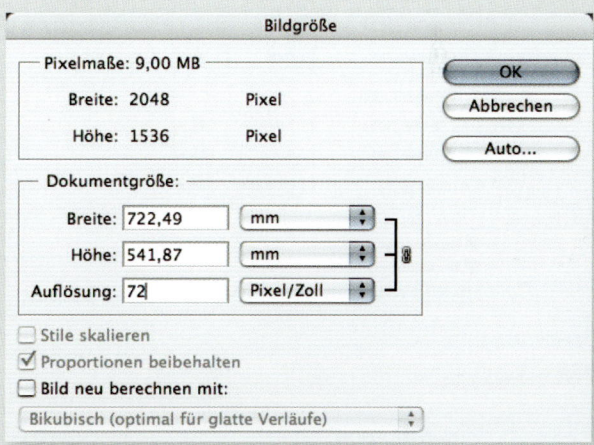

[4] Neu berechnen

Da die meisten Grafikkarten mit einer Standardauflösung von 768 x 1024 Pixeln arbeiten (Seitenverhältnis 3:4) können Bilder für die vollflächige Bildschirmbetrachtung (z. B. Bildschirmschoner oder PowerPoint-Vorträge) auf dieses Maß reduziert werden.

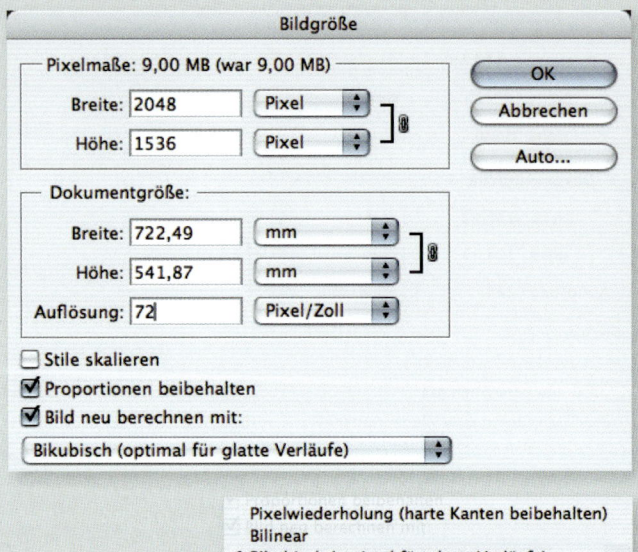

[5] Interpolation

Natürlich sollen die Proportionen der Aufnahme, also das Seitenverhältnis, erhalten bleiben. Dadurch können Sie entweder die neue *Breite* oder die neue *Höhe* eingeben. Photoshop ergänzt die zweite Angabe proportional.

Die Grafikkarte ist zuständig für das, was Sie auf Ihrem Bildschirm sehen. Die Standardmaße sind 72 dpi bei einem Seitenverhältnis von 3:4 mit 768 x 1024 Pixeln. Da sicherlich kaum jemand weiß, wie viele Milimeter 1024 Pixel sind, können Sie auch die Dimensionen umstellen. Wie sollen fehlende Pixel errechnet oder vorhandene abgezogen werden? *Bikubisch* ist da schon eine ganz gute Wahl. Wenn Sie aber noch bessere Interpolationsergebnisse erreichen möchten, dann stellen Sie den Verrechnungsalgorithmus entsprechend um.

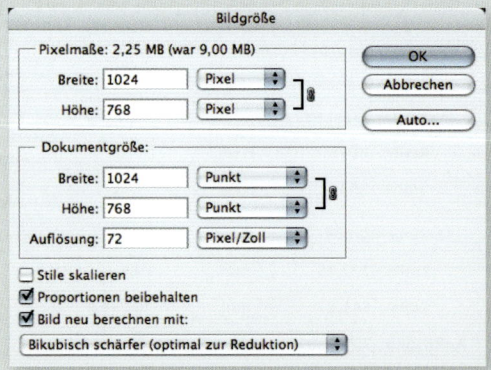

[6] Neue Datenmenge

Das Dialogfeld *Bildgröße* zeigt Ihnen das neue Pixelmaß ganz oben an. Hier würde die Datenmenge aus 9 MByte, nach Bestätigen der Eingabewerte durch *OK*, auf 2,25 MByte reduziert werden.

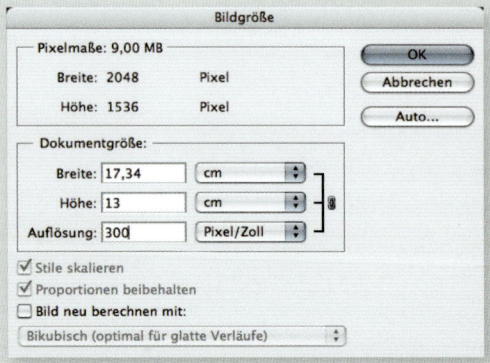

[7] Variante für den Druck

Was für den Fall „aus Groß mach Klein" gilt, trifft auch für den umgekehrten Fall „aus Klein mach Groß" zu. Viele Ausbelichtungsdienstleister möchten die Bilddaten gerne mit 300 dpi geliefert bekommen. Wenn Sie nicht wissen, mit welchen Auflösungen die Printmaschine bei Ihrem Ausbelichtungsdienstleister arbeitet, fragen Sie nach. Wenn er Ihnen keine Auskunft darüber geben kann, suchen Sie sich lieber einen anderen.

Fügen Sie bei *Auflösung* Werte ein, können Sie ablesen, für welche Ausbelichtungsgröße Ihre Originaldaten ausreichen. Sind Sie mit dem Ergebnis zufrieden, bestätigen Sie mit *OK* und speichern Sie die Datei zum Ausbelichten ab.

[8] Megadatenmenge

Soll das Druckerzeugnis größer werden, z. B. DIN A4, wählen Sie die Option *Bild neu berechnen mit*. Tragen Sie das neue Wunschmaß ein und werfen Sie dabei immer einen Blick auf die sich verändernden Maßeinheiten, cm oder mm.

Sie werden erstaunt sein, wie explosionsartig die Datenmenge anwächst. Ein DIN-A4-Bild hat so um die 25 MByte und für jede weitere Ebene bei der Bildbearbeitung kommt noch mal dieselbe Datenmenge hinzu. Da kann man schon verstehen, warum der Computer dann etwas Rechenleistung benötigt.

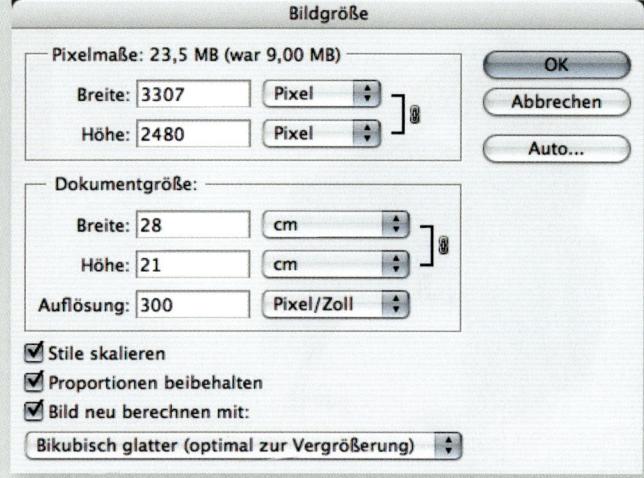

Bilder zuschneiden

Photoshop CS3 bietet verschiedene Möglichkeiten an, ein Dokument zu vergrößern oder zu verkleinern. Drei davon sollen Ihnen hier vorgestellt werden.

VORHER
Gespeicherte Daten, die beim Auslösen gescannt wurden, treffen mit ihrem Inhalt nicht immer den Kern der Sache. Die alte Fotografenregel hat besonders im Zeitalter der Digitalfotografie nichts von Ihrer Gültigkeit verloren: Ran ans Motiv. (Foto: Guido Sonnenberg)

NACHHER
Individuell abgestimmte Bildzuschnitte, entweder um Raum für Textinformationen zu schaffen oder um die Bildaussage zu intensivieren.

Methode 1

[1] Arbeitsfläche

Im Gegensatz zur Bildgröße verändert der *Arbeitsflächen*-Dialog nicht den Dokumenteninhalt, sondern nur die Dokumentengröße.

[2] Einstellungen

Ganz oben im Dialogfeld *Arbeitsfläche* können Sie die aktuelle Größe ablesen. Ihre gewünschte Dokumentengröße tragen Sie in den Eingabefeldern für Breite und Höhe ein.

Im Feld *Anker* können Sie eines der neun Felder markieren und so den Ausgangspunkt der Berechnung für die neue Dokumentengröße bestimmen. Voreingestellt ist der Mittelpunkt. Das neue Dokumentenmaß wird sich dabei nach allen Seiten neu orientieren.

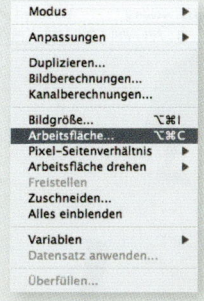

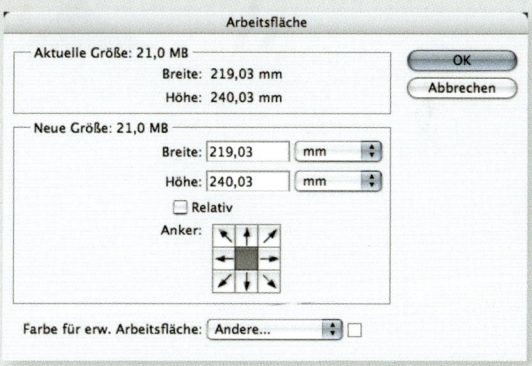

Beispiele:

Das neue Maß wird von der oberen linken Ecke aus errechnet.

Das neue Maß wird von der oberen rechten Ecke aus nach links und abwärts errechnet.

Das neue Maß wird gleichmäßig nach rechts, oben und unten von der linken Dokumentenkante aus errechnet.

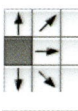

Das neue Maß wird mittig vom unteren Bildrand aus errechnet.

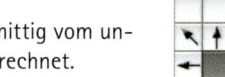

[3] Auffüllfarbe festlegen

Ist Ihre neue Dokumentenabmessung größer, dann können Sie noch bestimmen, mit welcher Farbe die Arbeitsfläche gefüllt werden soll. Wählen Sie im Pop-up-Fenster die Methode *Andere*. Wenn Sie jetzt die Maus im Bildfenster verschieben, verwandelt sich der Mauszeiger in eine Pipette und Sie können direkt aus Ihrem Bild eine Farbe aufnehmen und als Füllfarbe bestimmen.

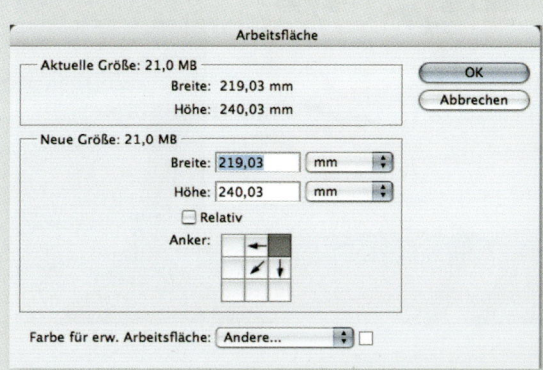

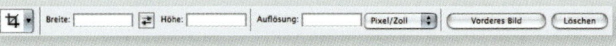

Methode 2

Redundante Pixel entfernen

Die Funktion *Zuschneiden* löscht gleichfarbige Pixel um ein Bild herum. Die im Dialogfeld angegebenen Bedingungen löschen die betroffenen waagerechten und senkrechten Bereiche. Im abgebildeten Beispiel würde nur auf der linken Bildseite ein gleichfarbiger Pixelbereich gelöscht und das Dokument bis an das Motiv heran verkürzt werden.

Methode 3

Freistellen

Bei dieser Zuschneidemethode haben Sie eine bessere Kontrolle über die Bildgestaltung. Nach Auswahl des *Freistellungswerkzeugs* aus der Werkzeugleiste achten Sie bitte darauf, dass in der dazugehörigen Optionsleiste keine Einträge vorhanden sind. Wenn doch, dann entfernen Sie diese mit der [Entf]-Taste.

Ziehen Sie mit dem *Freistellungswerkzeug* einen Rahmen in Ihrem Bild auf. Dieser Rahmen kann an den Ankerpunkten angepasst oder auch verschoben werden. Mit der [Esc]-Taste heben Sie den Rahmen wieder auf.

Drücken Sie die [Enter]-Taste, wird das Bild
gemäß des Rahmens zugeschnitten.

2

SCHÄRFER
UND WEICHER

2

Schärfer und weicher

Tiefendetails bei High-Key-Fotos verstärken

*High-Key-Aufnahmen sind oft kontrastarm und haben keine ausgeprägten Tiefen. Mit dem **Scharfzeich-nen**-Filter können Sie dieses Manko leicht beheben. Mit den neuen Smartfilterebenen können Sie Ihre Einstellungen zudem auf eine eigene Einstellebene platzieren und jederzeit nachkorrigieren.*

VORHER
Im Bildmotiv findet sich kein echtes Schwarz und die Schatten wirken milchig: unzureichender Flächenkontrast und man-gelnde Objektmodulation. (Foto: Guido Sonnenberg)

NACHHER
Durch Scharfzeichnen der Kanten wurde eine bessere Tiefenwirkung erreicht und eine Kontrastanhebung im Mitteltonbereich lässt die Modulation der Flächen klarer erscheinen.

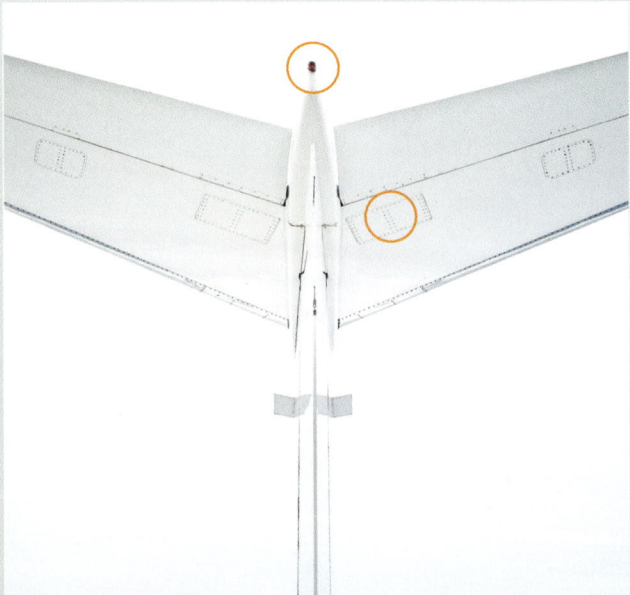

[1] Motivebene kopieren

Damit die Tiefen unabhängig vom Original bearbeitet werden können, duplizieren Sie die Hintergrundebene. Hierzu klicken Sie mit der rechten Maustaste auf die Ebene *Hintergrund* und wählen im Kontextmenü den Eintrag *Ebene duplizieren*.

[2] Für Smartfilter konvertieren

Konvertieren Sie die neue Ebenenkopie zu einer Smartfilterebene, ein neues Feature von Photoshop CS3. Hierzu klicken Sie im Menü *Filter* auf die Funktion *Für Smartfilter konvertieren*. Die ausgewählte Ebene wird nun umgewandelt. Danach lassen sich die meisten Filter auf diese Ebene nicht-destruktiv anwenden, vergleichbar mit den Einstellungsebenen. Eine Smartfilterebene erkennen Sie am Symbol *Smart-Objekt-Miniatur* am unteren rechten Rand des Ebenensymbols, hier im Beispiel am Ebenensymbol der Ebene *Hintergrund Kopie*.

[3] Unscharf maskieren

Für das weitere Vorgehen greifen Sie auf Altbewährtes zurück: z. B. Scharfzeichnen mit dem Filter *Unscharf maskieren*. Wählen Sie als *Stärke* einen Wert von *150 %*, einen *Radius* von *3 Pixel* und einen *Schwellenwert* von *14 Stufen*.

[4] Unscharf maskieren-Einstellungen

Bei dieser Bearbeitungsweise, können Sie die oberen Standardwerte für das Nachschärfen anwenden. Feinabstimmungen können Sie zu einem späteren Zeitpunkt nachträglich über die Deckkraft regulieren.

Pro 100 dpi Bildauflösung wählen Sie einen *Radius* von *0,5 - 0,7* Pixeln. Ein höherer Radius würde die Details eventuell ausradieren. Die *Stärke* des Nachschärfens sollte im Bereich zwischen *50 - 150 %* liegen. Höhere Werte führen leicht zu einer Tontrennung.

Den Einstellwert für den *Schwellenwert* passen Sie Ihrem Motiv an. Der Schwellenwert legt fest, wie hoch die Tonwertdifferenz zweier benachbarter Pixel sein muss, bis sie als Kontur behandelt und scharfgezeichnet werden.

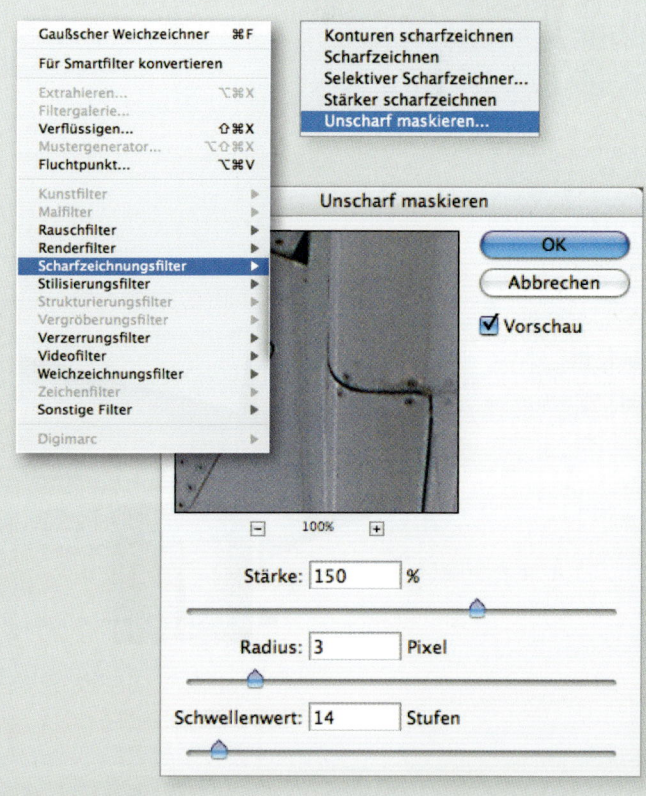

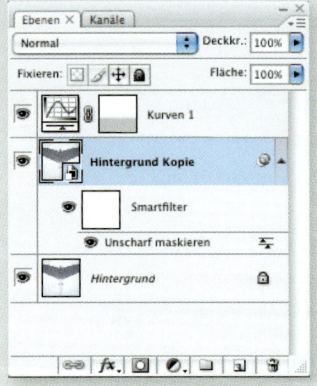

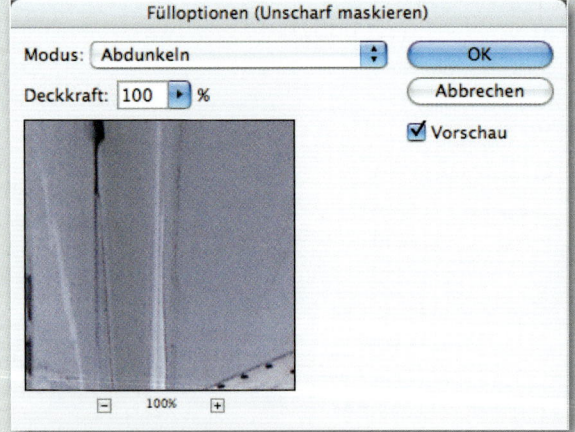

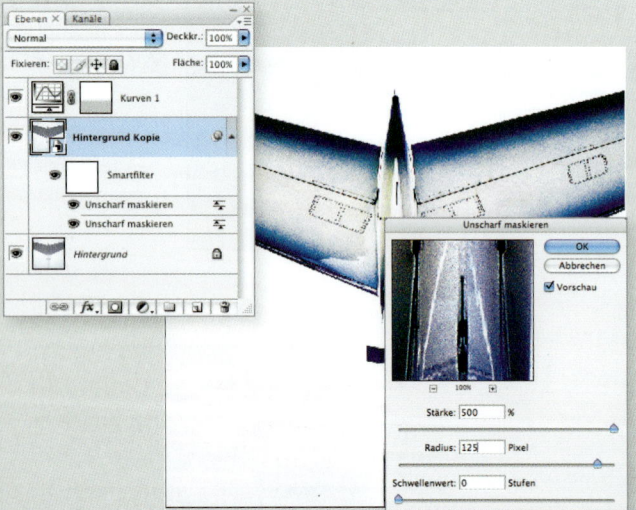

[5] Die Ebenenanordnung

Der neue Ebenentypus sieht danach in der Ebenenpalette wie abgebildet aus. Die Kanten des Motivs sollten deutlich akzentuiert worden sein. Sollten Sie nachbearbeiten wollen, erkennen Sie schnell den Vorteil des Smartfiltertypus. Ein Doppelklick auf den Namen und das Dialogfeld mit den Einstellwerten öffnet sich.

[6] Kanten abdunkeln

Ein Doppelklick auf das Schiebereglersymbol eröffnet Ihnen die Option, die Filter-Füllmethode zu verändern. Da bei einer High-Key-Aufnahme die Tiefen akzentuiert werden müssen, wechseln Sie den Modus auf *Abdunkeln*. So werden nur die dunklen Tonwerte durch das Scharfzeichnen mit dem Bild verrechnet.

[7] Kontrast verstärken

Mit der vorherigen Einstellung *Unscharf maskieren* wurden die Kanten betont. In der Regel haben High-Key-Aufnahmen aber auch in den Flächen wenig Kontrast. Durch eine weitere Unscharfmaskierung soll dieses Problem angegangen werden.
Im Filterdialog spielen Sie mit den Extremwerten der Einstellregler: *Stärke* aufdrehen bis zum Anschlag und *Schwellenwert* auf *0*. Fahren Sie den *Radius* so hoch, bis die Flächen im Motiv deutlich gefüllt sind. Danach nehmen Sie die *Stärke* auf einen geringeren Wert zurück.
Ein kleiner Tipp: Bleiben Sie mit Ihren Einstellwerten bei einer übertriebenen Darstellung. Über die Deckkraft der Ebene können Sie diese leicht herunter optimieren.

[8] Effektwirkung überlagern

Durch einen hohen *Radius* und geringerer *Stärke* wird in den Flächen die Modulation angehoben. Die Farben werden dadurch aber leider unerwünscht verändert.

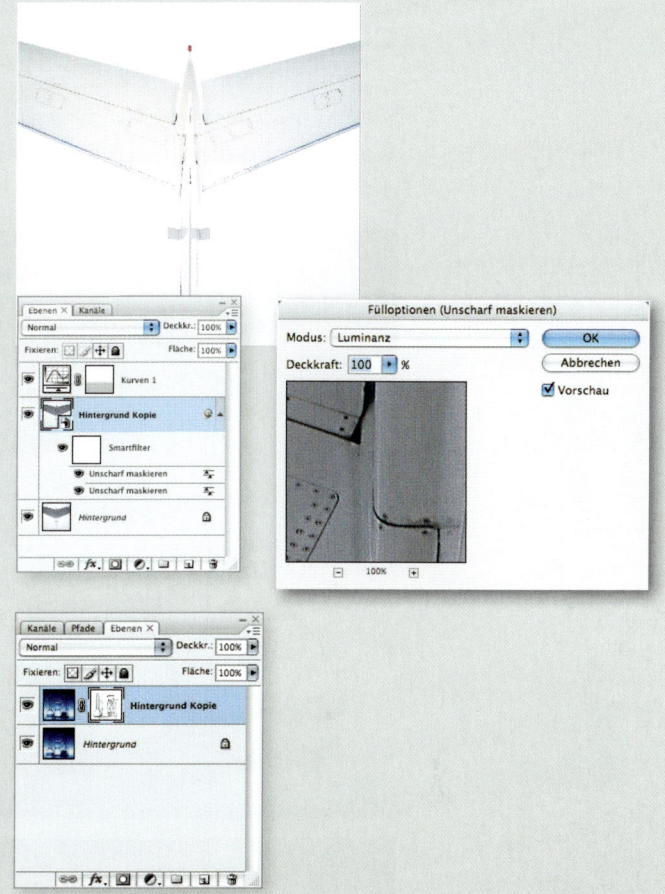

[9] Smartfilter Fülloption ändern

Um den Farbstich durch das Scharfzeichnen in den Tiefen zu eliminieren, sollten die Fülloptionen des Filters *Unscharf maskieren* deshalb auf den Modus *Luminanz* gestellt werden. Damit wirkt sich die Scharfzeichnung auf die Tonwerte aus, nicht aber auf die Farben.

[10] Filtereffekt abmildern

Auch die *Deckkraft* und damit die Feinjustierung der Filter kann über die Fülloptionen reguliert werden: hier eine *Deckkraft* von *80 %*.

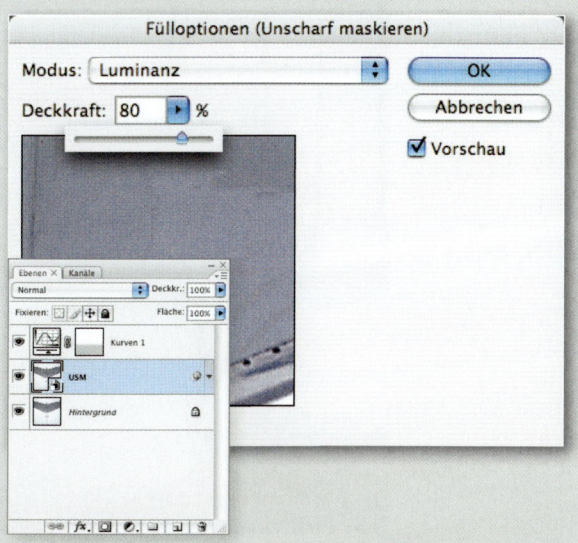

Ecken und Kanten schärfen

Da die Ecken und Kanten das Maß für unsere Augen sind, möchte man vielleicht nur diesen Bildbereich scharf abbilden. Wie Sie mit einer Konturenmaske schnell zu diesem Ergebnis gelangen, soll Ihnen dieses Verfahren zeigen.

VORHER
*Das Herausmodulieren der Kanten ist hier erforderlich, um den Schärfeeindruck zu steigern.
(Foto: Guido Sonnenberg)*

NACHHER
Durch eine modulierte Maske sind die Kanten des Motivs nachgeschärft worden. Das Luminanz- und Farbrauschen in den Flächen dagegen konnte durch Weichzeichnen abgemildert werden.

[1] Farbkanal auswählen

Wechseln Sie von der Ebenenansicht zur *Kanal*-Palette und markieren Sie den Kanal, in dem Ihr Motiv am deutlichsten zu erkennen ist. Hier der Kanal *Blau*.

[2] Kanalebene duplizieren

Damit Sie diesen Kanal bearbeiten können, ohne Ihr eigentliches Bild zu manipulieren, müssen Sie eine Kopie der Kanalebene erstellen. Ziehen Sie hierzu die Kanalebene *Blau* per Drag and Drop auf das Symbol *Neuen Kanal erstellen*.

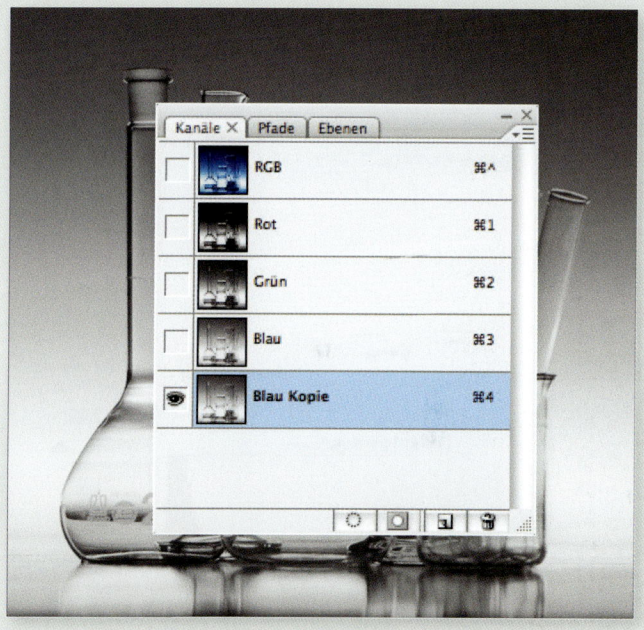

[3] Konturen finden

Mit einem Stilisierungsfilter reduzieren Sie das Graustufenbild in der *Kanal*-Palette auf dessen Konturen. In den meisten Fällen reicht der Filter *Konturen finden* aus.
Einen weiteren Weg zur Erstellung einer Konturenmaske erreichen Sie auch über den Filter *Leuchtende Konturen*. Hierbei haben Sie über drei Regler direkte Einflussmöglichkeiten auf die Konturenintensität.

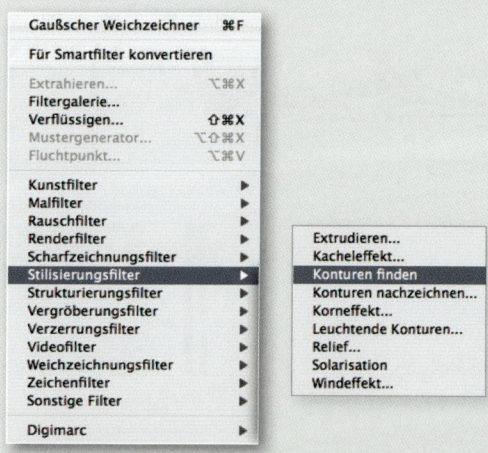

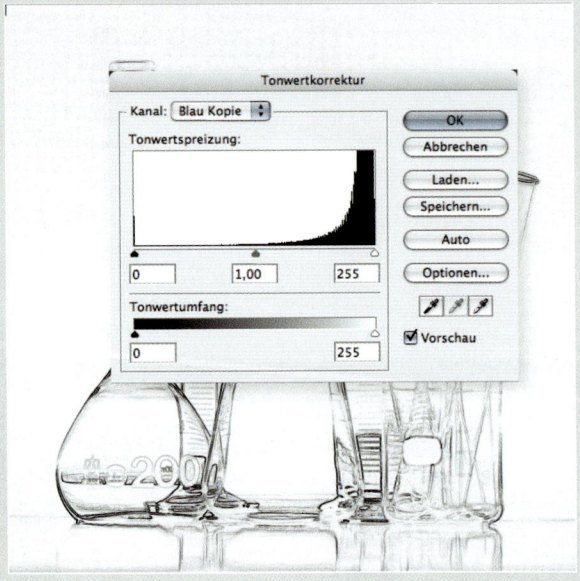

[4] Kontrast leicht anheben

Damit beim Ergebnis der Konturenmaske auch wirklich nur die Konturen ausgewählt sind, heben Sie den Kontrast mit der *Tonwertkorrektur*, Tastenkombination [Strg]+[L], leicht an.

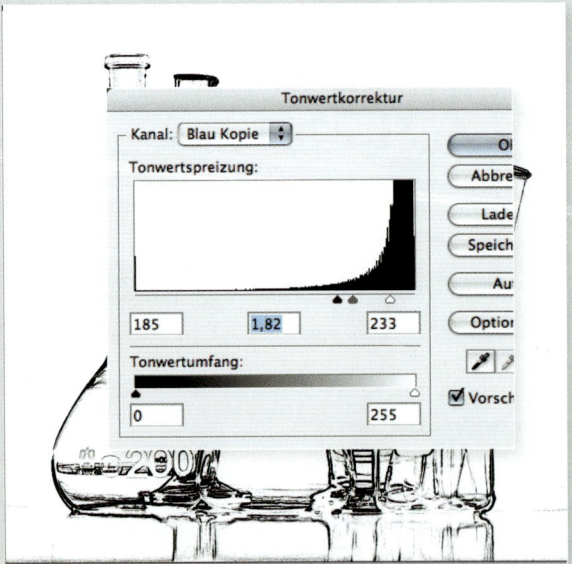

Versuchen Sie ein fast klares Schwarzweiß-Bild zu erstellen. Schieben Sie zuerst den Schwarzpunkt deutlich nach rechts, um die Konturen deutlich zu akzentuieren.

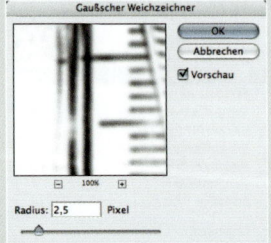

[5] Farbbereich definieren

Für einen weichen Übergang zwischen geschärftem und ungeschärftem Bereich nutzen Sie den Weichzeichnungsfilter *Gaußscher Weichzeichner*. Der *Radius* liegt zwischen *2* und *5* Pixeln. Das ist jedoch von der aktuellen Bildauflösung abhängig.

[6] Auswahl erstellen

Laden Sie den Kanal als Auswahl über das Kreis-
symbol in der Symbolleiste der *Kanal*-Palette.

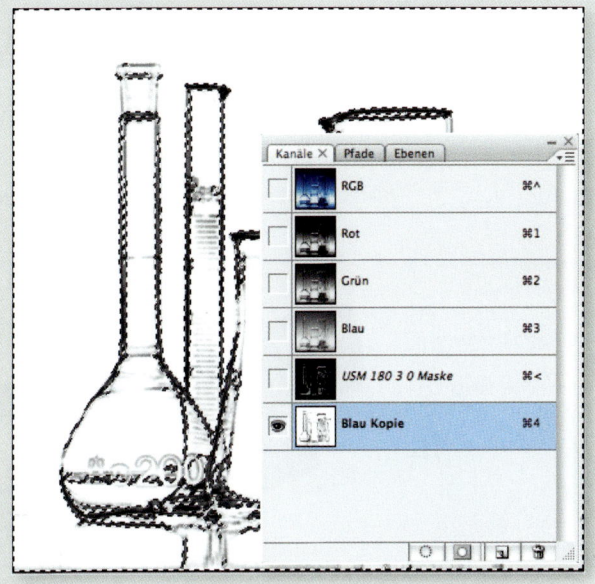

[7] Motivebene dulizieren

Schalten Sie auf die *Ebenen*-Palette um und
duplizieren Sie die Motivebene. Durch Zuweisen
einer Ebenenmaske wird der Inhalt der Auswahl
übernommen und die Auswahl deaktiviert.

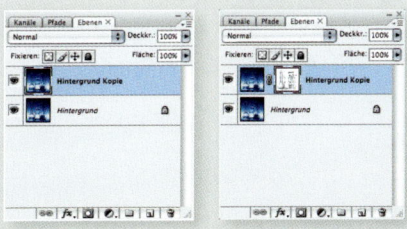

[8] Schwarzweiß-Maske invertieren

Noch sind in der Schwarzweiß-Maske die
Kanten schwarz abgebildet. Schwarz bedeutet
aber „nicht sichtbar". Doch sollen ja genau die
Kanten sichtbar und die Flächen abgedeckt sein.
Also müssen Sie die Schwarzweiß-Maske inver-
tieren. Nutzen Sie hierzu die Tastenkombination
[Strg]+[I].

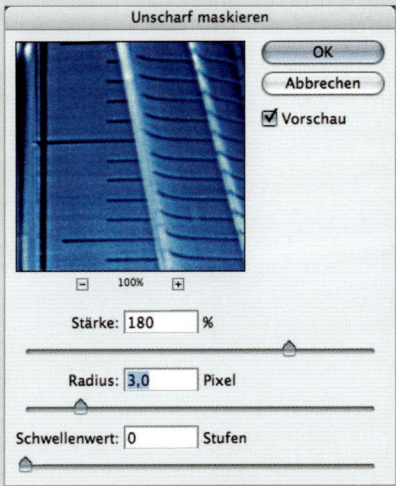

Knackige Kantenkontraste erzeugen

Technische Produkte, hier ein typisches Beispiel eines Freistellers in diesem Fall für Werbeinformationen fotografiert, benötigen eine Akzentuierung der Kanten und weniger ein Nachschärfen der Fläche. Mit dem Hochpass-Filter können Sie die Kantenkontraste verstärken.

VORHER
Bei dieser Aufnahme sind die Kanten zu weich und sollten durch eine Nachschärfung akzentuiert werden.
(Foto: Guido Sonnenberg)

NACHHER
Eine Kontrastanhebung an den Kanten, ohne die Flächen mit einzubeziehen, bewirkt ein knackigeres Aussehen dieses Chrom-artikels.

[1] Ebenenkopie erstellen

Kopieren Sie als erstes die Hintergrundebene.
Ziehen Sie die zu kopierende Ebene innerhalb
der *Ebenen*-Palette einfach per Drag and Drop
auf das Symbol *Neue Ebene erstellen*. Dies kann
die *Hintergrundebene* sein oder wie im Beispiel
Ebene 3.

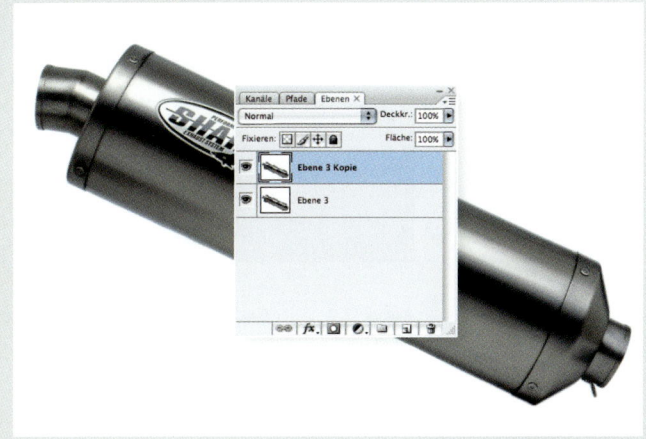

[2] In Smart Objekt konvertieren

Mit einem Rechtsklick auf die neu kopierte
Ebene öffnen Sie das Kontextmenü der Ebene.
Hier wählen Sie den Eintrag *In Smart Objekt
konvertieren*.

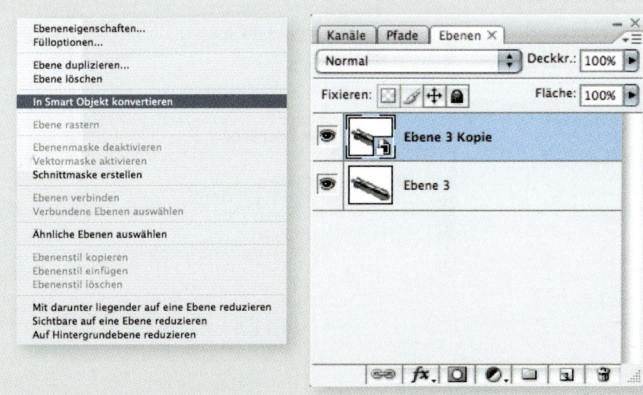

[3] Hochpass-Filter wählen

Öffnen Sie den *Hochpass*-Filter über das Menü
Filter und die Funktion *Sonstige Filter/Hochpass*.

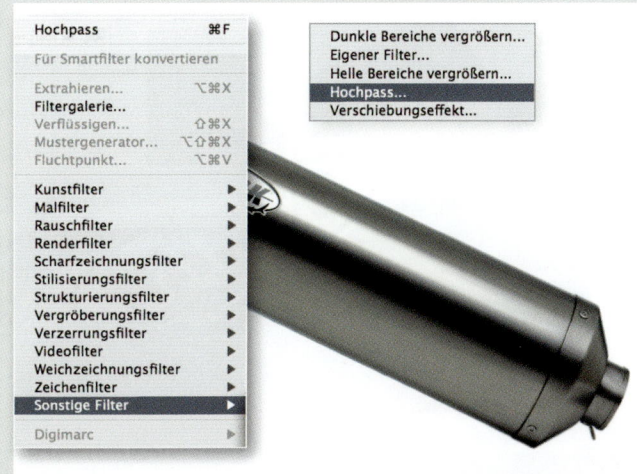

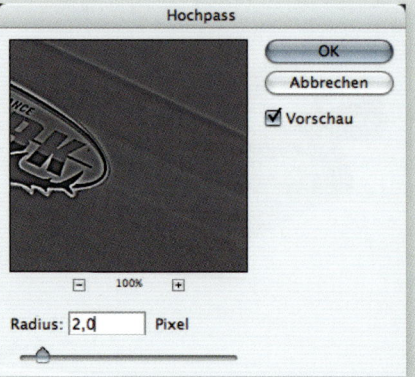

[4] Hochpass-Einstellungen

Reduzieren Sie die Bildmodulation auf ein einheitliches Grau. Durch Anheben des *Radius* bestimmen Sie im Dialogfeld *Hochpass*, in welchem Pixelbereich Kanten erkannt werden sollen. Finden Sie einen ungefähren Wert, der die Kanten wiedergibt, die verstärkt werden sollen.

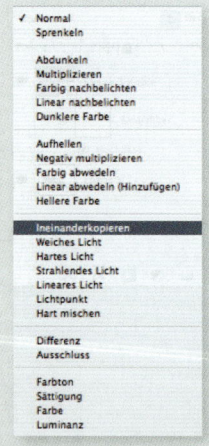

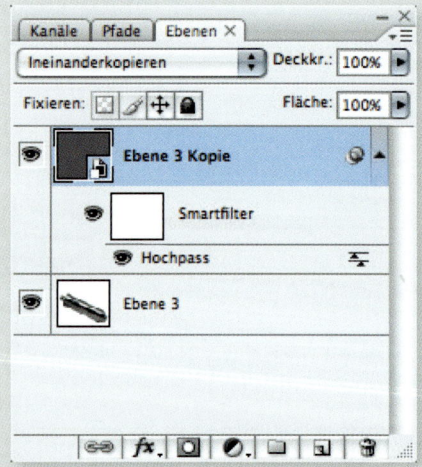

[5] Ebenen ineinanderkopieren

Im Listenfeld *Füllmethode für die Ebene einstellen* stellen Sie den Ebenenverrechnungsmodus der Smart Objekt-Ebene auf *Ineinanderkopieren* um.

[6] Optische Feineinstellung

Mit Doppelklick auf die Filterbezeichnung in der Smart Objekt-Ebene öffnen Sie den Dialog *Hochpass* erneut. Veränderungen erkennen Sie direkt in der Bilddarstellung. Stellen Sie jetzt den optimalen Radiusparameter für Ihr Motiv ein. Hier *0,8* Pixel

Auf der gegenüberliegenden Seite nochmals das fertig bearbeitete Bild.

Schärfen mit Unscharfmaskierung

Praktisch alle digitalen Fotos müssen nachgeschärft werden. Die Kunst liegt darin, den richtigen Schärfungsgrad am Monitor zu finden. Ein Bild, das am Monitor überschärft wirkt, kann im Druck genau richtig erscheinen. Das klassische Verfahren dabei ist das Schärfen mit der Unscharfmaskierung.

VORHER
Das gesamte Motiv benötigt eine Nachschärfung. Doch damit würden Sie bei Beautyaufnahmen niemanden glücklich machen. (Foto: Guido Sonnenberg)

NACHHER
Nur die Motivbereiche mit einem deutlichen Tonwertunterschied wurden nachgeschärft. Die Flächen mit eng beieinander liegenden Tonwerten wurden von der Unscharfmaskierung ausgenommen.

[1] Betrachtungsgröße anzoomen

Zur Bewertung der Scharfzeichnung am Monitor zoomen Sie Ihr Foto auf die 100 %-Darstellung. In Photoshop nennt sich diese Auflösungsgröße *Tatsächliche Pixel*. Sie finden diese im Menü *Ansicht*. Hierbei entspricht ein Pixel im Bild genau einem Monitorpixel.

[2] Scharfzeichnungsfilter wählen

Photoshop bietet einige Scharfzeichnungsvarianten an, doch nur der Filter *Selektiver Scharfzeichner* und der Klassiker *Unscharf maskieren* bieten genau die Einstellmöglichkeiten für eine optimale Scharfzeichnung.

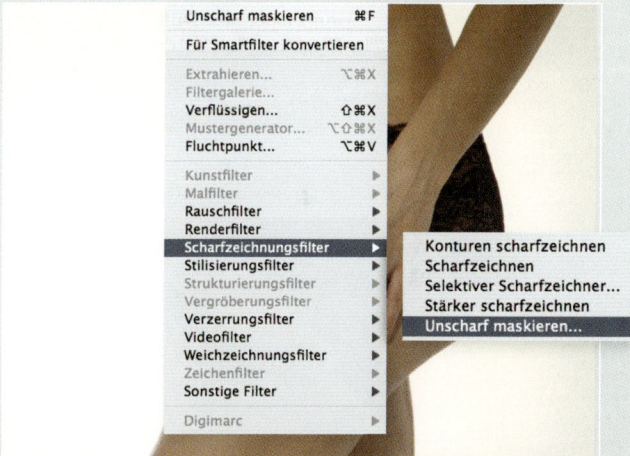

[3] Basis und Grenzen

Es gibt für das Schärfen leider keine universelle Lösung. Der Schärfeffekt ist immer von der Bildauflösung abhängig sowie von Druckverfahren und Papierbeschaffenheit.
Wählen Sie den Filter *Unscharf maskieren*. Ein guter Ausgangswert ist *Schwellenwert 0 Stufen*, *Radius 1,5 Pixel* und eine leichte *Stärke* von 50 %. Zum Vergleich sehen Sie eine *Stärke* von 500 % bei einem *Radius* von 3 Pixeln.

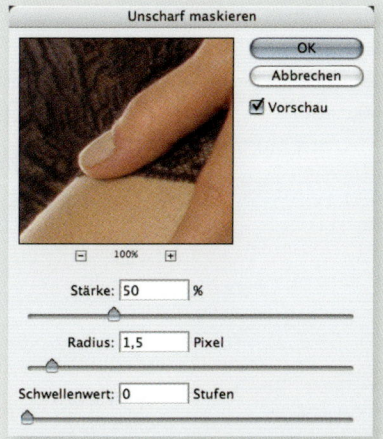

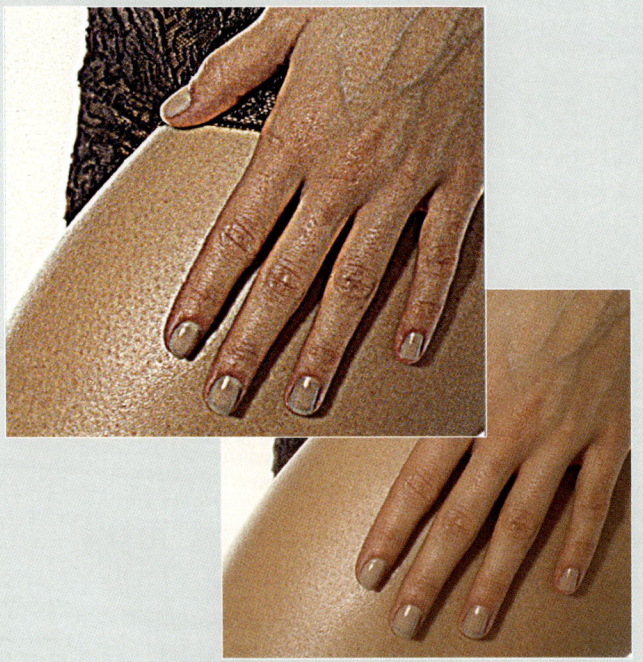

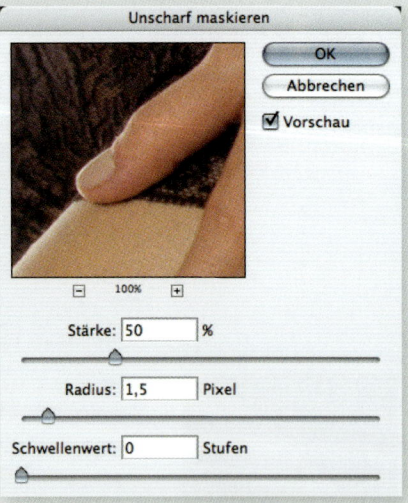

Der Weg zum guten Schärfen liegt im allgemeinen Verständnis der menschlichen Wahrnehmung. Das Wichtigste bei der Verarbeitung der Sehinformationen ist, die Kanten zu finden, die das Objekt vom Hintergrund trennen. Deshalb beurteilen wir dann ein Bild als scharf, wenn die Motivkanten gut akzentuiert sind. Die Flächen dürfen daher weich und unscharf bleiben.

Stärke und *Radius* formen die Kanten, der *Schwellenwert* schützt die Flächen. Bei dieser extremen Darstellung sehen Sie, wie die Pixel in den Flächen bei einem hohen Wert mit geschärft werden. Durch Anheben des Schwellenwertes auf *12 Stufen* wird dem entgegengewirkt, ohne dass die Kontrastanhebung an den Kanten abgeschwächt wird.

[4] Einstellwert für den Radius

Als Erstes sollten Sie den Einstellwert für den *Radius* finden. Fahren Sie die *Stärke* vorläufig auf ca. *100* bis *150 %* hoch, um die Wirkung beurteilen zu können. Die Kontrastanhebung soll in einem engen Radius erfolgen, zu hohe Werte führen zu Artefakten und zu einem harten Kontrast. Ein guter Anhaltswert ist die Faustregel *0,5* bis *0,7 Pixel* pro 100 dpi Bildauflösung.

[5] Stärke bestimmen

Als Nächstes passen Sie die *Stärke* des Filters an. Alles, was über *150 %* hinausgeht, führt in der Regel zu Detailverlusten und Lichthöfen an den Kanten.
Die optimalen Parameter zu finden ist stark abhängig von der Auflösung des Bildes. Je höher die Bildauflösung ist, desto größer kann der Einstellwert sein.

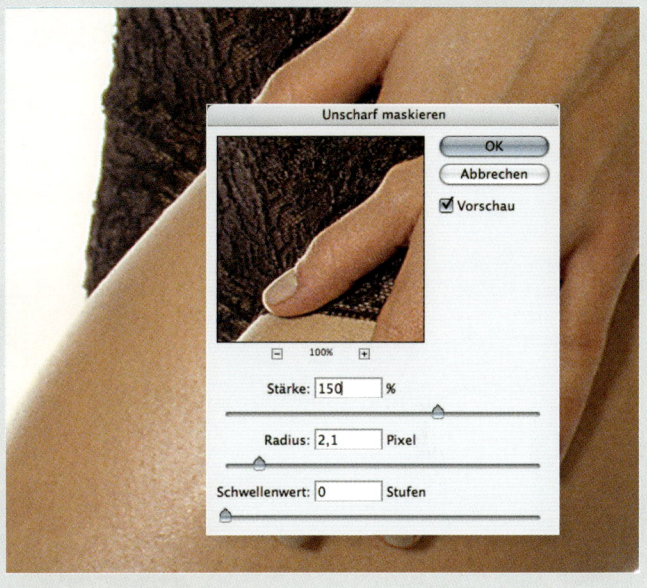

[6] Schwellenwert definieren

Der *Schwellenwert* definiert, wie hoch ein Tonwertunterschied zwischen zwei Pixeln sein muss (0 bis 255), damit dieser als Kante erkannt und scharf gezeichnet wird. Bei *0 Stufen* wird alles scharf gezeichnet. Damit Stellen mit kleinen Störungen nicht mitgeschärft werden, z. B. Hautpartien oder glatte Flächen mit Luminanzrauschen, reicht eine Anhebung von *3* bis *15 Stufen* völlig aus.

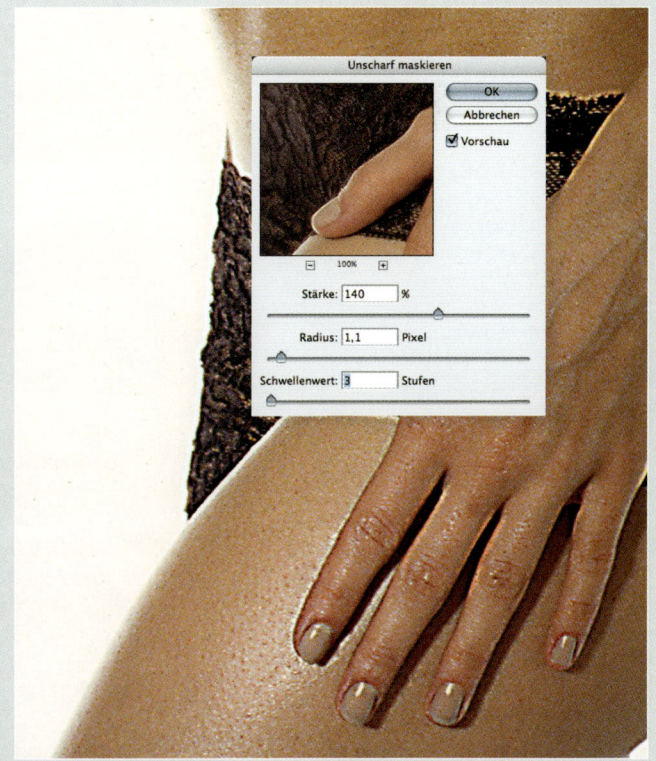

Helle und dunkle Tonwerte schärfen

Nicht immer soll das ganze Bild nachgeschärft werden. Das gilt insbesondere bei Porträtaufnahmen für die hellen Hauttonbereiche. Nach 14 Jahren hatte Photoshop mit CS2 endlich eine weitere Filteroption eingeführt, die eine Maskierung der Schärfung in den hellen und dunklen Tonwerten erlaubt.

VORHER
Gerade bei Porträts müssen die Augen scharf heraus-gearbeitet werden, ohne dass der Kontrast in den Hautflächen mit aufgeteilt wird. (Foto: Stella Frerichs)

NACHHER
Sie sehen eine selektive Nachschärfung, die sich in den dunklen und mittleren Bildbereichen auswirkt, die hellen Hautbereiche aber von einer Scharfzeichnung verschont.

[1] Selektiver Scharfzeichner

Ob Sie die Schärfung direkt auf einer eigenen
Ebene anwenden oder die Ebene in ein Smart
Objekt konvertieren, ist Geschmackssache. Der
Vorteil beim Smart Objekt ist der Erhalt der
Einstellungsparameter für spätere Nachjus-
tierungen. Die Vorgehensweise ist dabei völlig
identisch.
Rufen Sie jetzt im Menü *Filter/Scharfzeich-
nungsfilter* die Funktion *Selektiver Scharfzeich-
ner* auf.

[2] Basiseinstellungen vornehmen

Im Modus *Einfach* erhalten Sie mit den abgebildeten Einstellungen die gleiche Wirkung wie mit
dem Filter *Unscharf maskieren*.
Unter dem Listenfeld *Entfernen* ist der *Gaußsche Weichzeichner* die Standardeinstellung, wie
sie auch vom *Unscharf maskieren*-Filter verwendet wird.
Bewegungsunschärfe könnte bei leicht verwa-
ckelten Aufnahmen durch zu lange Verschluss-
zeiten gewählt werden.
Tiefenschärfe abmildern ermittelt die Kanten
und Details und führt zu feinerem Scharfzeichnen von Details. Die Option *Genauer* hebt die
Detailschärfung noch weiter an, was auch vor-
handenes Bildrauschen unangenehm mitschärft
und sicherlich bei den meisten Aufnahmen
unerwünscht ist.

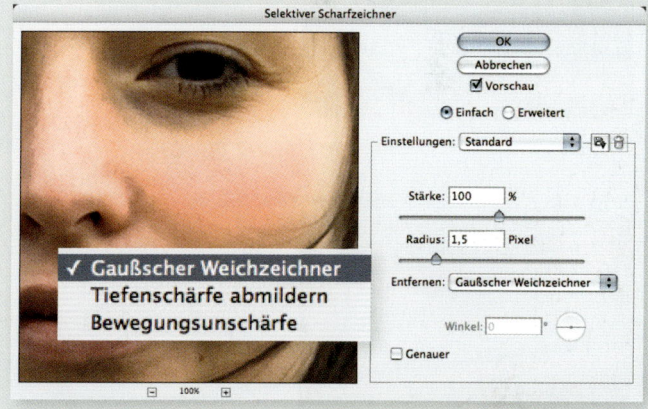

[3] Im erweiterten Modus

Starten Sie mit der Einstellung von *Stärke* und *Radius*. Definieren Sie Ihre Einstellwerte so, dass eine deutliche Schärfung sichtbar wird: hier für *Stärke* ein Wert von *200* % und ein *Radius* mit *3,0* Pixeln.

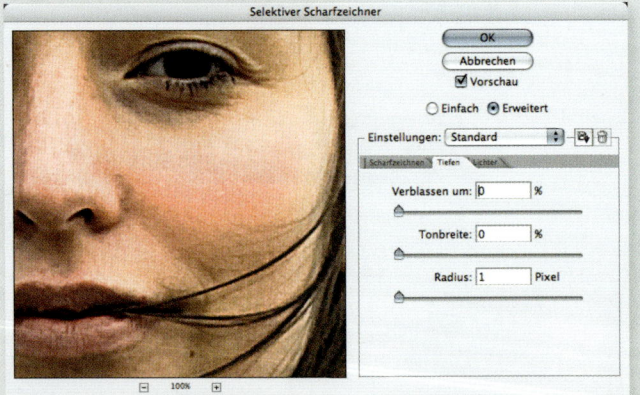

[4] Tiefenschärfe definieren

Wechseln Sie im Modus *Erweitert* auf das Register für die *Tiefen*. Wenn die Regler auf den kleinsten Wert eingestellt sind, wirkt sich die Scharfzeichnung in den dunklen Tonwerten voll aus.

[5] Lichterwerte definieren

Verblassen definiert, wie weit sich die Maskierung auf die Schärfung auswirken soll. Der Wert *100* % verhindert eine Schärfung in diesem Bereich vollständig.
Wie groß dieser Bereich sein soll, wird mit der *Tonbreite* festgelegt. *100* % bedeutet hier eine Ausdehnung bis in den mittleren Tonwertbereich hinein.

[6] **Ebenendeckkraft reduzieren**

Der Vorteil, auf einer Ebenenkopie zu schärfen,
liegt in der nachträglichen Reduzierung der
Ebenendeckkraft. So kann die leicht überschärf-
te Bildkopie in der Wirkung zurückgenommen
und mit dem Original verschmolzen werden.

Silberkornrauschen simulieren

Die digitale Kameratechnik liefert mittlerweile hervorragende, hochauflösende Bilddaten. Im Vergleich zum Diafilm sind diese Bilder in den Flächen glatt und rein. Bei Aufnahmen auf Film sind hier immer leichte feine Störungen zu erkennen: das Silberkorn. In diesem Workshop wird Ihnen gezeigt, wie Sie eine Ebene mit Störungen anlegen können, um dieses Silberkornrauschen zu simulieren und wie Sie nebenbei noch einen optischen Schärfungseffekt erzielen.

VORHER
In der vollen Bildauflösung wirken die glatten Flächen im Bild unnatürlich und wie Plastik. Gerade bei Vergrößerungen von Bildausschnitten werden die Komprimierungsartefakte und das digitale Farbrauschen störender wahrgenommen.
(Foto: Guido Sonnenberg)

NACHHER
Durch das Simulieren von feinem Filmkorn treten die Objektkanten deutlicher im Bild hervor. Kleinere Störungen und JPEG-Artefakte in den Flächen werden vom hinzugefügten Rauschen überdeckt.

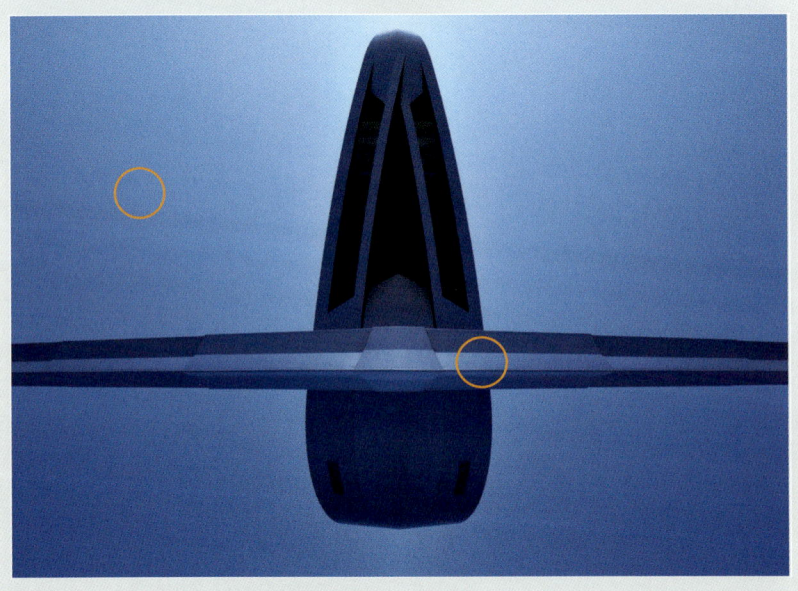

[1] Neue Ebene erstellen

Damit Ihnen die volle Flexibilität bei der Bildbearbeitung erhalten bleibt, soll das digitale
Bildrauschen auf einer eigenen Ebene erzeugt
werden. Klicken Sie dazu in der Symbolleiste
am unteren Rand der *Ebenen*-Palette auf das
Symbol *Neue Ebene erstellen*. Dass die neue
Ebene transparent und ohne Inhalt ist, können
Sie am Schachbrettmuster des Ebenensymbols
von *Ebene 1* erkennen.

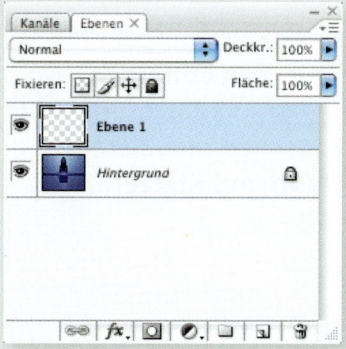

[2] Ebene füllen

Die neue Ebene wird jetzt nachträglich mit
einem neutralen Grau als Farbe komplett gefüllt.
Unter dem Menüpunkt *Bearbeiten/Fläche füllen*
öffnet sich Ihnen das Dialogfeld *Fläche füllen*.
Im Listenfeld *Verwenden* können Sie unter ver-
schiedenen voreingestellten Füllfarben wählen.
Klicken Sie *50 % Grau* an.
Die Fläche wird nun mit einem neutralen Grau-
ton gefüllt und nimmt Ihnen die Sicht auf das
Motiv, das eine Ebene tiefer liegt. Keine Angst,
Sie sind auf dem richtigen Weg, der Zaubertrick
kommt im nun folgenden Arbeitsschritt.

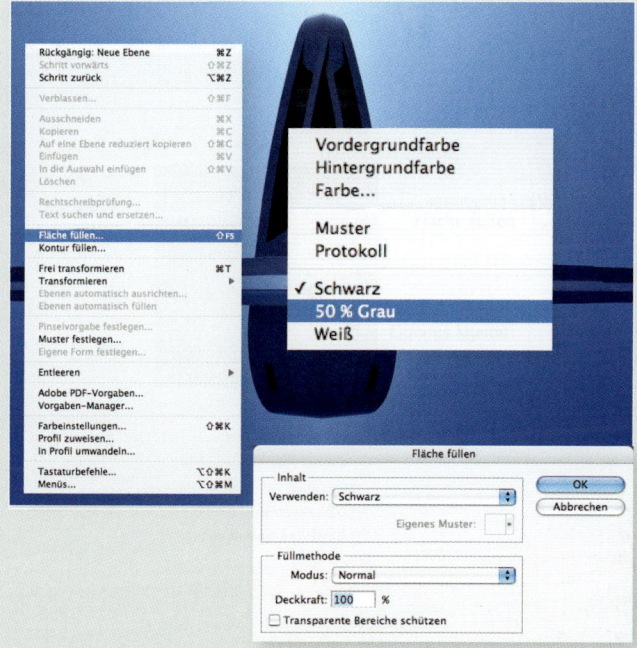

[3] Füllmethode für die Ebene ändern

Verstellen Sie für die grau gefüllte Ebene in der
Ebenen-Palette die Füllmethode von *Normal* auf
Ineinanderkopieren. In der Photoshop-Version
CS2 wurde dieser Verrechnungsmodus noch
Überlagern genannt.
Das Ergebnis verblüfft: Die graue Ebene wird
unsichtbar und Ihr Bildmotiv erscheint unverän-
dert. Diese neutralgraue Farbe hat im *Inein-
anderkopieren*-Modus die Eigenschaft, keine
Farb- oder Luminanzveränderung im Motiv zu
bewirken.

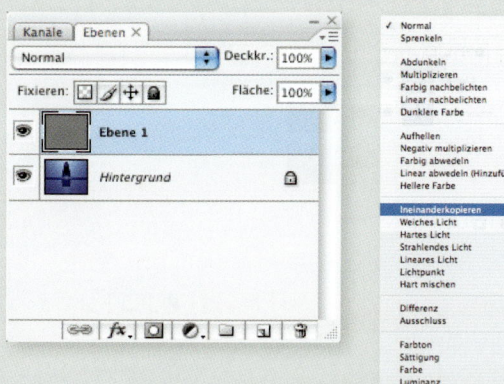

[4] Digitales Korn hinzufügen

Aus dem von CS2 bekannten Filter *Störungen* wurde in Photoshop CS3 *Rauschen hinzufügen*. Wählen Sie im Menü *Filter* die Funktion *Rauschfilter/Rauschen hinzufügen*. Im Dialogfeld des Filters kreieren Sie jetzt das digitale Rauschen. Dieser Filter fügt nach dem Zufallsprinzip einem Bild Pixel hinzu, wobei der Effekt simuliert wird, der entsteht, wenn Bilder mit einem hochempfindlichen Film aufgenommen werden.

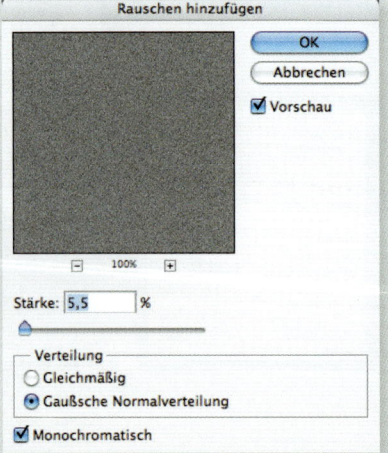

Unter *Stärke* bestimmen Sie, wie grob das Korn sein soll. Für Bilddateien mit einer Auflösung von 300 dpi sollten Sie ungefähr im Bereich von *3* bis *7 %* bleiben.
Das Korn erscheint als *Gaußsche Normalverteilung* etwas ausgewogener verteilt. Damit das Korn nicht farbig wird, markieren Sie auf jeden Fall das eckige Optionsfeld *Monochromatisch*.

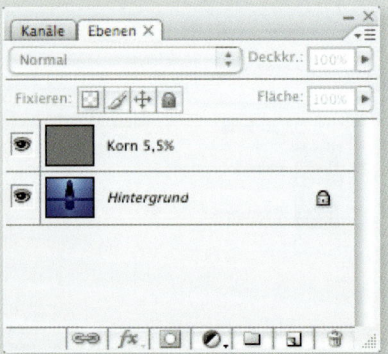

Motiv ohne Rauschen

Motiv mit 5,5 % monochromatischem Rauschen,
Ebenendeckkraft auf 50 % reduziert

Motiv mit 5,5 % Rauschen, Ebenendeckkraft
100 %

Motiv mit 5,5 % Farbrauschen, Ebenendeckkraft
100 %

Detailbetonung durch Unscharfmaskierung

Das wichtigste an einem Porträt sind die Augen. Schon bei der Aufnahme sollten Sie darauf achten, dass Sie immer auf die Augen scharf stellen. Durch selektive Unschärfe und dem Nachbearbeiten der Augenpartien bei der Bearbeitung in Photoshop können Sie den Fokus des Betrachters leicht beeinflussen.

VORHER
Der Blick des Betrachters schwankt zwischen Augen und leuchtendem Mund. Die Bildgewichtung sollte eindeutiger auf die Augen gelegt werden. (Foto: Christine Anders)

NACHHER
Durch das Absoften der Bereiche oberhalb und unterhalb der Augen konnte der Fokus eindeutig auf die Augen gelenkt werden.

[1] Lab-Modus aktivieren

Beim Nachschärfen von Fotos müssen nicht
die Farben, sondern die Bildmodulation muss
im Kontrast gesteigert werden. Im *RGB*-Modus
befindet sich in jedem der drei Kanäle sowohl
Farbe als auch Bildmodulation wieder. Nicht so
im *Lab*-Modus. Hier sind Farben und Bild in ge-
trennten Kanälen angelegt. Über das Menü *Bild*
wählen Sie die Funktion *Modus/Lab-Farbe*.

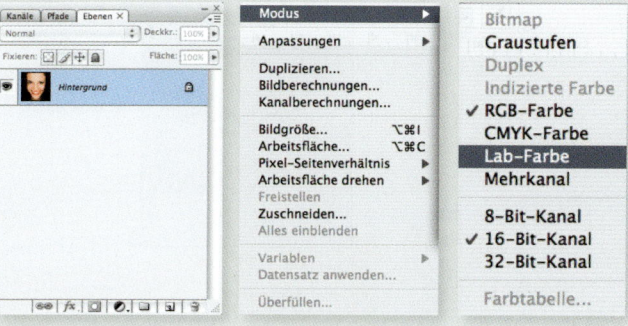

[2] Originalbild duplizieren

Um die Schärfung auf einer eigenen Ebene
unabhängig vom Originalbild durchzuführen,
erzeugen Sie ein Duplikat der Hintergrundebene.
Wählen Sie hierzu im Kontextmenü der Ebene
Hintergrund den Eintrag *Ebene duplizieren*.

[3] Kanal wählen

Wechseln Sie nun von der *Ebenen*-Palette zur
Kanal-Palette. Im Kanal *Helligkeit* und im Kanal
Lab, der Bildmodulation, sehen Sie ein Schwarz-
weiß-Bild. In den Kanälen *a* und *b* nur Farben.
Wählen Sie zum Schärfen gezielt den Kanal
Helligkeit aus.

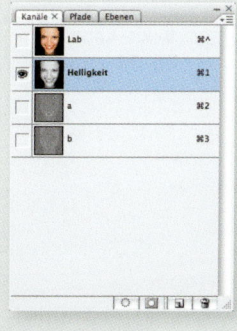

[4] Schärfen im Helligkeitskanal

Bevor Sie über das Menü *Filter* die Funktion
Scharfzeichnungsfilter/Unscharf maskieren
starten, vergessen Sie nicht, Ihre Bildansicht
auf 100 % zu stellen. Klicken Sie hierzu in der
Werkzeugleiste auf das *Zoom*-Werkzeug und
anschließend in den Werkzeugoptionen auf die
Schaltfläche *Tatsächliche Pixel*.

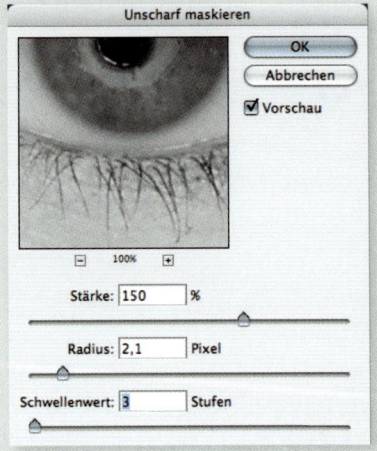

[5] Unscharf maskieren-Parameter finden

In der Voransicht des *Unscharf maskieren*-Dialogs können Sie im Vorschaufenster den Augenausschnitt mit der Maus verschieben; vorausgesetzt, das eckige Optionsfeld *Vorschau* ist aktiviert.

Da bei dieser Technik kleine Farbartefakte durch zu hohe Parameter entstehen können, wählen Sie die optimierten Maximalwerte, sodass eine leichte Überschärfung zu erkennen ist.

[6] Zurück in den RGB-Modus

Über das Menü *Bild/Modus* wechseln Sie wieder zurück in den Modus *RGB-Farbe*.

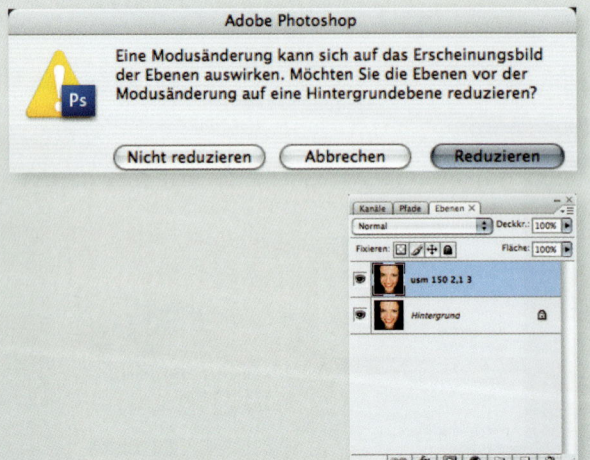

[7] Ebenen erhalten

Photoshop wird Sie beim Konvertieren fragen, ob die zwei Ebenen vor der Modusänderung auf eine Hintergrundebene reduziert werden sollen. Verneinen Sie die Anfrage mit *Nicht reduzieren*. Die Schärfung ist auf der oberen Ebene durchgeführt worden und soll dort auch erhalten bleiben. Sie können die Ebene umbenennen, damit Sie später die Werte nachvollziehen können: hier in den Ebenennamen *usm 150 2,1 3*.

[8] Ebeneninhalt verbergen

Der oberen Ebene fügen Sie nun eine Ebenenmaske hinzu. Eine weiß gefüllte Maske lässt
den Ebeneninhalt sichtbar erscheinen. Halten
Sie beim Zuweisen der Maske die [Alt]-Taste
gedrückt, erhalten Sie eine schwarz gefüllte
Ebenenmaske und der Inhalt der Ebene wird
verdeckt.
Sie haben jetzt zwei Ebenen. Der scharfge-
zeichnete, obere Ebeneninhalt ist jetzt jedoch
verdeckt und nicht sichtbar. Im nächsten Schritt
soll dieser teilweise wieder sichtbar gemacht
werden.

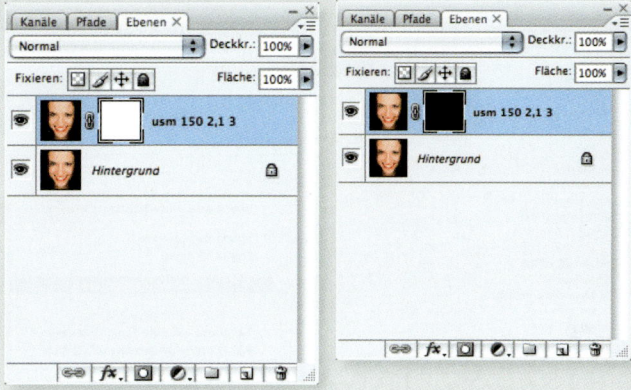

[9] Verlaufswerkzeug vorbereiten

Auf der schwarz gefüllten Ebenenmaske ziehen
Sie jetzt einen weißen Farbverlauf auf. Ändern
Sie dazu im Farbwähler der Werkzeugleiste die
Vordergrundfarbe auf Weiß.
Am schnellsten erreichen Sie dies durch einen
Klick auf das kleine Doppelquadratsymbol ober-
halb der Farbfelder.
Wählen Sie nun in der *Werkzeug*-Palette das
Verlaufswerkzeug aus und ändern in den Werk-
zeugoptionen die Parameter wie abgebildet; ein
Verlauf von der Vordergrundfarbe Weiß nach
Transparenz.

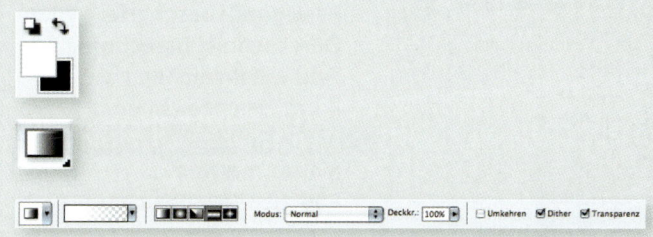

[10] Farbverlaufsbereich definieren

Der Farbverlaufsbereich wird durch Aufziehen
einer Strecke im Bild definiert. Klicken Sie auf
Pupillenhöhe ins Bild und ziehen Sie das Band
bis zur Nasenspitze. Durch das Gedrückthalten
der [Umschalt]-Taste verläuft das Band und
damit der Verlauf gerade.
Durch die weiße Farbe in der Ebenenmaske wird
jetzt wieder ein Teil des geschärften Ebenenin-
halts sichtbar.

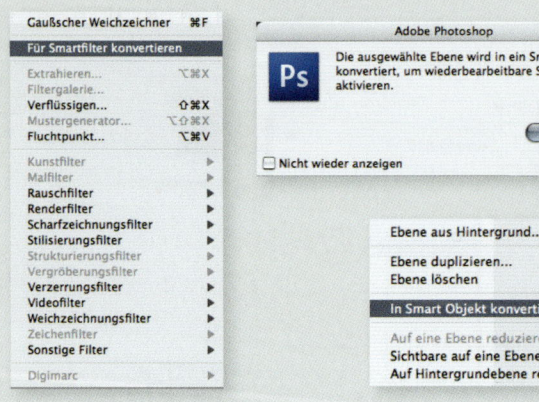

[11] Smart Objekt erstellen

Es gibt zwei Wege, um aus einer normalen Ebene eine Smartfilterebene zu erzeugen. Entweder Sie wählen das Menü *Ebene/Für Smartfilter konvertieren* oder Sie klicken mit der rechten Maustaste auf die Ebene und wählen aus dem Kontextmenü *In Smart Objekt konvertieren*.

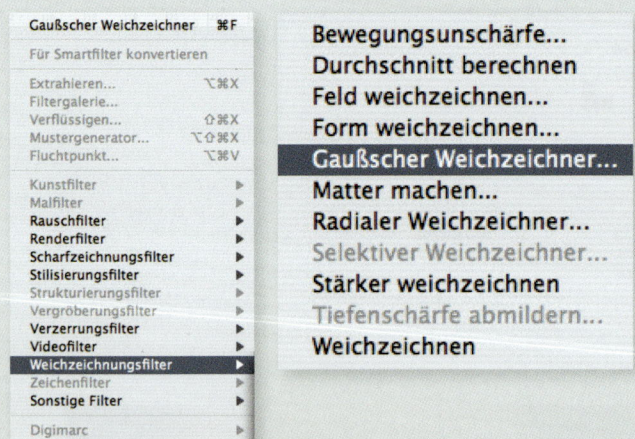

[12] Weichzeichnen auf Smart Objekt-Ebene

Führen Sie auf dieser *Smart Objekt*-Ebene eine Weichzeichnung durch. Der *Radius* sollte dabei im unteren Bereich bleiben. Er kann aber jederzeit durch die neu eingeführte Smart Objekt-Methode neu eingestellt oder in der *Deckkraft* reguliert werden.

[13] **Mehr Glanz für die Augen**

Um die Augen noch glänzender wirken zu lassen, hellen Sie doch einfach das Augenweiß auf bzw. entfernen den Farbstich daraus. Eine einfache Methode ist die *Selektive Farbkorrektur*, weil man damit den Farbbereich Weiß anwählen kann.

Erstellen Sie eine Einstellungsebene. Damit die Einstellungen nur auf die eine, direkt unterhalb liegende Ebene wirkt, klicken Sie mit gedrückter [Alt]-Taste auf die Trennlinie in der Ebenenpalette.

3
FARBEN

3

Farben

Farbchaos

Nehmen Menschen mit guten Augen auch Farben bunter und frischer wahr als solche mit Sehschwäche? Wir können uns keine Farben merken. Ja, Rot war Rot – aber wie rot war Rot? Die Farben auf den alten Erinnerungsfotos sind auch mit der Zeit verblasst. Und Maschinen? Glauben Sie, dass Ihr Monitor Farben immer richtig und konstant anzeigt?

Keiner möchte Ihnen den Spass an der Bildbearbeitung nehmen. Doch an dieser Stelle sollten wir ein paar allgemeine Worte über Farben verlieren.

Alles, was Farben sehen kann, wird sie mit kleinen Fehlern, Sehschwächen und Interpretationen belegen. Egal ob natürlich oder technisch gesehen. Aus dem unendlichen Spektrum verbleibt also nur ein individueller, kleiner Farbanteil. Wie groß dieses sogenannte Gamut bei Ihnen ist, kann nicht mathematisch definiert werden. Bei technischen Geräten allerdings schon. Und wer dieses Gamut bei seinem Monitor kalibriert hat, der ist zumindest schon ein Einäugiger unter vielen Blinden. Wenn Sie sich jetzt noch vorstellen, dass eine Druckmaschine auch nur einen begrenzt druckbaren Farbraum besitzt, dann haben Sie schon zwei Farbräume, die mit an Sicherheit grenzender Wahrscheinlichkeit nicht identisch sind. Bei A werden die Farben additiv aus Rot, Grün und Blau gemixt. Beim B subtraktiv aus Cyan, Magenta, Yellow und Schwarz und viele Hersteller geben noch weitere Farben hinzu.

Farbraum A sollte also mit Farbraum B koordiniert werden. Dazu benötigen Sie einen dritten Farbraum, der mindestens so groß ist, dass er die Farbräume von A und B beinhaltet. Photoshop CS 3 ist dieser Koordinator, nur müssen Sie dem Programm auch sagen, mit welchen Farbräumen es arbeiten soll.

(Foto: Dirk Trachte)

[1] Dialogfeld für Farbprofis

Das Menü *Bearbeiten* enthält den Zugang zum Dialogfeld *Farbeinstellungen*. Wechseln Sie zur erweiterten Darstellung des Dialogfelds mit der Schaltfläche *Mehr Optionen*.

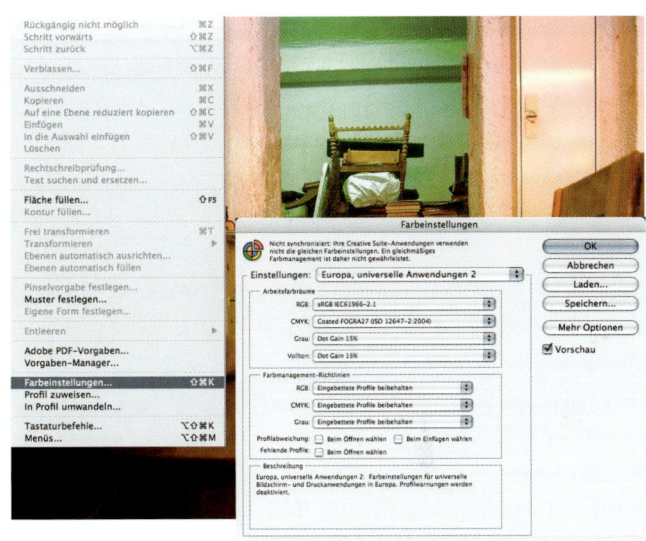

[2] Arbeitsfarbraum

Die erste Einstellgruppe widmet sich den Arbeitsfarbräumen:
Unter *RGB* benötigt man den Farbraum, der das Gamut der Ein- und Ausgabegeräte umfasst. Profis, die mit ihre Bilder im Offsetdruck ausgeben, wählen hier *eciRGB v2*, einen von der European Color Initiative empfohlenen RGB-Farbraum. Wer etwas allgemeiner arbeiten will, der trifft eine gute Wahl mit *Adobe RGB (1998)*.

Bei *CMYK* soll der druckbare Farbraum des Ausgabegeräts angewählt werden. Der allgemeine Druckstandard für Offset mit gestrichenem Papier (Coated) ist seit April 2007 FOGRA39 (siehe auch im Internet *www.eci.org*).
Grau: Macs arbeiten mit Gray Gamma 1.8 und PCs mit 2,2. Es soll die Graustufendarstellungen besser an die Monitorwiedergabe anpassen.
Vollton: Eine ungefähre Angabe, die das Auslaufen (Punktzuwachs) der Druckfarbe im Papier angibt. Je nach Papier unterschiedlich, jedoch bei gestrichenem Papier sehr gering.

[3] Farbmanagement

Wollen Sie eine Bilddatei öffnen, die bereits mit einem angefügten Farbprofil versehen ist, spricht nichts dagegen, das eingebettete Profil beizubehalten. Wenn Sie ein Bild neu optimieren wollen, dann ist es gleichgültig, ob ein Profil vorhanden ist oder nicht. Spätestens beim Abspeichern wird das Profil Ihres Arbeitsfarbraums angehängt.

WORKSHOP I

[4] Konvertieren

Lassen Sie alle Bilder und Dokumente mit dem gleichen Modul verrechnen. Aber was soll mit Farben passieren, die von einem Farbraum in einen anderen Farbraum umgefüllt werden? Die Priorität für einen großen Farbraum, der in einen kleineren Farbraum (RGB nach CMYK) umgewandelt werden soll: wahrnehmungstreu (perzeptiv). Für Umwandlungen nach Farbräumen, die annähernd gleich groß sind.

[5] Gamma

Erzeugt genauere Mischfarben im RGB-Modus durch einen Gammaausgleich. Die meisten Anwender arbeiten ohne Gamma-Korrektur. Vergleichen Sie z. B. die Mischfarbe einer grünen Ebene (50 % Deckkraft) auf einer roten Ebene.

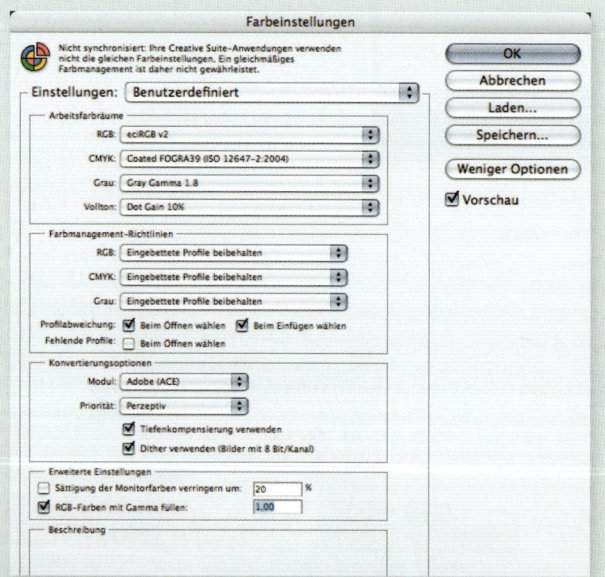

[6] Farbeinstellungen sichern

Speichern Sie die Farbeinstellungen ab und schließen Sie das Dialogfeld. Photoshop arbeitet ab jetzt automatisch mit den eingestellten Werten. Ändern Sie die Farbeinstellungen einmal, können Sie über *Laden* auf die abgespeicherten Werte jederzeit zurückgreifen.

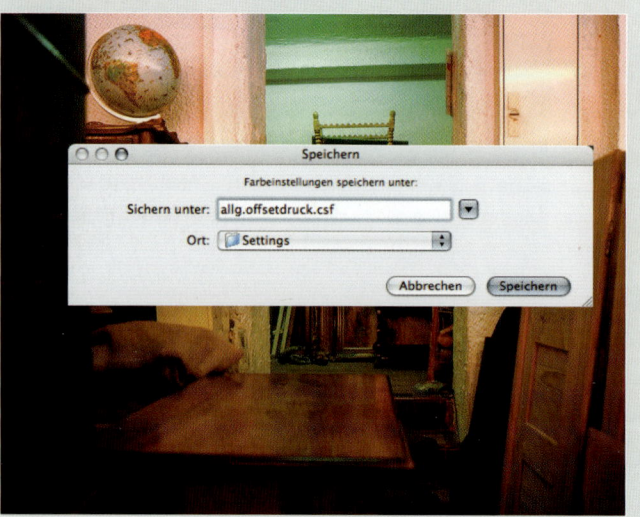

[7] Farbeinstellungen synchronisieren

Das Programm „Adobe Bridge" ist die Dokumentenverwaltungszentrale unter CS3. Öffnen Sie aus Bridge heraus die *CS-Farbeinstellungen*, so können Sie Ihre zuvor abgespeicherten Einstellungen aus Photoshop anwählen. Alle Programme, die über Bridge synchronisiert werden, arbeiten dann mit diesen Farbeinstellungen.

[8] Speichern unter

Beim Abspeichern von Bilddokumenten können Sie den Dokumententyp wählen. Nicht alle unterstützen die Einbindung von Farbprofilen. Die wichtigsten für den Datenaustausch mit Profileinbindung sind: *TIFF*, *JPEG*, *EPS* und natürlich *PSD*.

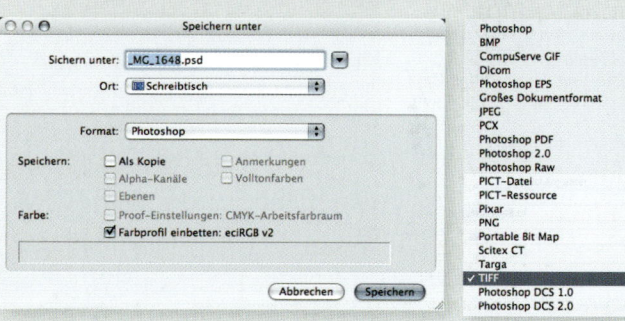

[9] Abweichungen vom Profil

Was soll passieren, wenn Photoshop fragt, was mit Bildern geschehen soll, die ein anderes Profil mitbekommen haben?
Wenn dem Bilddokument ein Farbprofil anhängt, verwenden Sie das eingebette Profil. Photoshop gleicht die Farben des Dokuments an die Ihres Arbeitsplatzes an.

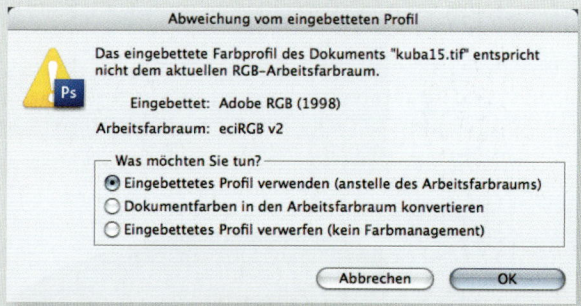

[10] Farbkonvertierungen

Um ein Bild von einem Farbraum in einen anderen zu konvertieren, benutzen Sie die Funktion *In Profil umwandeln*. Durch die Vorschauoption können Sie mit den Konvertierungsoptionen experimentieren und das Farbverhalten im Bild studieren.

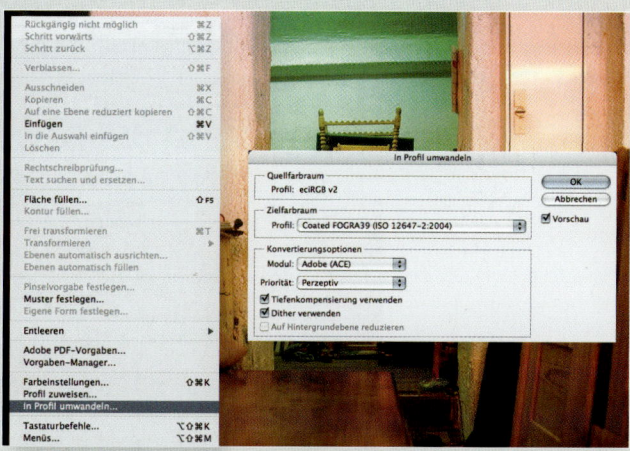

Crosstechnik simulieren

In den 80er Jahren kam die Mode unter den Fotografen auf, die Filme zu „crossen". Diafilme wurden durch Negativentwickler geschickt oder Negativfilme im Diaprozess entwickelt. Steile Kontraste, Körnigkeit und Fehlfarben erzielte man mit dieser Crosstechnik. Hier ein kleines Beispiel, wie Sie diese Technik mit Photoshop simulieren können.

VORHER
*Ein normaler Schnappschuss bei wolkenverhangenem Himmel, in England aufgenommen.
(Foto: Christine Anders)*

NACHHER
Durch die extreme Verbiegung der Gradationskurven wurde ein Fotostil aus den Achtzigern simuliert.

[1] Ausgangsbild duplizieren

Auch die Photoshoptechnik „Crossing" soll nicht
destruktiv sein, also das Original im unver-
änderten Zustand belassen. Dazu die Hintergrundebene mit dem Originaldaten kopieren
und zu einer „Smartfilter"-Ebene vorbereiten.
Zwei Möglichkeiten stehen Ihnen zur Auswahl:
entweder über *Filter/Für Smartfilter konvertieren* oder über das Kontextmenü der markierten Ebene, das Sie mit der rechten Maustaste
aufrufen. Wählen Sie hier den Eintrag *In Smart
Objekt konvertieren.*

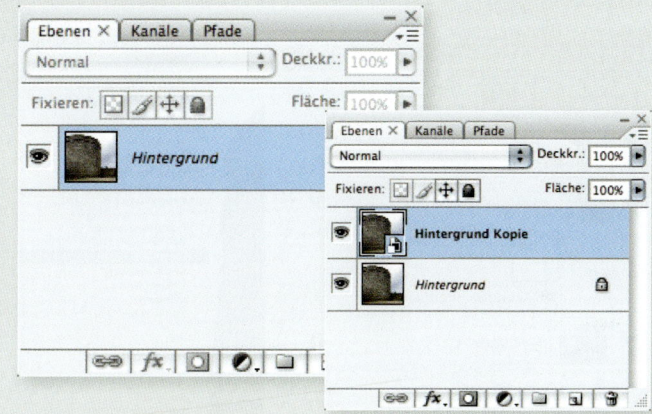

[2] Rauschen hinzufügen

Der Smartfilterebene wird der Filter *Rauschen
hinzufügen* zugewiesen. Rufen Sie dazu im
Menü *Filter* die Funktion *Rauschfilter/Rauschen
hinzufügen* auf. Die Filme hatten zu analogen
Zeiten ein kräftiges Korn. Also darf mit der *Stärke* ein etwas großzügiger Wert gewählt werden.
Hier sind es *12 %.*

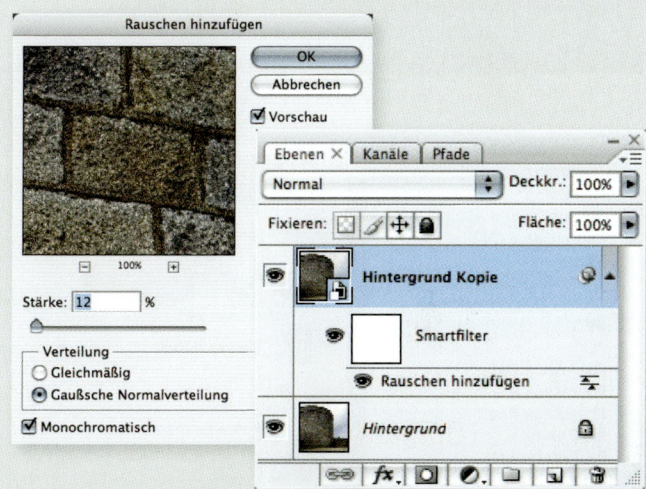

[3] Kontrastreiches Graustufenbild

Weisen Sie nun der Ebene *Hintergrund Kopie*
die Einstellungsebene *Schwarzweiß* zu. Mit der
Einstellungsebene *Schwarzweiß* wird die Smartfilterebene (*Hintergrund Kopie*) in ein Graustufenbild umgewandelt. Im Dialogfeld *Schwarzweiß* wählen Sie aus der Liste der *Vorgaben* die
kontrastreichste Variante aus, hier *Blaufilter
mit hohem Kontrast,* und passen diese eventuell
noch etwas an.

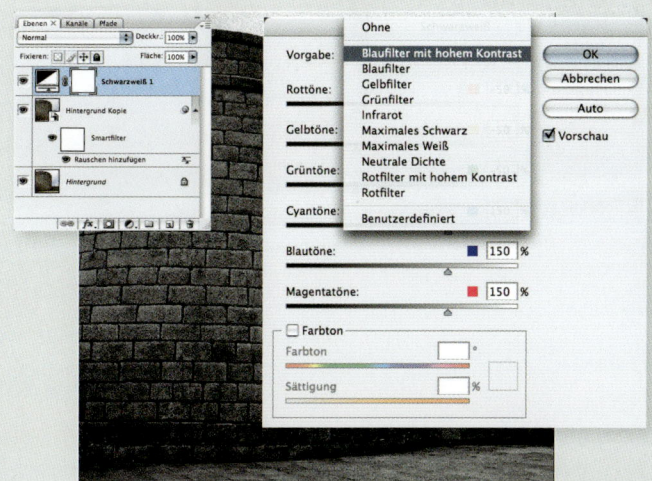

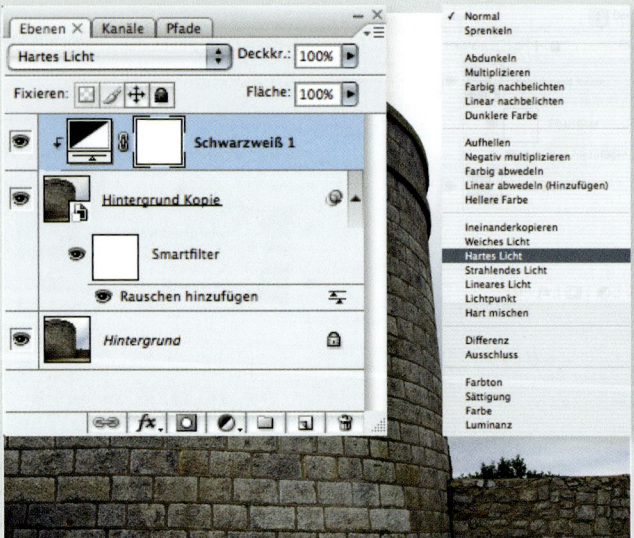

[4] Füllmethode für die Ebenen einstellen

Durch das Umstellen der Ebenenverrechnung resp. der *Füllmethode* auf *Hartes Licht* wird das Foto auf der unterhalb liegenden Ebene stark aufgestylt und bekommt einen farbreduzierten, geheimnisvollen Look. Das Bildrauschen in den Lichtern verschwindet fast vollständig.

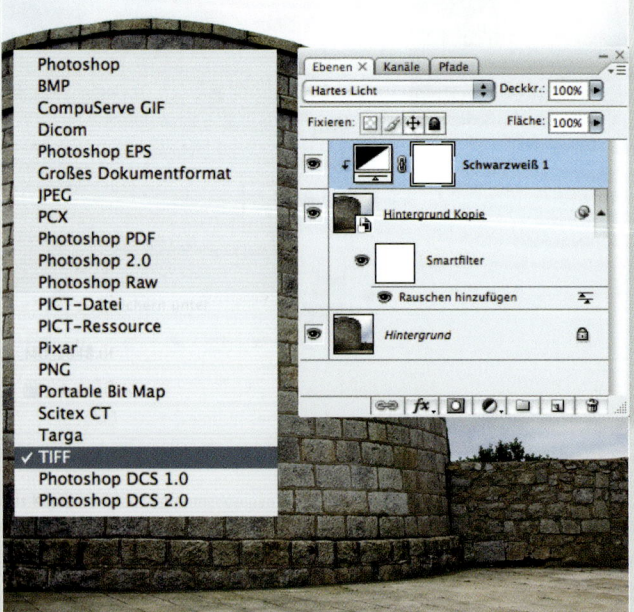

[5] Eingeschobene Einstellungsebene erzeugen

Einstellungsebenen wirken auf alle unterhalb angeordneten Ebenen in der Ebenenpalette. Soll der Effekt einer Einstellungsebene aber nur auf die direkt unterhalb liegende Ebene wirken, so muss diese in eine eingeschobene Einstellungsebene umgewandelt werden.
Führen Sie den Mauszeiger auf die Trennlinie der beiden Ebenen, halten dabei die [Alt]-Taste gedrückt und klicken einmal mit der linken Mautaste. Auf diese Weise erhält die Einstellebene links des Ebenensymbols ein kleines Häkchen und rückt im Ebenenstapel optisch nach rechts. Neue Einstellungen wirken sich jetzt nur noch auf eine unterhalb angeordnete Ebene aus.

[6] Einstellungsebene Gradationskurve anlegen

Damit die folgenden Farbveränderungen ebenfalls editierbar bleiben, erstellen Sie eine weitere
eingezogene Einstellungsebene vom Typ *Gradationskurve*. In den *Vorgaben* der *Gradationskurven* wurde auch eine Crossentwicklungs-
Kurve mit aufgenommen. Welch leichtes Spiel
für Sie, diese auszuwählen.
Sie sollten unter den *Kurven-Anzeigeoptionen*
auf jeden Fall die Option *Kanalüberlagerungen*
angewählt haben. Damit wird Ihnen angezeigt,
wie die Kurven in den einzelnen Farbkanälen
verändert wurden.

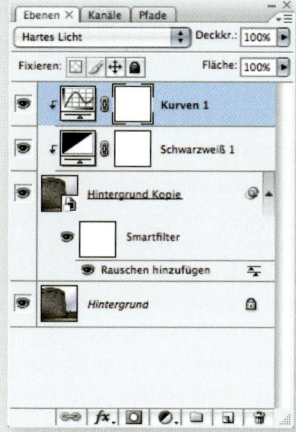
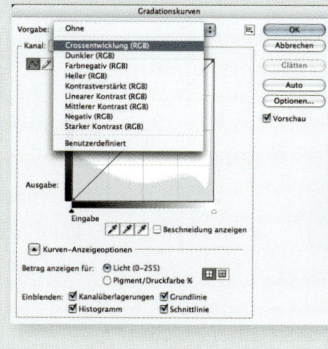

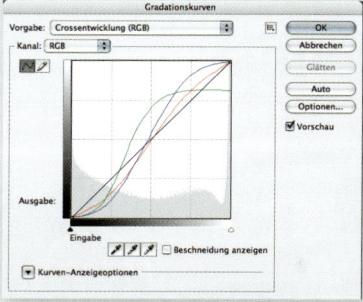

[7] Hartes Licht wählen

Damit die Fehlfarbe in den Lichtern nicht pink
leuchtet, stellen Sie zum Abschluss einfach den
Ebenenmodus der Einstellungsebene ebenfalls
auf die Füllmethode *Hartes Licht* um.

Farben optimieren

Auf Reisen zu fotografieren ist reizvoll. Ständig gibt es Neues zu entdecken, aber leider sind die Lichtverhältnisse nicht immer optimal. Oft fehlt auch die Zeit, auf bessere Lichtverhältnisse warten zu können. Nehmen wie es kommt ist auf jeden Fall besser, als sich hinterher über eine versäumte Gelegenheit zu ärgern. Dieser Workshop zeigt Ihnen, wie Sie Ihr Foto „neutral eineichen", also eine Basiskorrektur durchführen.

VORHER
*In diesem Fotobeispiel können Sie gut erkennen, dass das Originalmotiv einen viel zu flauen Gesamteindruck macht und zum anderen, einen deutlichen Blaustich aufweist. Was dem Originalbild fehlt, sind besserer Kontrast und wärmere Farben.
(Foto: Guido Sonnenberg)*

NACHHER
Kontraste und Detailtiefe des Himmels sind nun deutlich erhöht. Und ohne Blaustich wirkt das gesamte Bild wärmer.

[1] Einstellebene anlegen

Die einheitliche Vorgehensweise ist bei jedem Bild das Überprüfen und Korrigieren der Tonwerte. Sie benötigen dieses Dialogfeld so oft, dass Sie sich das Tastaturkürzel zum Aufrufen des Dialogfelds *Tonwertkorrektur* einprägen sollten: [Strg]+[L].
Um bei umfangreichen Photoshoparbeiten die einzelnen Optimierungsschritte später nachkorrigieren zu können, ist es empfehlenswert, die Tonwertkorrekturen auf einer eigenen neuen Einstellebene names *Tonwertkorrektur* anzulegen.

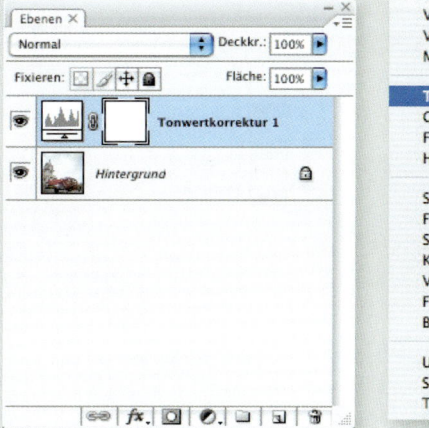

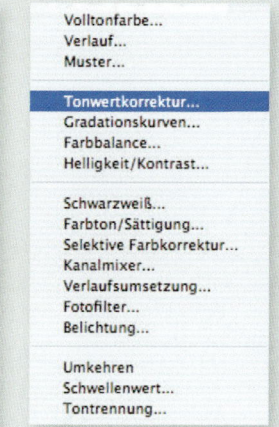

[2] Tonwerte spreizen

Im Dialogfeld *Tonwertkorrektur* sehen Sie die Verteilung der vorhandenen Tonwerte im Bild wie eine Art Gebirge dargestellt Zur Optimierung der Tonwerte ziehen Sie den schwarzen Regler für die Bildtiefen bis an das Tonwertgebirge heran. Das Gleiche gilt für den weißen Lichter-Regler auf der anderen Seite (wenn nötig). Unter *Kanal* können Sie aber auch die Tonwerte der einzelnen Kanäle individuell einstellen und die *Tonwertspreizung* dadurch weiter optimieren.

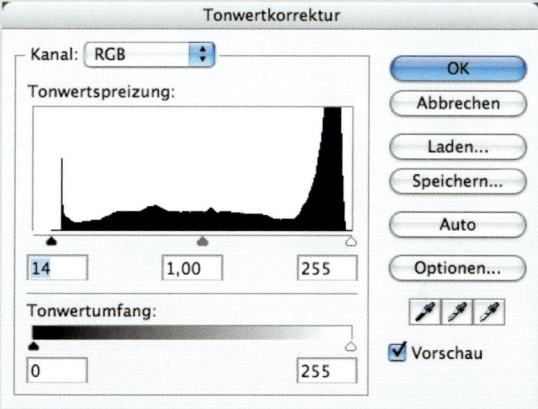

[3] Ergebnis analysieren

Das Ergebnis einer Tonwertspreizung führt in der Regel zu kontrastreicheren Bildern. Auch in diesem Bildbeispiel wirkt das Motiv schon etwas knackiger. Doch in den Tiefen und in den Lichtern fehlt immer noch Zeichnung.

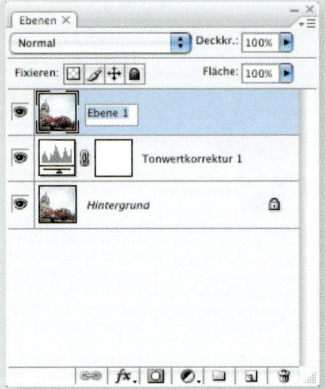

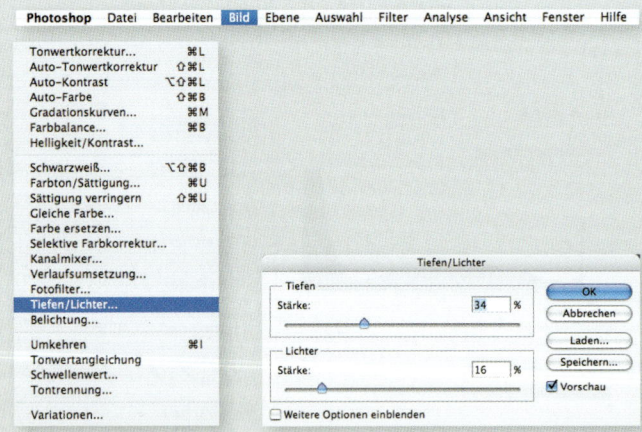

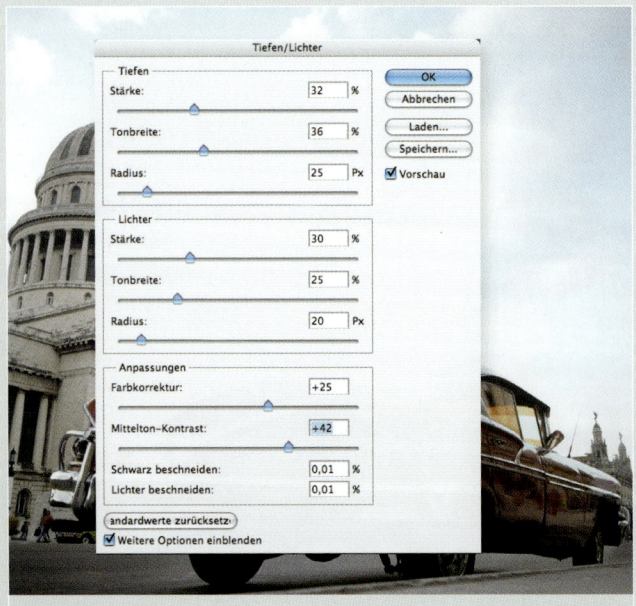

[4] Ebene anlegen und umbenennen

Den nächsten Arbeitsschritt, Tiefen und Lichter korrigieren, sollten Sie ebenfalls auf einer separaten Ebene durchführen. Mit ein bisschen Fingerakrobatik werden Ihre sichtbaren Ebenen schnell zu einer eigenen neuen Ebene zusammengefasst: [Umschalt]+[Strg]+[E]. Mit einem Doppelklick auf den Ebenen-Namen, hier *Ebene 1*, können Sie diese umbenennen. Vergeben Sie aussagekräftige Namen, damit Sie später besser nachvollziehen können, was Sie auf dieser Ebene korrigiert haben.

[5] Tiefen und Lichter anpassen

Die Funktion *Tiefen/Lichter* wurde mit Photoshop CS neu eingeführt. Sie ermöglicht es, gleich mehrere Korrekturen in einem Arbeitsschritt durchzuführen. In der Normalansicht bietet Ihnen das Werkzeug die Möglichkeit, die Schatten des Bildes durch den Tiefenregler aufzuhellen und mit dem Lichterregler die hellen Motivstellen im Bild abzudunkeln.

[6] Erweiterte Optionen

Mit Klick auf das eckige Optionsfeld *Weitere Optionen einblenden* erhalten Sie weitere Einstellmöglichkeiten. Mit den Reglern *Tonbreite* und *Radius* legen Sie fest, wie weit sich die Änderung auf die Bildluminanz und den Pixelumfang auswirken darf.
Werden Bildschatten aufgehellt, so heißt das nicht, dass auch die Farben in den betroffenen Bereichen angepasst werden. Sie wirken matt und kraftlos. Mit dem Regler *Farbkorrektur* können Sie die Farbsättigung in diesen Bereichen gezielt anpassen. Alle anderen Bereiche behalten ihre Farbwerte.
Um einem flauen und diffus ausgeleuchteten Bild mehr Kontrast einzuhauchen, ist auch das Anheben des Reglers *Mittelton-Kontrast* unbedingt notwendig.

[7] Ebene duplizieren

Lässt der Motivkontrast immer noch zu wünschen übrig, dann duplizieren Sie das Ergebnis der Tiefen- und Lichterkorrektur, um den nächsten Schritt auch auf einer eigenen Ebene durchzuführen. Sie bewahren sich dadurch immer die Möglichkeit, zu stark durchgeführte Korrekturen nachträglich mit der Ebenendeckkraft abzuschwächen. Benennen Sie die Ebene um, damit Sie später noch wissen, was auf dieser Ebene optimiert wurde.

[8] Die richtige Bildtiefe

Rufen Sie im Menü *Filter/Scharfzeichnungsfilter* den Filter *Unscharf maskieren* auf. Um die Modulation Ihres Motivs hervorzuheben, sollten Sie eine „Scharfzeichnung" mit einem hohen *Radius* aber einer geringen *Stärke* ausprobieren. Mit diesem Trick bekommt das Bildmotiv erst die richtige Bildtiefe.

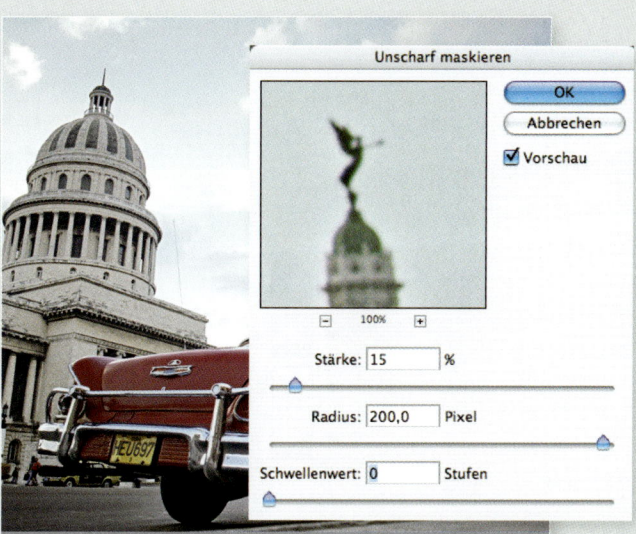

WORKSHOP 3

[9] Schattenverblauung abschwächen

Schatten werden nicht von der Sonne beleuchtet, sondern vom Himmel. Daher haben Schatten oft einen deftigen Blaustich. In den Bildausschnitten können Sie gut den Blaustich erkennen. Die Korrektur erfolgt mit einer weiteren Einstellebene vom Typ *Farbton/Sättigung*.

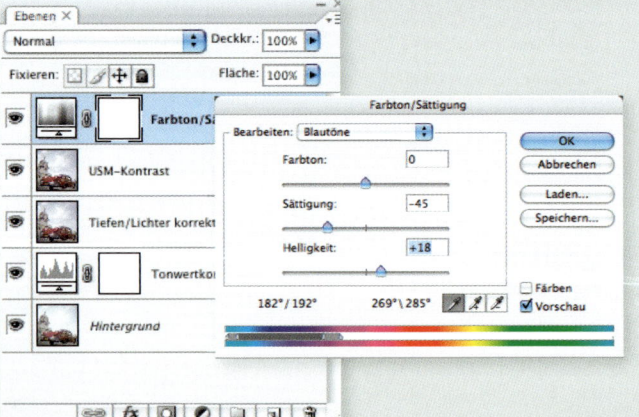

[10] Farbton/Sättigung

Nachdem Sie die Gesamtsättigung (*Bearbeiten/Standard*) angepasst haben, wählen Sie im Listenfeld *Bearbeiten* den Eintrag *Blautöne*. Um den Blaustich in den Schatten zu reduzieren, senken Sie die *Sättigung* in den Minusbereich. Um die Schatten gleichzeitig etwas aufzuhellen, schieben Sie den Regler *Helligkeit* nach rechts. Die Schieberegler unten im Dialogfeld gestatten es Ihnen, den Farbbereich sorgfältig einzugrenzen.

[11] Bereiche mit Verlaufsmaske schützen

Leider werden Sie feststellen, dass nicht nur in den Schattenbereichen das Blau abgeschwächt wird, sondern auch der Himmel davon betroffen ist. Um das Blau des Himmels zu erhalten, wird mit einer Verlaufsmaske für den Bildbereich die Farbkorrektur ausgeblendet. Setzen Sie Ihre Farbwerte durch Drücken der [D]-Taste auf *Standard* zurück und wählen Sie den Standardverlauf aus der Optionspalette aus.

[12] Selektive Farbkorrekturen

Zum Schluss werden noch einige Feinheiten in den Farben korrigiert. Die Einstellungsebene vom Typ *Selektive Farbkorrektur* ermöglicht über das Anpassen der CMYRGB-Farben hinaus eine Korrektur von Weiß, Schwarz und dem Graubereich.

Das Rot des Autos könnte im Beispielmotiv vielleicht noch etwas wärmer getrimmt werden, indem der *Cyan*-Anteil zurückgesetzt und *Magenta* und *Gelb* etwas erhöht werden.

Über die Grautöne können Sie die Aufnahme nach Geschmack wärmer trimmen, indem Sie den Gelbregler um *1* bis *2 %* hochsetzen.

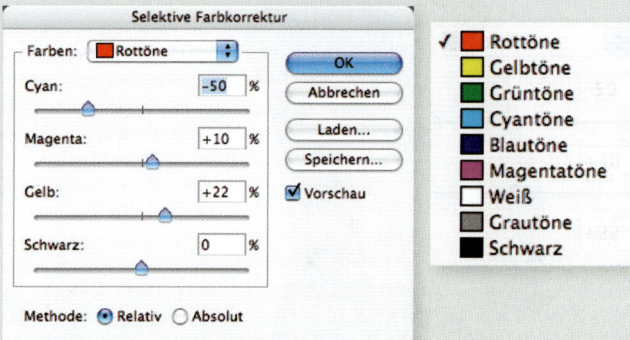

[13] Details scharfzeichnen

Erst ganz am Ende Ihrer digitalen Bildbearbeitung soll die Detailscharfzeichnung durchgeführt werden. Um die Scharfzeichnung auch auf einer eigenen Ebene durchzuführen, fassen Sie Ihre bisherigen Korrekturen mit der Tastenkombination [Umschalt]+[Strg]+[E] zu einer Bearbeitungsebene zusammen.

Farben verändern

Dieser Workshop ist allen Modeenthusiasten gewidmet. Hier zeigen wir Ihnen, wie Sie schnell und flexibel Farben in einem Bild austauschen können.

VORHER
Dominierende Farben im Bild können als Einzelmotiv stimmungsvoll und adrett aussehen, passen aber vielleicht nicht zu einer Serie, Collage oder Layoutgestaltung. (Foto: Stella Frerichs)

NACHHER
Ein selektiv durchgeführter Farbenwechsel nach Wunsch und Stimmung.

[1] Farbbereich auswählen

Mit dem neuen *Schnellauswahlwerkzeug* malen
Sie über die Bereiche, in denen später die Farbe
geändert werden soll. Das *Schnellauswahlwerkzeug* arbeitet am besten mit einer harten Kan-
ten-Einstellung. Klicken Sie in den Werkzeugoptionen auf die Schaltfläche *Kante verbessern*
und setzen Sie im gleichnamigen Dialogfeld den
Wert für *Weiche Kante* auf *0 px*. Die *Toleranz*
wird mit der Größeneinstellung der Werkzeugspitze gewählt, hier ein *Durchmesser* von *30
px*. Auswahlkanten werden durch *Automatisch
verbessern* direkt optimiert. Zum Entfernen ausgewählter Bildbereiche halten Sie die [Alt]-Taste
gedrückt und klicken mit dem *Schnellauswahlwerkzeug* in die zu entfernenden Bereiche.

[2] Einstellungsebene Farbton/Sättigung

Es spielt keine Rolle, wenn die Auswahl noch
nicht ganz perfekt ist. Mit der aktiven Auswahl
öffnen Sie über die *Ebenen*-Palette eine neue
Einstellungsebene vom Typ *Farbton/Sättigung*.
Die Auswahl wird als Maske in der neuen Ebene
übernommen.

WORKSHOP 4

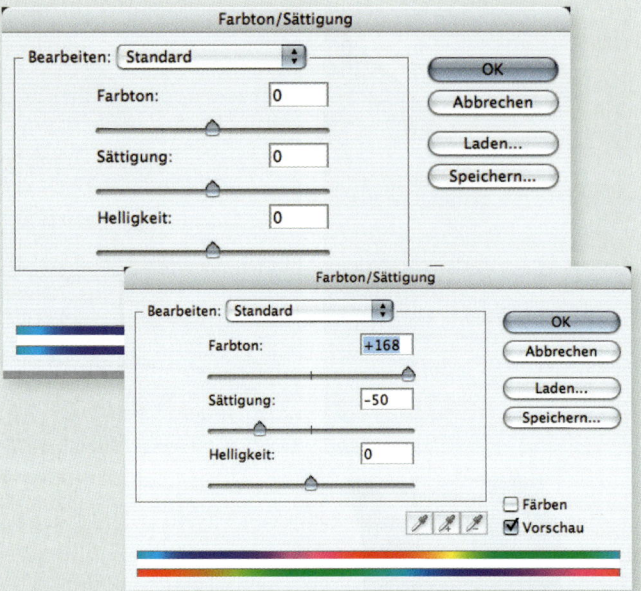

[3] Umfärben des Kleidungsstücks

Mit Doppelklick auf die *Ebenenminiatur* in der Ebene *Farbton/Sättigung 1* öffnen Sie das Diagfeld *Farbton/Sätigung*. Suchen Sie mit dem Regler *Farbton* zuerst einen neuen attraktiven Farbton und regeln anschließend dessen Sättigung. In diesem Beispiel wählen Sie für *Farbton* einen Wert von *+168* und setzen die *Sättigung* auf *-50*.

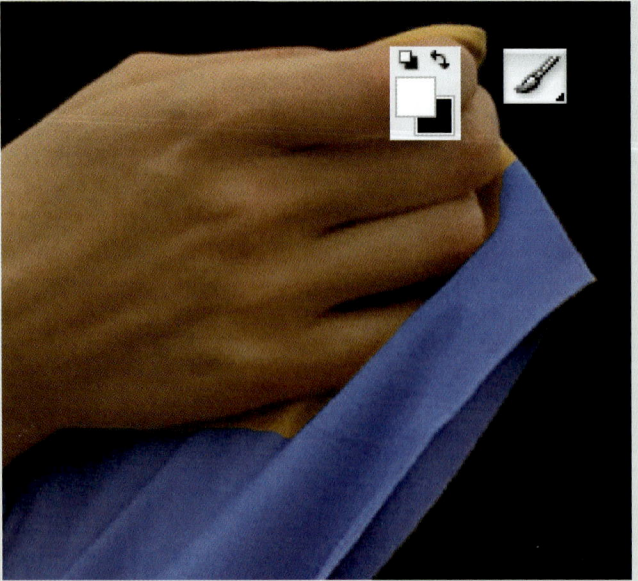

[4] Maskenbereich korrigieren

Mit dem *Schnellauswahlwerkzeug* werden Sie nicht alle Kantenfeinheiten erwischen. Achten Sie deshalb darauf, dass wirklich das Maskensymbol in der Ebenendarstellung angewählt ist. Mit dem *Pinselwerkzeug* und den Farben *Schwarz* zum Abdecken und *Weiß* zum Erweitern der Farbbereiche perfektionieren Sie die Maske. Vorder- und Hintergrundfarbe können schnell mit der Taste [X] getauscht werden.

High-Key-Optimierung

Kontrastarme Fotos, die zwar richtig belichtet, aber viel heller sind als ein gewöhnliches Bild, nennt man High-Key-Aufnahmen. Sie wirken zart und haben daher oft keine schwarzen Bildpunkte, an denen man sich bei der Festlegung des Tonwertbereichs orientieren kann.

VORHER
*Das Motiv ist mit einem Blaustich durchzeichnet und muss für eine High-Key-Aufnahme aufgehellt werden.
(Foto: Guido Sonnenberg)*

NACHHER
Der Farbstich ist deutlich abgemildert und die Belichtung angehoben ohne Detailverlust im Motiv.

[1] Einstellungsebene anlegen

Um ein Foto ausfzuhellen, bietet sich die Funktion *Gradationskurven* an. Arbeiten Sie unbedingt mit einer Einstellungsebene, so können Sie die Optimierungen nachträglich noch verändern.

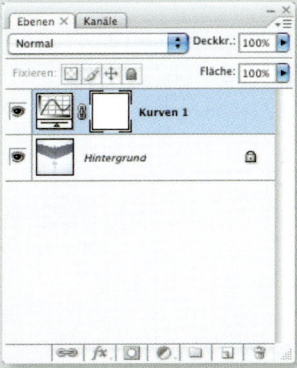

[2] Mitteltöne aufhellen

Im Dialogfeld *Gradationskurven* setzen Sie einen Ankerpunkt in die Mitte der Diagonalen. Die Kanalbezeichnung gibt Ihnen die Information, welchen Farbkanal Sie bearbeiten. Standardmäßig werden im *RGB*- und *CMYK*-Modus alle Farbkanäle gemeinsam dargestellt.
Durch ein Verschieben des gesetzten Ankerpunkts wird die Diagonale zu einer Kurve verzerrt. Die Helligkeit im Bild verändert sich entsprechend, je nachdem, ob Sie die Kurve in den dunklen oder hellen Bereich bewegen. Zum Aufhellen wurde die Kurve im abgebildeten Beispiel nach rechts unten verschoben, weil hier die Kurvendarstellung von Weiß nach Schwarz verläuft.

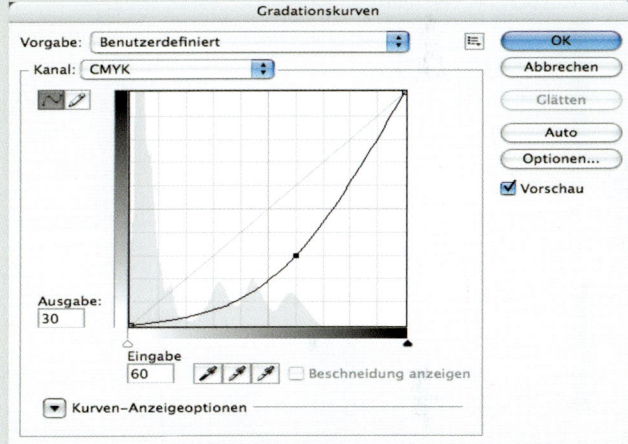

[3] Ergebnis bewerten

Durch die Gradationsanpassungskurve haben sich die Mitteltöne aller Kanäle im Motiv verändert. Die Aufnahme wurde bei einem bedeckten Wolkenhimmel aufgenommen. Aufnahmen unter diesen Lichtverhältnissen haben einen hohen Blauanteil. Dieser wird durch die Kurvenanpassung deutlich hervorgehoben. Der Farbstich wird in den folgenden Schritten mit der Gradationskurve in den einzelnen Farbkanälen behoben.

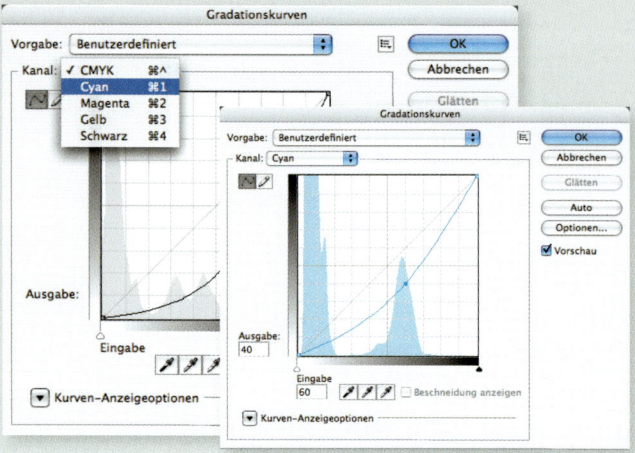

[4] Cyanfarbstich korrigieren

Über das Listenfeld *Kanal* wechseln Sie zu den einzelnen Farbkanälen. Der Mitteltonbereich im Kanal *Cyan* wurde hier verschoben, bis die Flächen im Bild keinen Blauüberhang mehr erkennen lassen.
Spätestens an dieser Stelle sollten Sie die Gewissheit haben, dass Ihr Monitor kalibriert ist und eine korrekte Farbwiedergabe anzeigt.

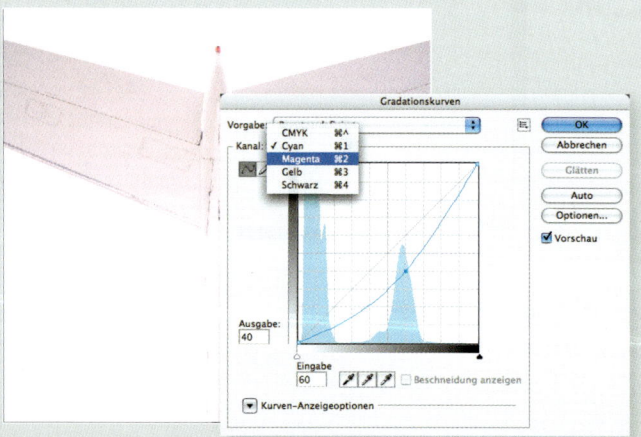

[5] Ergebnis beurteilen

Das Ergebnis hat zwar keinen Cyanfarbstich mehr, ist dafür aber jetzt zu Magenta-lastig. Wechseln Sie auf den Kanal *Magenta* und korrigieren Sie auch hier den Farbstich.

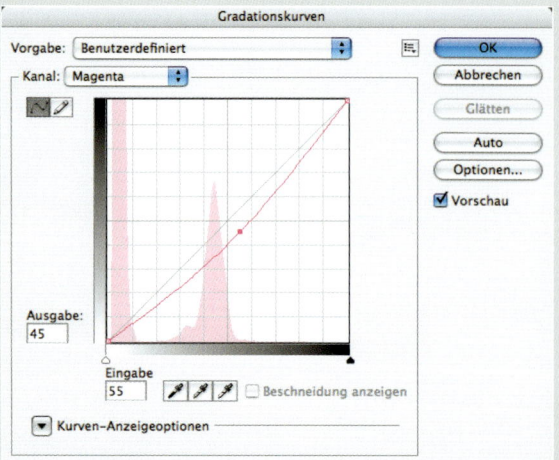

[6] Magentakurve anpassen

Wechseln Sie zwischen den Darstellungen in den Farbkanälen und korrigieren Sie nach, bis die Flächen in Ihrem Motiv neutral erscheinen. Ein kleiner Tipp: Schauen Sie mit Ihren Augen nicht nur verbissen auf den Monitor. Gönnen Sie den Augen auch mal eine kleine Pause. Schauen Sie zum Beispiel aus dem Fenster. Wenn Sie dann nach einer Weile zurück auf den Monitor sehen, erkennen Sie einen Farbstich umso leichter. Schließen Sie die Gradationsanpassung mit *OK*.

[7] High-Key-Ergebnis beurteilen

Das Ergebnis der High-Key-Anpassung kann sich im oberen Bildbereich sehen lassen. Im unteren Teil jedoch ist die Aufhellung zu stark ausgefallen und muss etwas zurückgenommen werden.

[8] Verlauf erstellen

Jede Einstellungsebene hat zwei miteinander verkettete Symbole in der *Ebenen*-Palette. Das rechte weiße Quadratsymbol ist nichts anderes als ein Maskensymbol ohne Inhalt. Hierdurch können Änderungen der Einstellebene abmaskiert werden. Das heißt: Bereiche, die in der Maske mit Schwarz gekennzeichnet werden, sind von den Korrekturen ausgenommen.
Im unteren Bildbereich sollen die Korrekturen der Einstellungsebene verändert werden. Damit der Übergang von „Sichtbar" zu „nicht Sichtbar" weich erfolgt, wird mit dem *Verlaufswerkzeug* der Übergangsbereich gekennzeichnet.
Ziehen Sie mit dem *Verlaufswerkzeug* eine Linie innerhalb des Motivs auf, die den Übergangsbereich umfasst. Das Maskensymbol füllt sich und zeigt Ihnen den abmaskierten Bereich in Schwarz an.

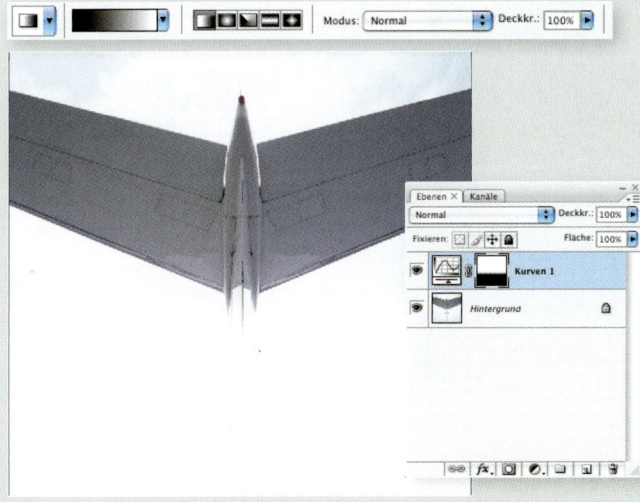

[9] Maske umdrehen

Sollte der schwarze Maskenbereich nun die Einstellkorrekturen im falschen Bildbereich abdecken, dann invertieren Sie einfach den Inhalt der Maske. Nutzen Sie Sie hierzu die Tastenkombination [Strg]+[I].

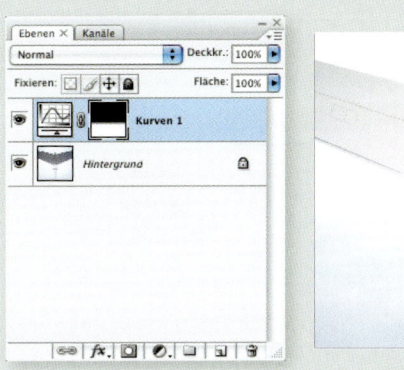

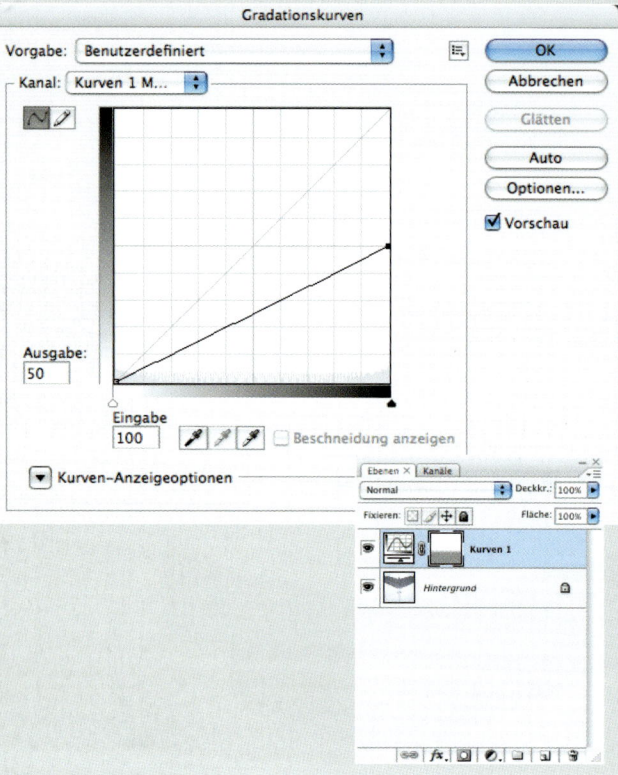

[10] Maske optimieren

Der untere Bildbereich ist jetzt durch die
Maske von den Einstellungen ausgenommen.
Aber eigentlich sollte die Korrektur nicht völlig
zurückgenommen, sondern nur abgeschwächt
werden.
Wird die schwarze Maskenfarbe abgeschwächt
in Richtung Grau, dann tritt die Änderung der
Einstellebene im Grad der Abschwächung wie-
der hervor.
Mit der Tastenkombination [Strg]+[M] rufen Sie
das Dialogfeld *Gradationskurven* auf. Da Sie
immer noch die Einstellungsebenen und deren
Maskensymbol ausgewählt haben, wird sich die
Änderung nur auf die Maske auswirken. Senken
Sie die Diagonale im schwarzen Endbereich ab.
Das Ergebnis können Sie direkt im Bild beob-
achten.

[11] Finetuning

Mit der Gradation kontrollieren Sie die Masken-
intensität. Den Farbverlauf können Sie mit der
Tonwertkorrektur [Strg]+[L] beeinflussen. Durch
Verschieben des grauen Reglers wird der Über-
gangsbereich schmaler oder weiter definiert.
Auch hier kann die Veränderung direkt über das
Motiv kontrolliert werden.

Gegenüber das Bild nach der Bearbeitung.

WORKSHOP 6

Manuelle Tonwertkorrektur

Die Tonwertkorrektur ist die erste und wichtigste Bildbearbeitung und sollte daher mit besonderer Sorgfalt durchgeführt werden. Oft ist statt einer allgemeinen Autokorrektur die schrittweise Bearbeitung der bessere Weg.

VORHER
*Bei einem nicht voll ausgenutzten Tonwertbereich erscheinen die Bilder kontrastarm und die Farben etwas gräulich.
(Foto: Guido Sonnenberg)*

NACHHER
Alle Tonwerte sind angepasst worden, Lichter und Tiefen ohne Farbstich und der Weißabgleich justiert.

[1] Einstellungsebene Tonwertkorrektur

Klicken Sie in der Symbolleiste der *Ebenen-Palette* auf das Symbol *Neue Füll- oder Einstellungsebene erstellen* und wählen Sie hier die Funktion *Tonwertkorrektur*. Mit einer Einstellungsebene können Sie jederzeit Ihre Bildanpassungen korrigieren.

[2] Auto-Tonwertkorrektur

Wie schon in Kapitel 12 erklärt, ist die einfachste Methode zur Korrektur der Tonwerte die über die *Auto*-Schaltfläche.

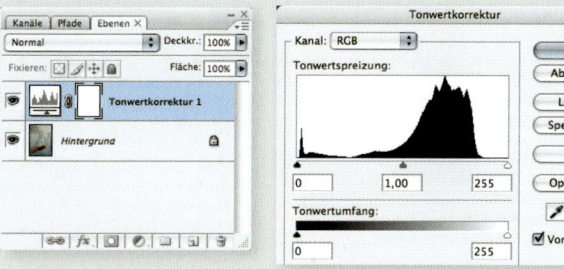

[3] Protokollschnappschuss

Das Verfahren ist hier nur für den späteren Vergleich der verschiedenen Tonwertkorrekturarten nochmal erwähnt. Erstellen Sie sich einen Protokollschnappschuss des Ergebnisses.

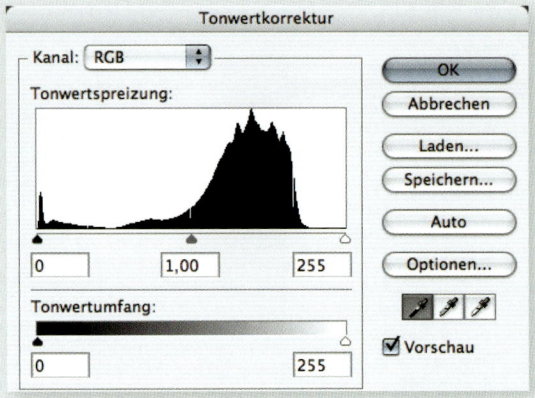

[4] Zieltiefenfarbe auswählen

Die Korrektur der Tonwerte kann auch mit den Pipetten erfolgen. Das Ziel einer Tonwertkorrektur ist es, im Bild den hellsten und dunkelsten Pixel zu definieren. Alle anderen Tonwerte werden innerhalb dieses Bereichs gespreizt. Mit einen Doppelklick auf das Pipettensymbol öffnen Sie das Dialogfeld *Zieltiefenfarbe auswählen*.

Für die schwarz gefüllte Pipette legen Sie den tiefsten Farbton fest. Setzen Sie die *RGB*-Werte auf *5*. So behält der dunkelste Punkt etwas Zeichnung und ein Zulaufen im Ausdruck wird vermieden.

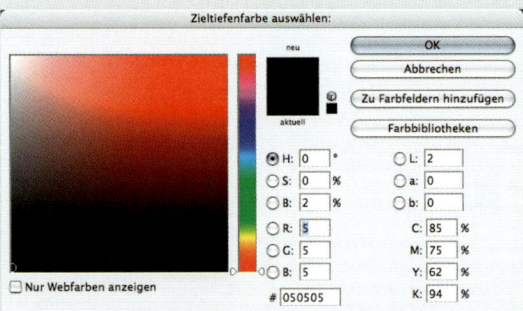

[5] Lichter definieren

Für ein neutrales Weiß in den Lichtern definieren Sie die *Lab*-Werte *97*, *0* und *0*. Bei einem reinen Weißwert von *100* würden die Lichter im Druck „ausfressen", also keine Zeichnung mehr besitzen. Manche Druckdienstleister können je nach Papier und Druckverfahren in den Lichtern bis 98 % hochfahren.

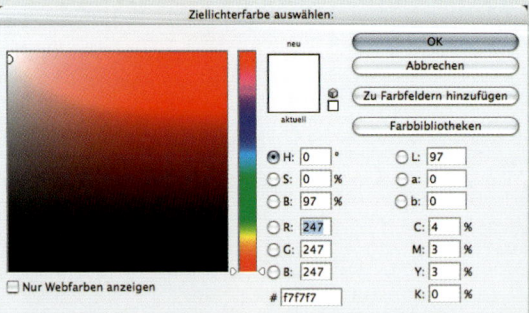

[6] Neutralgraues Grau

Im RGB-Modus ergibt ein gleicher Zahlenwert immer Grau, mal ein helles oder ein dunkles Grau, aber immer neutralgrau. Für die Graupipette soll ein mittlerer Grauwert angegeben werden, der bereits mit *128* vordefiniert ist.

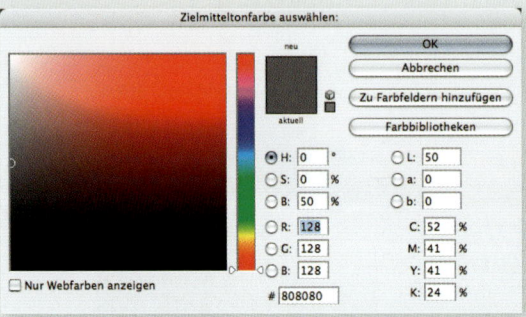

[7] Tiefen- und Lichterpixel suchen

Bestimmen Sie jetzt mit den Pipetten den hellsten und den dunkelsten Punkt im Bild, sofern ein reiner Schwarz- oder Weißpunkt vorhanden ist. Mit der Graupipette bestimmen Sie den Weißabgleich. Dazu klicken Sie einen Bildpunkt an, der neutralgrau erscheinen soll.

Eine große Hilfe dabei sind Bilder, in denen bei der Aufnahme ein Farbstreifen hineingelegt wurde. Unabhängig von Motiv und Licht können jetzt durch einfaches Anklicken der Farbflächen die Tonwerte korrigiert werden. Sind diese Einstellwerte mit *Speichern* gesichert, können sie auch auf andere Bilder aus einer Bildserie angewendet werden.

[8] Schnappschuss anlegen

Bevor Sie die dritte *Tonwertkorrektur* ausprobieren, vergessen Sie nicht, einen Schnappschuss zum Vergleich in der *Protokollpalette* anzulegen.

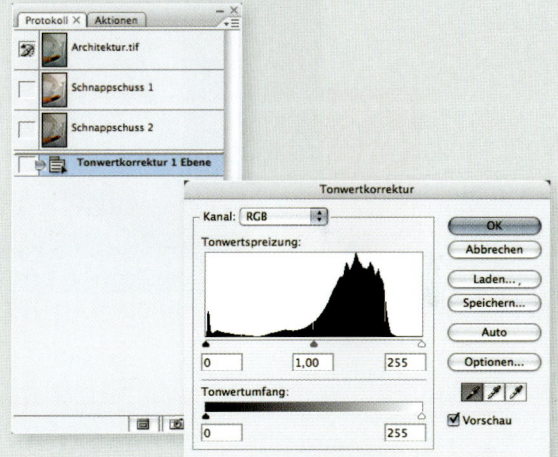

[9] Zurück auf Los

Optimal wäre eine Histogrammverlauf, der bei *0* anfängt anzusteigen, im mittleren Tonwertbereich seinen höchsten Punkt erreicht und dann wieder abfällt und bei *255* ausläuft. Bei der manuellen Korrektur passen Sie den Tonwertbereich den Farbkanälen individuell an.

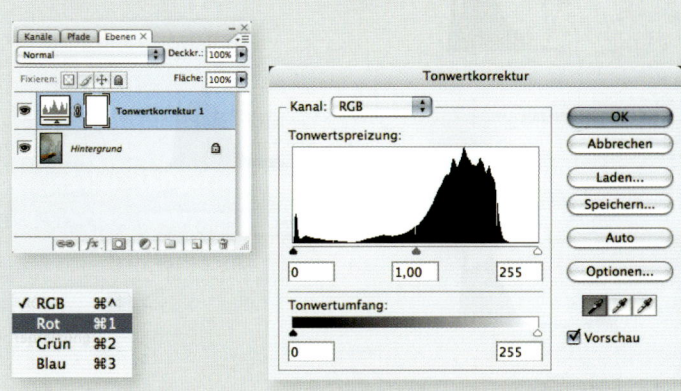

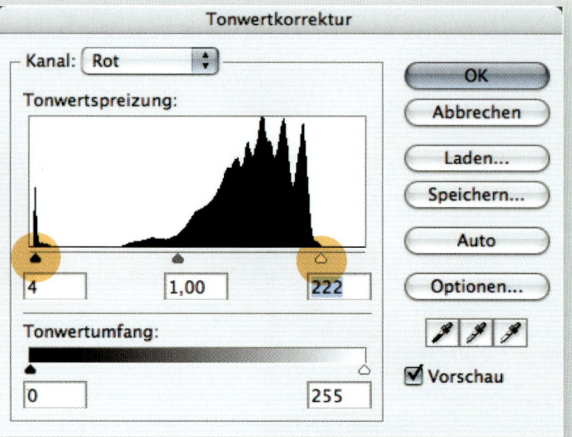

[10] Farbkanal wählen

Im Listenfeld *Kanal* wählen Sie einen Farbkanal aus und bekommen die Farbpixelverteilung im Histogramm angezeigt. Bewegen Sie jetzt das weiße und schwarze Dreieck an die Tonwertdarstellung heran.

[11] Clippingbereich prüfen

Halten Sie dabei die [Alt]-Taste gedrückt, bekommen Sie die Bildpixel angezeigt, die durch die Bereichsverschiebung beschnitten, d. h. später im Druck nicht mehr reproduziert werden können. Fahren Sie mit den dreieckigen Reglern gerade soweit an den Tonwertbereich heran, dass Sie die ersten Pixel in der Clippingdarstellung erkennen.

[12] Die Summe ist mehr

Wenn Sie nur einen Kanal korrigiert haben, erkennen Sie einen deutlichen Farbstich. Eine Farbbeurteilung ist aber erst möglich, wenn Sie alle Kanäle korrigiert haben. Korrigieren Sie alle Kanäle individuell, wie vorhergehend beschrieben.

[13] Mitteltöne aufhellen

Wie Sie sicherlich bemerkt haben, passt sich der graue Regler dem neutralen Mittelbereich automatisch an. Wenn Sie hier eine Veränderung in den einzelnen Farbkanälen vornehmen, bringen Sie schnell einen Farbstich in das Bildmotiv – praktisch, wenn Sie eine Farbverfremdung erreichen wollen. Wenn bereits ein Farbstich vorhanden ist, können Sie ihn mit dem Graureregler eventuell ausgleichen.

Final wurden hier mit dem Mittenregler im Gesamtkanal *RGB* die Mittelwerte der Tonwertkurve etwas korrigiert, um ein heller und weicher wirkendes Bild zu bekommen.

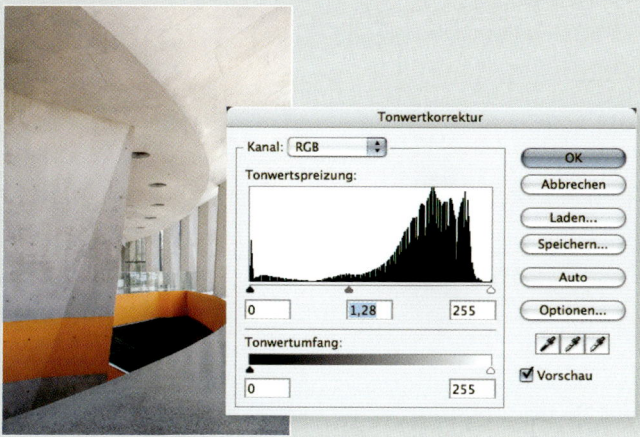

[14] Vergleich der Tonwertkorrekturen

Über die Protokollpalette können Sie die Ergebnisse schnell und bequem miteinander vergleichen.

links: Original, rechts: Auto-Tonwertkorrektur

links: Pipettenkorektur, rechts: manuelle Kanalkorektur

Mehr Farbnuancen mit dem Lab-Farbraum

Lab ist – neben RGB und CMYK – ein weiterer Farbmodus in Photoshop, der trotz seiner mächtigen Möglichkeiten ein Schattendasein führt. Dabei gibt es keinen schnelleren Bearbeitungsweg, der aus einem monochromen Foto mehr Farbnuancen herauskitzeln kann.

VORHER
Monochrome Aufnahmen neigen im RGB-Modus dazu, ihre volle Farbenvielfalt nicht preisgeben zu wollen.
(Foto: Guido Sonnenberg)

NACHHER
Durch die Nutzung der hohen Farbdynamik des LAB-Modus können Sie die Farben mit einer simplen Arbeitstechnik deutlich verstärken.

[1] Farbmodus wechseln

In welchem Farbraum Sie sich auch immer be-
finden, konvertieren Sie Ihr Bild nach *Lab-Farbe*.
Das Wechseln der Farbräume schadet Ihren
Bildern nicht. Nur einen Wechsel vom relativ
kleinen Farbraummodus *CMYK* zum größeren
RGB-Farbmodus sollten Sie vermeiden.

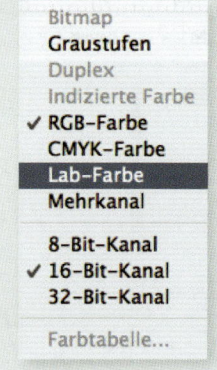

[2] Einstellungsebene Gradationskurven

Im Modus *Lab-Farbe* angekommen, dürften Sie
keine optischen Veränderungen an Ihrer Datei
wahrnehmen. Erstellen Sie wie gewohnt eine
Einstellungsebene vom Typ *Gradationskurven*.

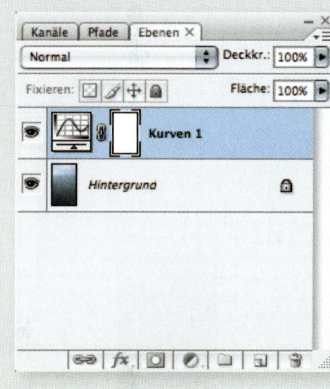

[3] Repräsentativer Durchschnitt

Einen kleinen Unterschied finden Sie hier in den
Gradationskanälen. Eine gemeinsame Kurvenän-
derung für alle Kanäle ist in *Lab* nicht möglich.
Starten Sie standardmäßig mit der *Helligkeit*.
Suchen Sie einen durchschnittlichen Tonwert
in Ihrem Foto, der für den flauen und monochromen Bereich steht und den Sie beeinflussen möchten. Klicken Sie dort mit gedrückter
[Strg]-Taste und ein Ankerpunkt erscheint auf
der Kurve.

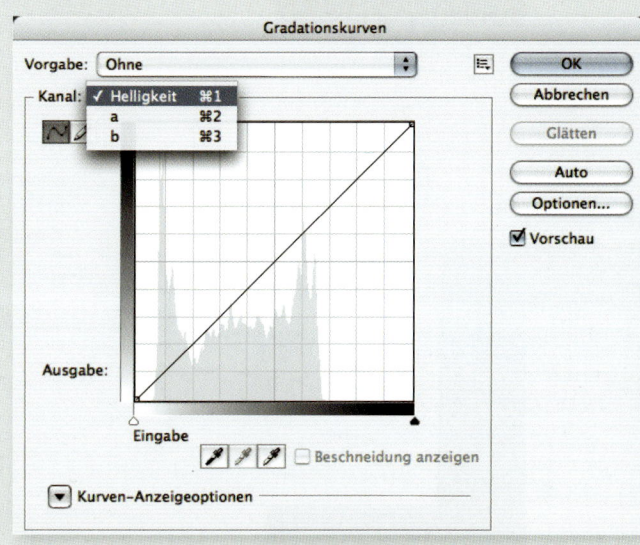

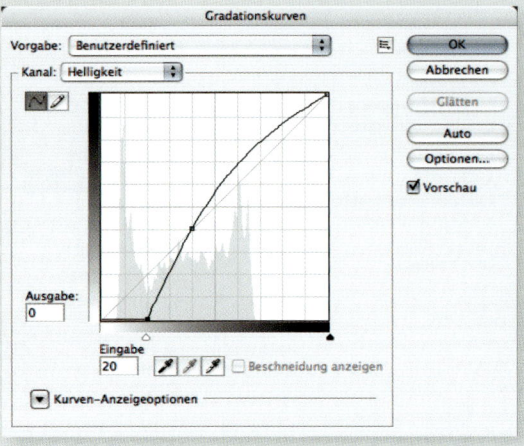

WORKSHOP 7

[4] Kontrastmanipulation

Ziehen Sie den unteren linken Punkt um den halben Wert des horizontalen Abstands zum Punkt, der im letzten Schritt erzeugt wurde.

[5] Ankerpunkt im a-Kanal erzeugen

Kommt Ihnen die Bildretusche merkwürdig vor? Dann können Sie in den nächsten Schritten Ihren Mut unter Beweis stellen. Wechseln Sie auf den a-Kanal und erzeugen Sie einen Ankerpunkt wie in Schritt 3 erklärt. Im a-Kanal werden die Farben Magenta bis Grün repräsentiert. Verschieben Sie den unteren linken Ankerpunkt nach rechts. Im Eingabefeld sollte dann der Wert 45 stehen.

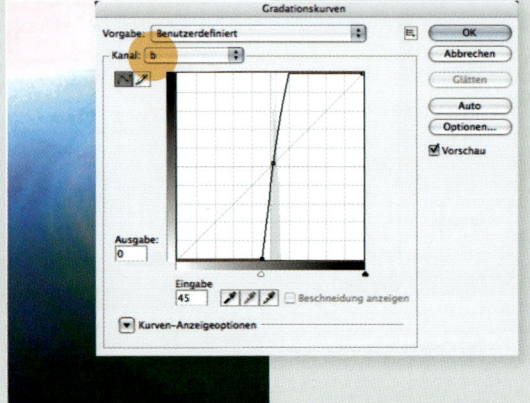

[6] Ankerpunkt im b-Kanal setzen

Wiederholen Sie im b-Kanal die gleichen Arbeitsschritte, die Sie auch im a-Kanal vorgenommen haben. Aus der Gradationskurve wurde bei dieser extremen Verstellung eine Gerade. Der obere Teil der Kurve ist vollständig an den oberen Rand des Einstellfensters gedruckt worden. Eine in RGB und CMYK eindeutig zu vermeidende Kurveneinstellung.

[7] Deckkraft festlegen

Ihr Mut soll belohnt werden. Reduzieren Sie
die *Deckkraft* für die Einstellungsebene in der
Ebenenpalette auf etwa *21 %*. Die Werte für
die *Deckkraft* werden eher im unteren Bereich
liegen, es sei denn, Sie mögen dieses extreme
Farbspektakel.

[8] Farbenspiel sichern

Leider kann man mit der Einstellungsebene nicht
in einen anderen Farbmodus wechseln. Deshalb
versuchen Sie mit etwas Fingerakrobatik den
Status quo in einer eigenen, neuen Ebene zu
sichern.

[9] Farbmoduswechsel

Löschen Sie die Einstellungsebene und wechseln Sie in Ihren Ausgangs-Farbmodus zurück.
Photoshop möchte dabei von Ihnen wissen, ob
die Ebenen zusammengerechnet werden sollen.
Verneinen Sie dies mit *Nicht reduzieren*.
Bearbeiten Sie jetzt Ihre Bilddatei weiter wie
gewohnt. Für unsere Ostseesandbank wurden
mit dem USM-Filter noch der Dunst und das
Wasser etwas gereinigt.

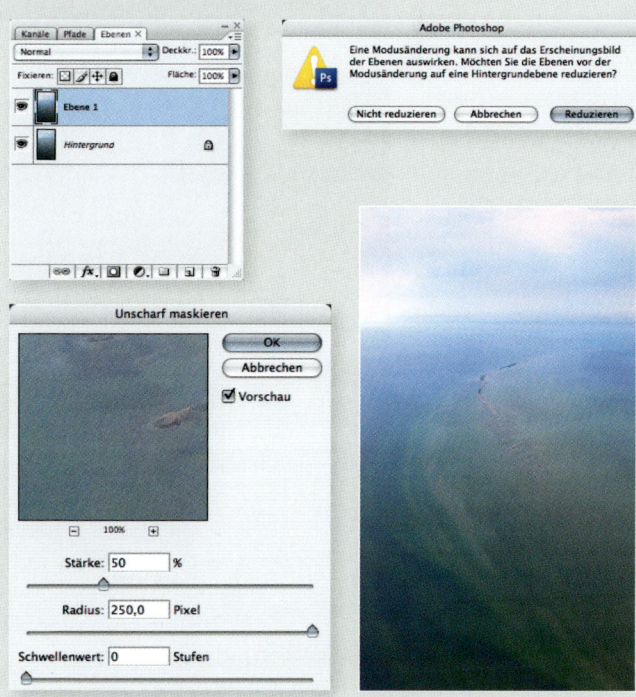

Flaue Farben auffrischen

*Tristen Bildern mit etwas Farbe zu neuem Leben zu verhelfen ist mit der Funktion **Farbton/Sättigung** so beeindruckend, dass man gerne der Versuchung nachgibt, zu viel des Guten zu geben.*

VORHER
Ein Himmel ohne Zeich-nung und die farblose Stra-ßenszenerie machen das Bild öde und abweisend. Es gibt das wirkliche Flair von Havanna nicht wieder. (Foto: Guido Sonnenberg)

NACHHER
Mit wiederbelebten Farben und einem neu einmon-tierten Himmel wirkt dieselbe Szenerie auf den Betrachter ganz anders.

[1] Gradationskorrektur

Bevor Sie an Ihren Bildern, wie in dieser trivialen Straßenszene aus Havanna, das Farbige hervorheben, sollten Sie die Belichtungskorrekturen bereits durchgeführt haben. Stellvertretend dafür, starten wir in diesem Beispiel mit der Gradationskorrektur. Zuvor erstellen Sie eine neue Einstellungsebene.
Die Helligkeit soll in den Mitteltönen angehoben werden, ohne dass die Lichter im Bild zu sehr mit aufgehellt werden. Dafür sorgt der obere Ankerpunkt, der die Kurve in den Lichtern wieder zur Basislinie abneigt.

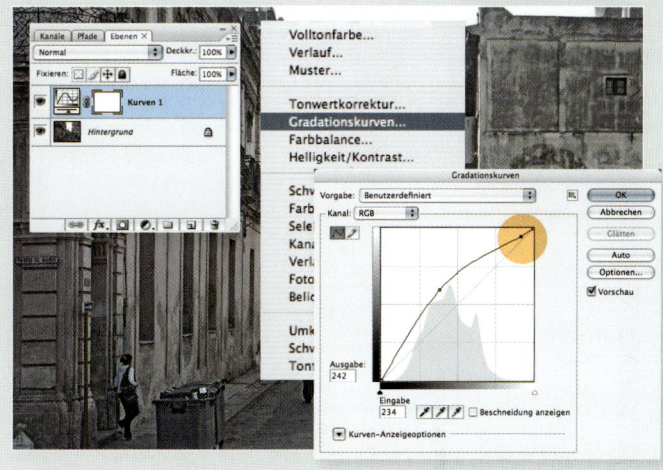

[2] Farbton/Sättigung

Mit der nächsten Einstellungsebene *Farbton/Sättigung* bessern Sie die Farben des Bildes nach.
Über die Bearbeitungsoption *Standard* werden alle Farben im Bild gleichmäßig manipuliert. Ziehen Sie den Regler *Sättigung* nach rechts, um die Farben aufzufrischen und nach links, um die Farben zu entsättigen, bis Sie bei *-100%* nur noch ein Graustufenbild haben. Zu hohe Farbwerte führen zu Artefakten und werden eher die Ausnahme darstellen.

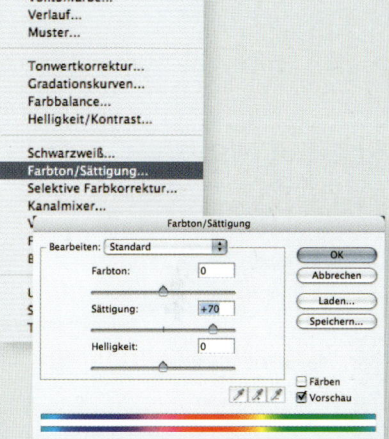

[3] Farbbereiche anwählen

Nachdem Sie die Gesamtfarbgewichtung festgelegt haben, wählen Sie im Listenfeld *Bearbeiten* die einzelnen Farbbereiche an und stimmen diese individuell ab.

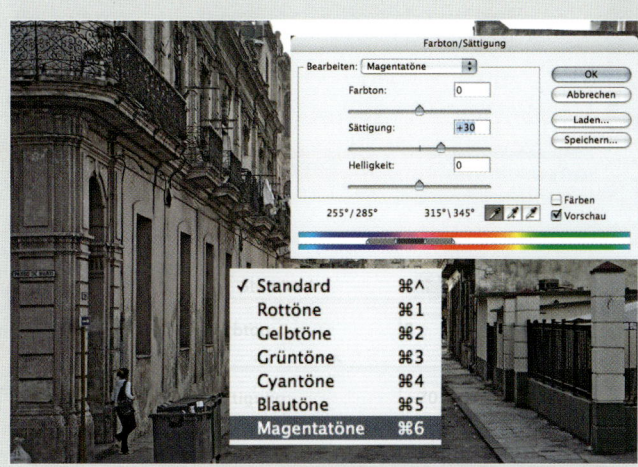

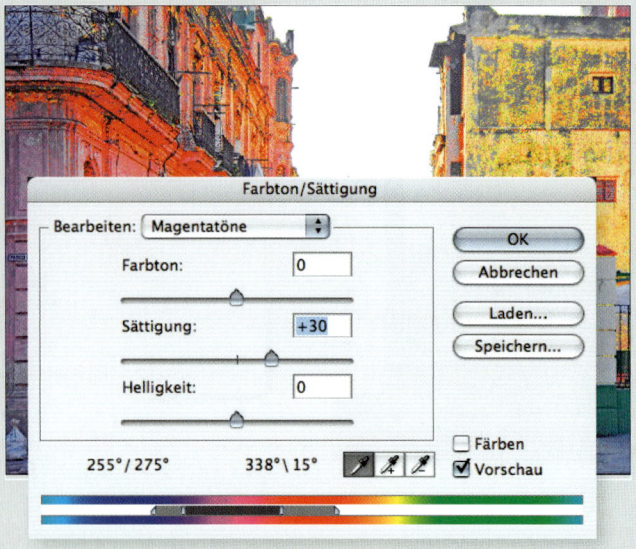

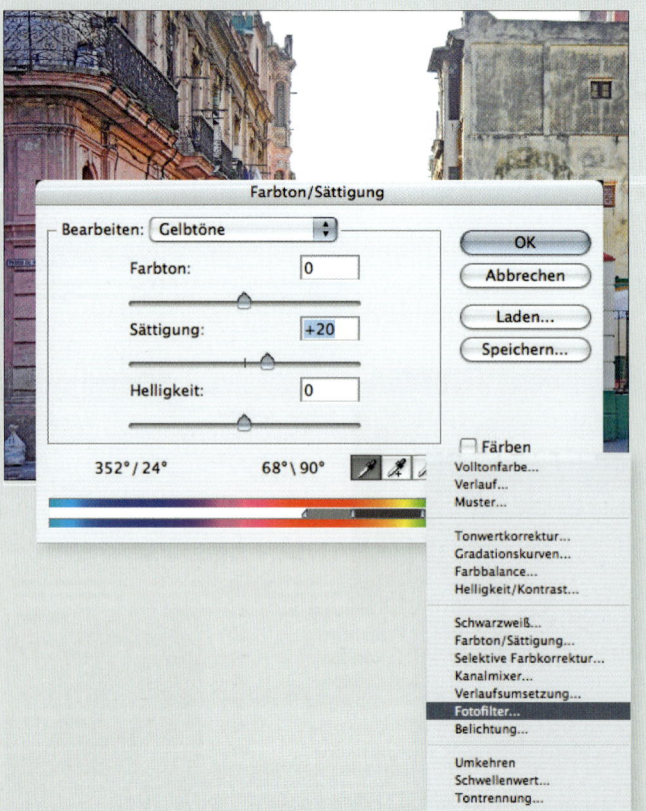

[4] Farbausdehnung bestimmen

Nicht alle Farbbereiche sind gleichermaßen im Bild präsent. Wo sich im Bild Änderungen durch einen Farbbereich ergeben, können Sie leicht verdeutlichen, wenn Sie die Sättigung auf *+100%* hochfahren.

Die Bereichsregler zwischen den beiden Regenbogenbalken definieren, in welchem Farbabschnitt sich die Änderung auswirken soll. Die zwei inneren Marker geben den vollen Änderungsbereich an (dunkelgrau). Die Strecke bis zum äußeren Marker definiert, wie weit die Farbkorrekturen weich auslaufen dürfen (hellgrau).

[5] Farbgewichtung optimieren

Arbeiten Sie alle Farbbereiche durch und erhöhen oder entsättigen Sie nach Ihren Vorstellungen die Farben im Bild.

[6] Warmes Licht

Um der Bildatmosphäre noch einen wärme-
ren Look zu verpassen, immerhin herrschen in
Havanna feuchtwarme Temperaturen um 33°
Celsius, bedienen Sie sich der Einstellungsebene
Fotofilter.
Der *Lichtabgleichsfilter (81)* ist für kleinere
Korrekturen gedacht, während die *Warmfilter
85* und *LBA* den Gelbanteil in allen Bildfarben
anheben.

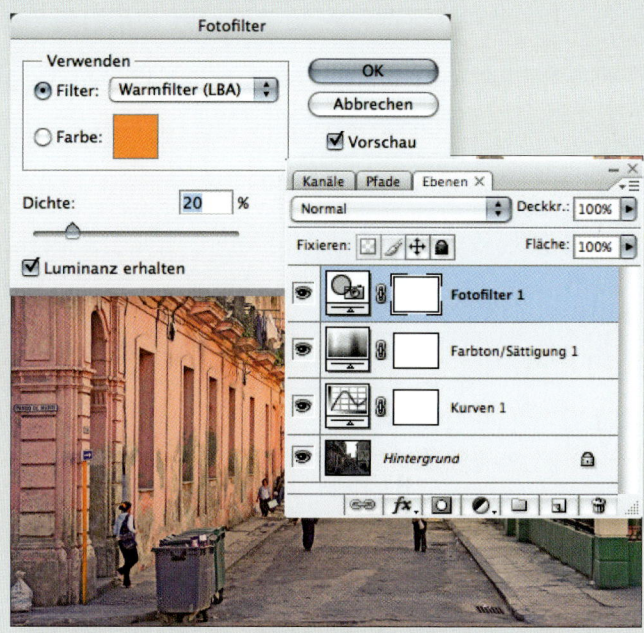

[7] Hintergrundebene umbenennen

Der Himmel wird hier nur durch eine undefinierbare weiße Fläche dargestellt. Montieren Sie
einfach aus einem anderen Foto einen anspre-
chenderen Himmel ein.
Für die folgenden Schritte muss die Hintergrundebene umbenannt werden, damit sie die
gleichen Eigenschaften und Funktionen erfüllen
kann wie eine normale Ebene. Durch einen Doppelklick auf die Hintergrundebene öffnet sich
das Dialogfeld *Ebeneneigenschaften*. Photoshop
schlägt Ihnen den Namen *Ebene 0* automatisch
vor, den Sie ohne Weiteres übernehmen können.

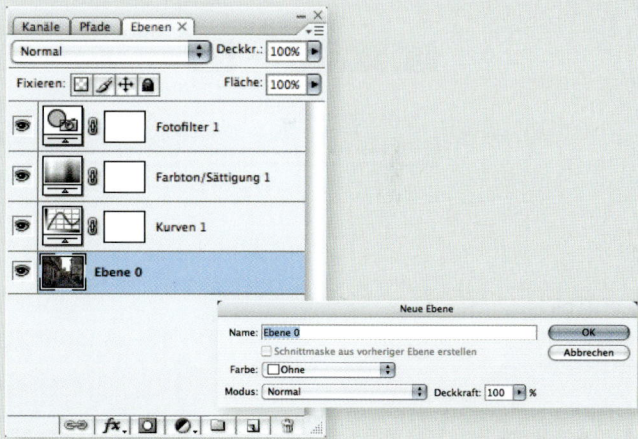

[8] Auswahl mit dem Zauberstab

Klar begrenzte Flächen können mit dem *Zauberstabwerkzeug* leicht ausgewählt werden. Die
Auswahlfunktion des Zauberstabs ist vom
angegebenen Toleranzwert abhängig. Bei einer
monochromen Fläche darf sie gering eingestellt
sein. Da weitere Flächen im Bild, die eventuell
die gleiche Helligkeit besitzen, nicht mitausge-
wählt werden sollen, aktivieren Sie die Option *Benachbart* und deaktivieren *Alle Ebenen
aufnehmen*.

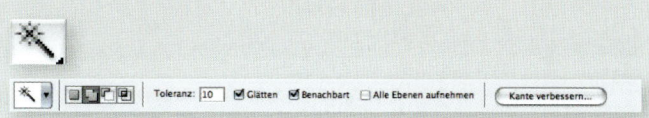

Klicken Sie mit dem *Zauberstabwerkzeug* auf die auszuwählende Bildfläche. Um der Auswahl weitere Flächenbereiche hinzuzufügen, halten Sie die [Alt]-Taste gedrückt oder aktivieren Sie in der Optionsleiste das Symbol *Der Auswahl hinzufügen*.

[9] Auswahlkanten justieren

Über die Schaltfläche *Kante verbessern* öffnen Sie das mit CS3 neu eingeführte Dialogfeld für die Feinjustierung der Auswahlkante. Öffnen Sie den Beschreibungstext zu den Einstellreglern an der Schaltfläche *Beschreibung* am unteren Bildrand und passen Sie die Kantenauswahl gegebenenfalls an.

[10] Himmel freistellen

Mit der aktiven Auswahl weisen Sie der Motivebene eine Maske zu. Dabei wird die Auswahl automatisch übernommen. Wahrscheinlich ist aber alles, nur nicht das Bildmotiv, abmaskiert, so dass Sie mit der Tastenkombination [Strg]+[I] die Maskendarstellung invertieren müssen. Mit dieser Technik werden Bereiche des Bildmotivs unsichtbar, ohne die Bildpixel zu löschen. Nachbesserungen sind dadurch jederzeit noch durchführbar. Wird ein Bild unterhalb platziert, dann ist es durch die abmaskiereten Stellen zu erkennen.

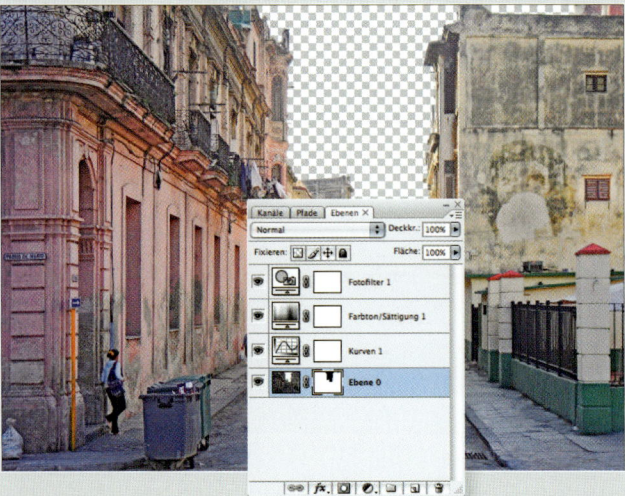

[11] Neuen Himmel einkopieren

Aktivieren Sie das *Verschieben*-Werkzeug und
öffnen Sie das Bild mit dem zu kopierenden
Alternativhimmel. Packen Sie die Himmelskopie
und ziehen Sie diese mit dem *Verschieben*-
Werkzeug - einfach mittels Drag and Drop -
vom dem einen in das andere Dokument. Ordnen
Sie die neue Ebene mit dem Himmel unterhalb
der Motivebene mit der Maske an und verschieben Sie den Inhalt der Himmelebene, bis die
Freistellfläche komplett ausgefüllt wird.

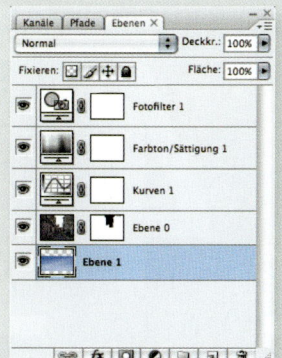

[12] Helligkeit anpassen

Mit einer weiteren Gradationskurve passen Sie
den einmontierten Himmel der Helligkeit des
Motivs an. Da bei einer Gradationskurve nicht
nur die Helligkeit, sondern auch unerwünschter-
weise die Farben mit verändert werden, sollten
Sie den Ebenenmodus auf *Luminanz* umstellen.
Die Gradationskurve wirkt sich jetzt nur noch
auf die Bildhelligkeit aus.

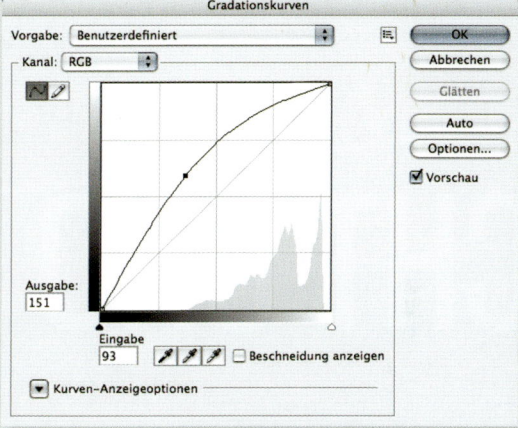

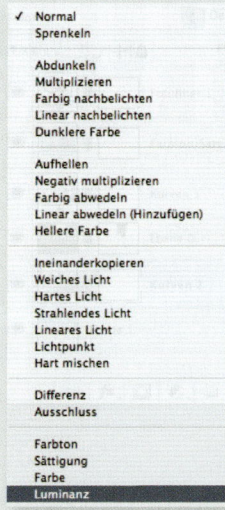

4

LICHT UND BELICHTUNG

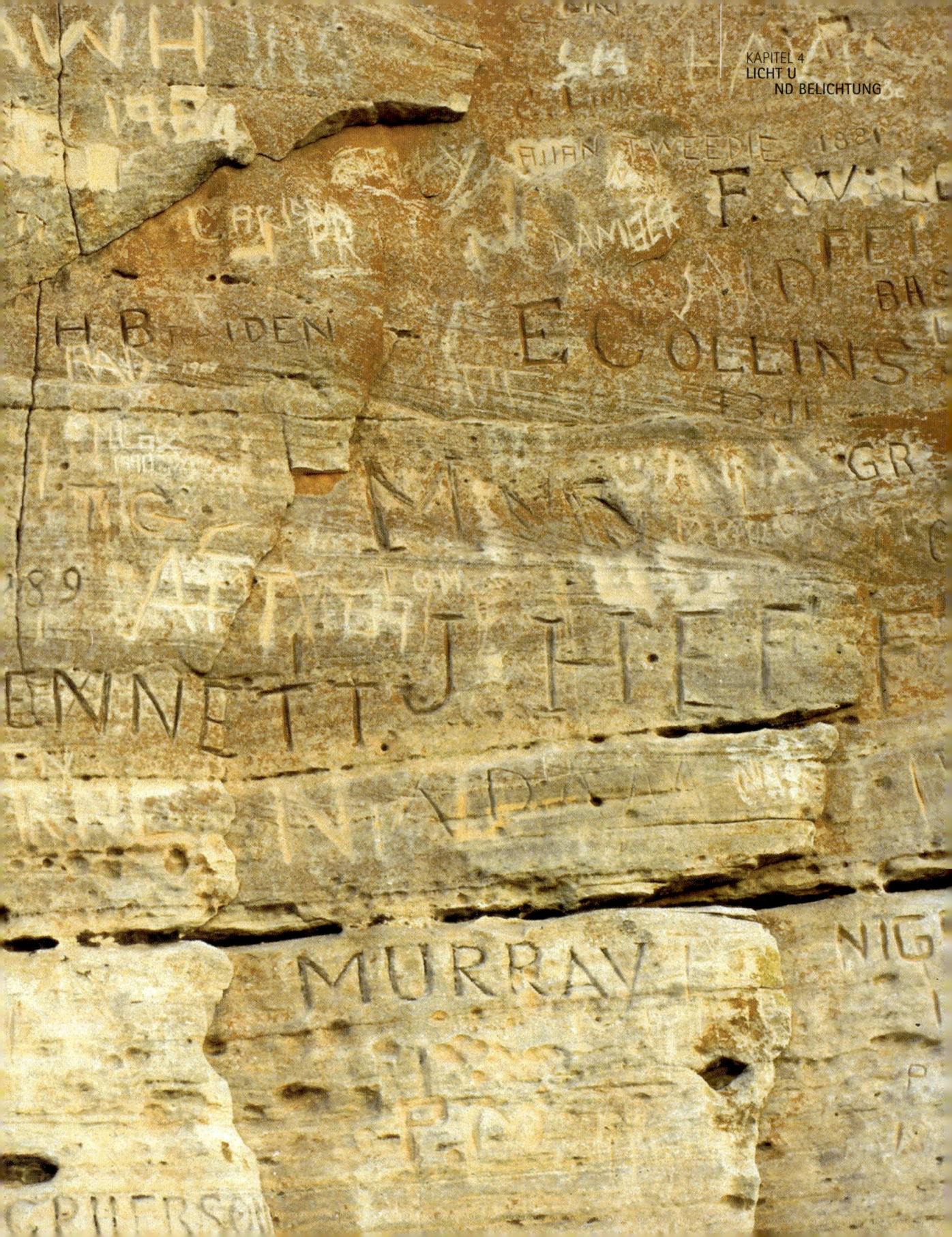

4

Licht und Belichtung

Bildlichter abdunkeln

Weiße Flächen spielen in der grafischen Gestaltung eine besondere Rolle, verbindet der Betrachter doch damit Raum und Weite, Eleganz und Kompetenz. Doch weiße Flächen sind auch nicht ganz unproblematisch. Damit ein heller Bildhintergrund in der Druckwiedergabe nicht ohne Detailzeichnung erscheint, ist es gegebenenfalls notwendig, die Bildlichter manuell etwas abzudunkeln.

VORHER
*Die hellen Stellen im Bild sind ohne Zeichnung. Im Druck würde an diesen Stellen nur das reine Papier zu sehen sein.
(Foto: Guido Sonnenberg)*

NACHHER
Die Zeichnung in den Lichtern wurde deutlich verbessert, ohne die Bildhelligkeit in den Tiefen und Mitteltönen zu beeinflussen.

[1] Auswahl erstellen

Mit der Funktion *Farbbereich* können Sie gezielt die verschiedenen Luminanzbereiche von
Lichtern, Mitteltönen und Tiefen in einem Motiv
auswählen. Wählen Sie im Menü *Auswahl* die
Funktion *Farbbereich*.

[2] Farbbereich auswählen

Unter *Auswahl* können Sie eine Auswahl der
verschiedenen Farbtöne erstellen, aber auch
eine Auswahl, die von den Lichtern des Motivs
bestimmt wird.
In diesem Beispiel sollen die Bildlichter abgedunkelt werden. Das Ihnen hier präsentierte
Prinzip funktioniert entsprechend auch mit allen
anderen Auswahlbereichen.
Die nicht ausgewählten Stellen werden im Vorschaufenster in Schwarz dargestellt, ausgewählte Bereiche in Weiß.

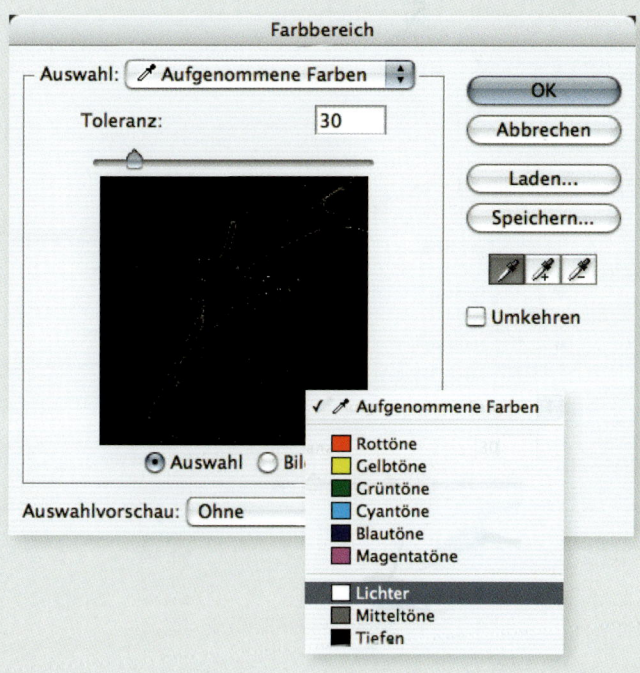

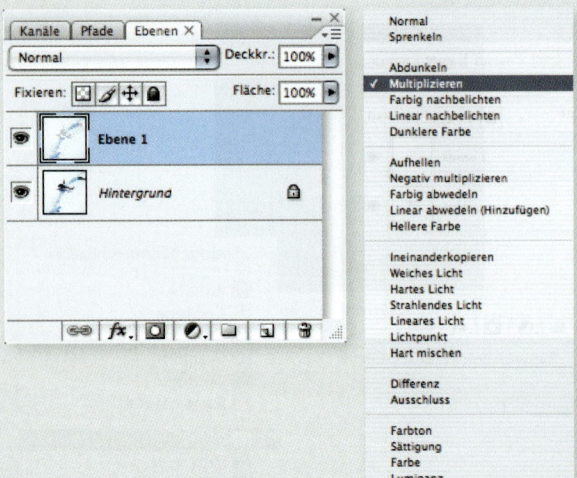

[3] Pixel kopieren

Schließen Sie Ihre Einstellungen im Dialog-feld *Farbbereich* mit *OK* ab. Die ausgewählten Bereiche können jetzt von der Hintergrund-ebene aus in eine eigene, neue Ebene dupliziert werden. Nutzen Sie zum Duplizieren der Ebene die Tastenkombination [Strg]+[J].

[4] Ebeneninhalt vergleichen

Durch Deaktivieren der Sichtbarkeit der Hinter-grundebene können Sie den duplizierten Inhalt betrachten. Die dunklen Bildinhalte sind ohne Inhalt geblieben, nur in den hellen Bildstellen sind Pixel ausgewählt und kopiert worden. Den Verrechnungsmodus, mit denen die übereinanderliegenden Ebenen verrechnet und angezeigt werden, stellen Sie von *Normal* auf *Multiplizieren* um. Die hellen Stellen im Bild werden dadurch abgedunkelt.

[5] Weichzeichnen

Zum Abschluss zeichnen Sie die obere Ebene
mit dem *Gaußschen Weichzeichner* und einem
Radius von *8,0* Pixeln weich.

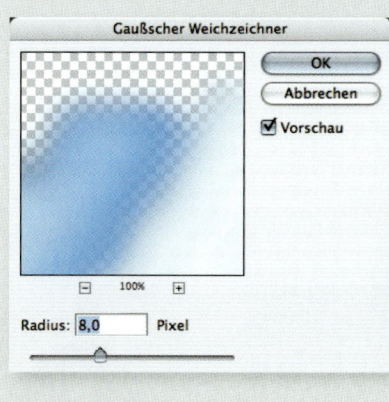

RAW-Daten bearbeiten

So wie früher vom Negativ ein Abzug erstellt wurde, so sollte man die RAW-Daten auch als ein digitales Negativ betrachten und eine JPEG-Datei als dessen Interpretation. So verwundert es nicht, dass das Camera Raw-Konvertermodul in Photoshop CS3 mit hervorragenden neuen Tools zur Interpretationsmöglichkeit ausgestattet ist.

VORHER
Die Rohdaten werden direkt über die Standardanpassung geöffnet, ohne dass irgendeine Korrektur im RAW-Konverter vorgenommen wurde.
(Foto: Linda Blatzek)

NACHHER
Camera Raw kann bei der Bildbearbeitung auf den vollen Dynamikumfang der RAW-Daten zugreifen. Diese bieten eine bessere Ausgangsbasis für eventuelle Feinkorrekturen in Photoshop. Einstellwerte können abgespeichert und bei Fotoserien erneut verwendet werden.

[1] Camera Raw öffnen

Es gibt mehrere Möglichkeiten, das Camera Raw-Modul zu starten. Sie können es aus der Menüleiste der Bridge über *Datei/In Camera Raw öffnen* oder einfach mit einem Doppelklick auf die RAW-Bilddatei aktivieren.

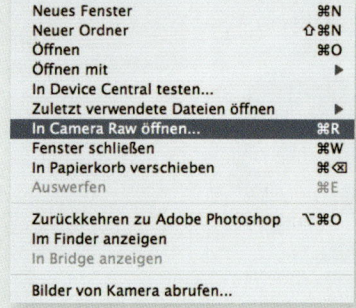

[2] Eigenschaften erweitern

Nicht jede Kamera bietet Zugriff auf die RAW-Daten, sondern liefert JPEG-Bilder und vielleicht auch TIFF-Bilddaten. Da macht es Sinn, auch diese mit dem RAW-Konverter interpretieren zu lassen. In den Voreinstellungen von Camera Raw sollten dafür die Erweiterungen markiert sein. Damit auch aus Photoshop heraus JPEG-Dateien direkt mit Camera Raw geöffnet werden können, öffnen Sie im Menü *Bearbeiten* den Dialog der *Voreinstellungen*. Unter dem Punkt *Dateihandhabung* aktivieren Sie im Bereich *Dateikompatibilität* die Option *Bei JPEG-Dateien Präferenz für Adobe Camera Raw*.
Ebenso ändern Sie die Voreinstellungen in der Bridge. Im Punkt *Miniaturen* aktivieren Sie im Bereich *Leistung und Dateibearbeitung* die Option *Vorzugsweise Adobe Camera Raw für JPEG- und TIFF-Dateien verwenden*.

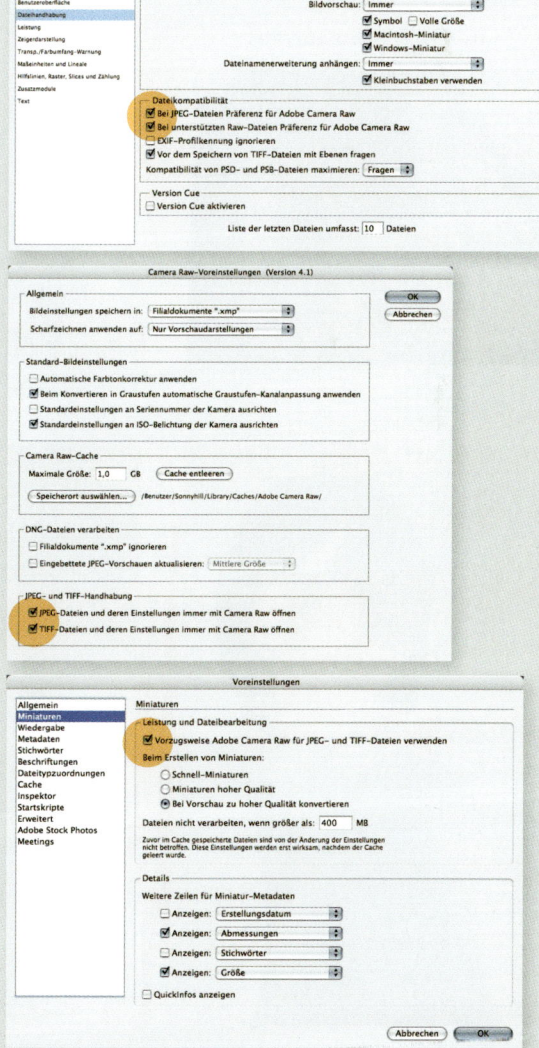

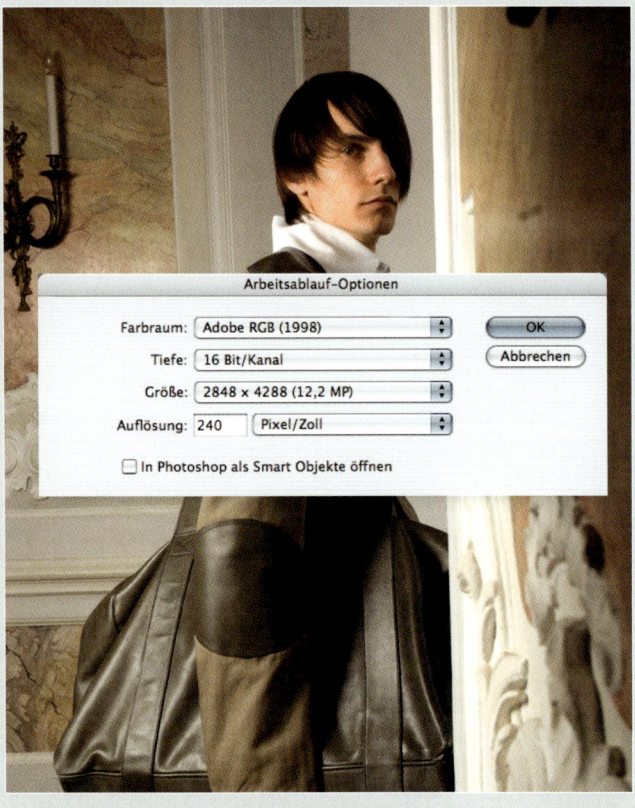

[3] Bildparameter einstellen

Als Erstes sollten Sie in Camera Raw die *Arbeitsablauf-Optionen* öffnen. Über den blau gefärbten Link unterhalb des Sichtfensters öffnen Sie das Dialogfeld. Die Parameter werden aus den Metadaten der Bilddatei gelesen, können aber auf Ihre Zwecke angepasst werden.

[4] Clippingwarnung aktivieren

Um bei der Anpassung der Grundeinstellungen die Beschneidungsbereiche der Tiefen und Lichter im Bild zu sehen, aktivieren Sie im Histogramm die Dreiecke in den oberen Ecken. Bereiche, die außerhalb des darstellbaren Tonwertbereiches liegen, werden jetzt durch eine Fremdfarbe optisch hervorgehoben.

[5] Weißabgleich festlegen

Mit dem nächsten Arbeitsschritt im Workflow
definieren Sie mit dem *Weißabgleichwerkzeug*
einen neutralen Bereich in Ihrem Foto. *Temperatur* und *Farbton* passen Sie in der Palette
Grundeinstellungen an. Gegebenenfalls müssen
Sie mit den Reglern für *Temperatur* und *Farbton*
etwas nachkorrigieren.

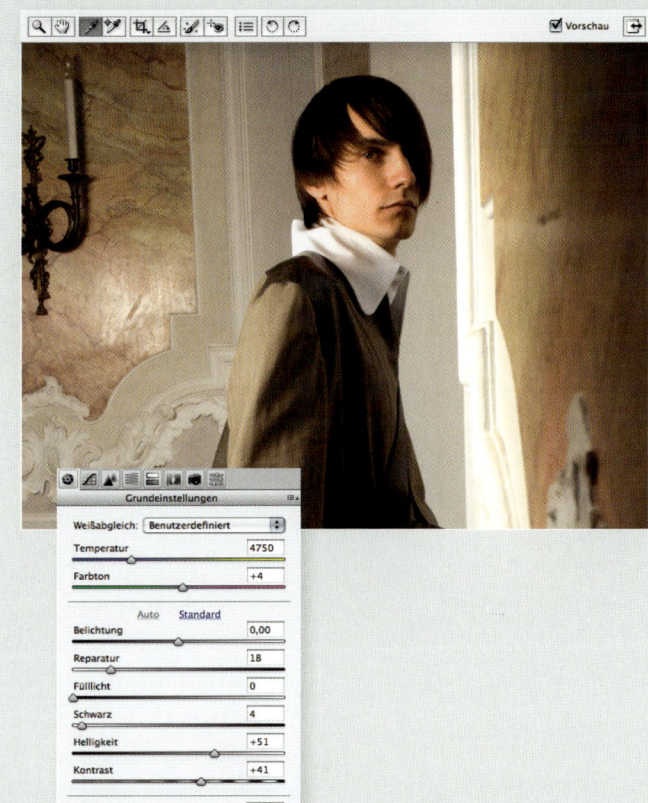

[6] Belichtung optimieren

Für die Bildluminanz bietet Ihnen die Option
Auto auch hier wieder eine gute Basis, um
gegebenenfalls weitere Feineinstellungen vorzunehmen. Die Regler *Reparatur* und *Fülllicht* sind
wie die Funktion *Tiefen/Lichter* aus Photoshop
zu verstehen.
Mit *Reparatur* können die hellen Bildstellen
abgedunkelt und mit dem Fülllichtregler die
Schattenbereiche verbessert werden, ohne
tiefes Schwarz aufzuhellen. Der Nutzen von Camera Raw ist dabei der größere Dynamikumfang
der Rohdaten, während die *Tiefen/Lichter*-Funktion in Photoshop mit einem bereits reduzierten
Tonwertumfang zurechtkommen muss.

[7] Mehr Klarheit im Bild

Der neue Regler für mehr Klarheit im Bild
verstärkt die Farb- und Kontrastunterschiede
ohne Änderung der Gesamtsättigung, aber mit
Einfluss auf die Bildschärfe.

[8] Farbsättigung

Der neue *Dynamik*-Regler ergänzt die Sättigungssteuerung und sollte erst zum Abschluss
der Bearbeitung eingestellt werden. Der *Dynamik*-Regler wirkt auf die weniger saturierten
Farben ein, während mit *Sättigung* alle Bildfarben
gleichmäßig verändert werden.

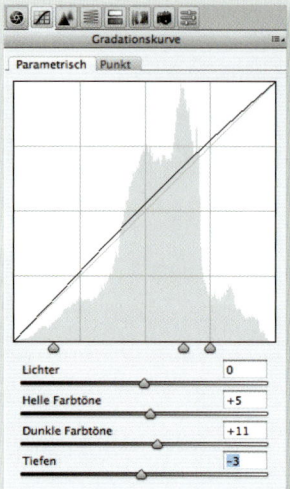

[9] Parametrische Gradationskurve

Parametrische Gradationskurve ist eine neue Variante zur Steuerung der Gradationskurve. Hierbei wird die Kurve nicht über Ankerpunkte verbogen, sondern nur über die vier Schieberegler gesteuert. Die Auswirkung der Schieberegler kann dann noch ergänzend mit den (Tonwert-) Bereichsbegrenzungsreglern unterhalb der Kurvendarstellung angepasst werden.

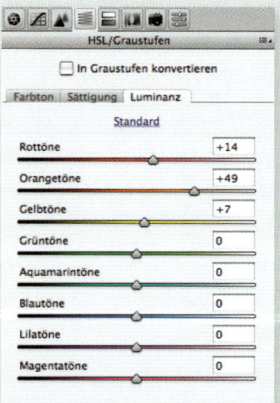

[10] Farboptimierungen

Mit dem Dialog *HSL/Graustufen* - benannt nach der englischen Bezeichnung für **H**ue, **S**aturation und **L**ightness - können die Farben nachgeregelt werden. Im Register *Farbton* können Sie Farben im Bild austauschen.
Mit der *Sättigung* heben Sie Bildbereiche durch Verstärkung oder Reduzierung hervor.
Interessant sind die *Luminanz*-Regler. Hier können z. B. die Hauttöne durch Aufhellen der Rotkomponenten, insbesondere durch die Farbe Orange, aufgefrischt werden.

[11] Objektivschwächen beheben

Chromatische Aberration ist das Unvermögen des Objektivs, Licht verschiedener Frequenzen (Farben) in einem Punkt zu fokussieren. Diese Objektivschwäche führt zu Farbrändern in Bereichen, die sich außerhalb des Bildmittelpunktes befinden.
Rand entfernen verringert die Sättigung der Farbränder um spiegelartige Lichter herum.
Objektiv-Vignettierung bezieht sich auf Objektivfehler, die dazu führen, dass die Ecken von Bildern dunkler sind als der Mittelpunkt. Je kleiner der *Mittenwert*, desto weiter reicht die Aufhellung in die Bildmitte hinein.

[12] Schwarzweiß-Variante

Die Vorgehensweise ist ähnlich dem *Schwarz-weiß*-Dialog in Photoshop. Nur haben Sie hier den Vorteil, über zwei zusätzliche Einstellregler die Farbnuancen zu steuern: *Orange* und *Lila*. Nutzen Sie für die Graustufenumwandlung die *Auto*-Schaltfläche. Die Funktion analysiert das Bild nach einem bestimmten Algorithmus und liefert so eine sehr gute Basis.

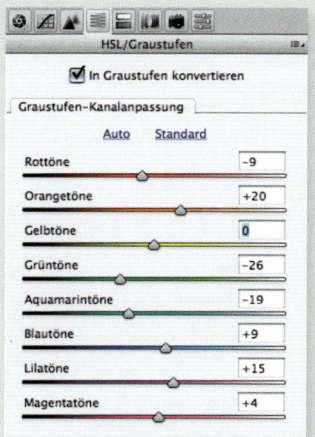

[13] Zweifarbtonungen

Die Funktion *Teiltonung* ermöglicht eine zwei-farbige Einfärbung eines Bildes. Definieren Sie zuerst die Farbtöne der *Lichter*, dann den Grad der *Sättigung*.
Für die einfarbige Tonung ziehen Sie den Regler *Abgleich* auf den Wert *100* und den Wert für *Sättigung* der Tiefen auf *0*. Für einen Tiefenstich sollten Sie auch hier zuerst die Farbe definieren, dann die Sättigung heraufsetzen.
Mit dem *Abgleich* regeln Sie, wie weit die Lich-ter- und Tiefenfarben in die Mitteltöne hinein-reichen.

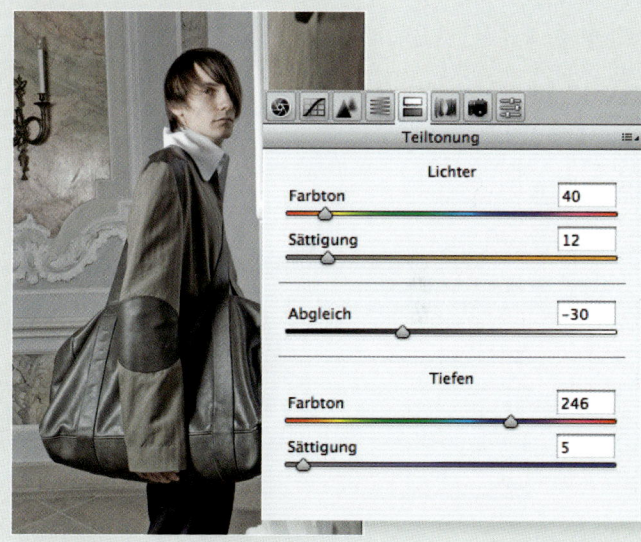

[14] Scharfmacher

Das Schärfen in Camera Raw ist seit der Version 4.1 die bessere Alternative zum Filter *Unscharf maskieren* in Photoshop. Damit eine Schärfung auch auf die Datei wirkt, stellen Sie in den *Camera Raw-Voreinstellungen* im Bereich *Allge-mein* die Option *Scharfzeichnen anwenden auf: Alle Bilder* um. Stellen Sie für die Beurteilung der Schärfung den Zoom auf *100 %*. So ent-spricht ein Dateipixel exakt einem Monitorpixel.

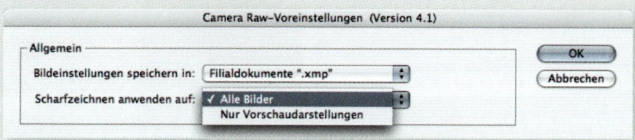

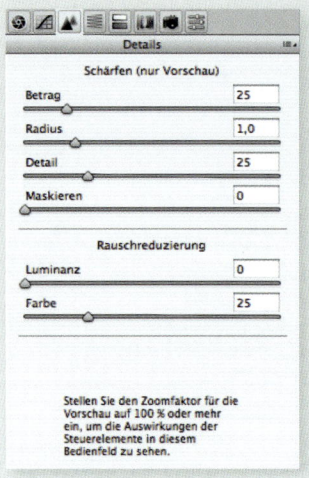

[15] Farbsättigung

Die normale Schärfung wird mit *Betrag* und *Radius* gesteuert. Je schärfer die RAW-Aufnahme ist, desto geringer kann der Radius ausfallen. Auf diese Basisschärfung setzt der Regler *Detail* auf, der in den Bilddetails die Schärfung weiter anhebt. Der Gegenregler *Maskieren* (vergleichbar mit der Funktion *Schwellenwert*) schützt glattere Bildstellen vor der Detailschärfung.

[16] Weichmacher

Farbartefakte werden durch die *Rauschreduzierung* am unteren Regler minimiert, während eine Korrektur für das Helligkeitsrauschen nur sehr vorsichtig eingesetzt werden soll. Störungen werden hier auf Kosten der Bildschärfe reduziert.

[17] Farblook-Feintuning

Zum Abschluss des RAW-Workflows geht es wieder zurück zur Farbabstimmung mit der Dynamikkorrektur; zu finden ganz vorne bei den Grundeinstellungen.
Wählen Sie als Erstes die Sättigung. Die Dynamikeinstellung ergänzt subtil den zu erzielenden Farb-Look: Reduzierte Farbigkeit (60er-Jahre-Look) erscheint glaubhafter, wie auch Porträts durch eine erhöhte Farbdynamik mehr Leben eingehaucht bekommen. Bei sehr starken Sättigungskorrekturen erhält eine gegenläufige Dynamikkorrektur die Farbnatürlichkeit im Bild.

[18] Einstellungen sichern

Es wäre schade, wenn die mühevoll abgestimmte RAW-Konvertierung verloren ginge. Unter
dem Kontextmenü oben rechts finden Sie die
Möglichkeit, Ihre Einstellungen zu sichern. Diese
können von dort aus auch auf andere, ähnliche
Raw-Daten angewendet werden. Welche Einstellungen aus den Dialogfeldern abgespeichert
werden sollen, können Sie explizit auswählen.

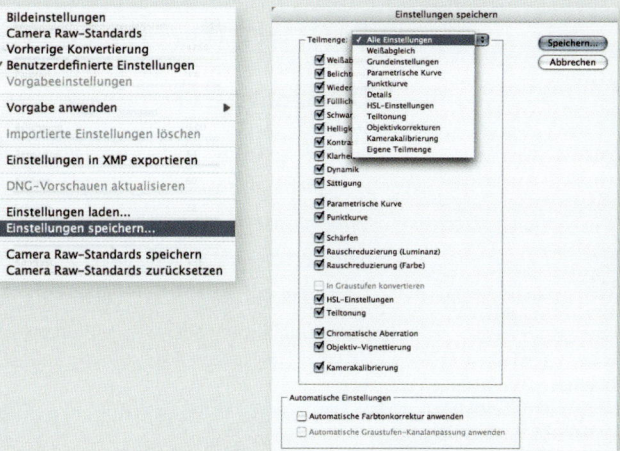

[19] DNG-Format speichern

Das Digital Negativ Format (DNG) dient zum
universellen Austauschen von unbearbeiteten
Raw-Bilddaten. Im Camera Raw-Dialog finden
Sie links unten die Schaltfläche für die Speicheroptionen.

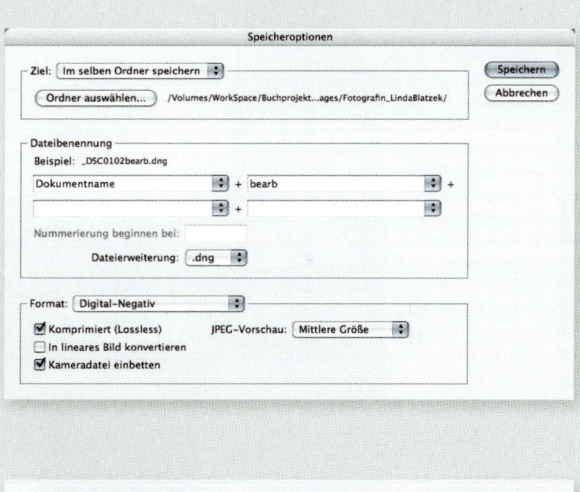

[20] Versteckte Schaltflächen

In Camera Raw werden alle Bildparameter vor-
gewählt und erst mit dem Befehl *Objekt öffnen*
in die Datei eingerechnet.
Die Schaltfläche zum Öffnen ändert ihre
Funktion mit Drücken der [Umschalt]-Taste, die
Hintergrundebene wird als Smart Objekt-Ebene
definiert.

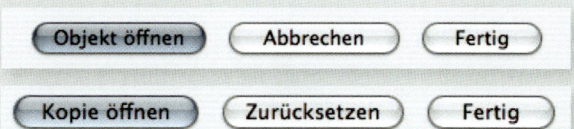

Luminanz in bestimmten Bildbereichen anpassen

Bildmotive zeichnen sich durch helle und dunkle Motivbereiche aus. Sollen diese Motivbereiche, die in ihrer Luminanz sehr unterschiedlich sind, aneinander angepasst werden, arbeitet man mit Auswahlen und Masken, die eine optische Manipulation nur in einem bestimmten Bildbereich erlauben. Für eine lokal differenziert gewichtete Manipulation wird das Bildmotiv selbst als Maske verwendet. Die unterschiedlichen Tonwertstufen des Motivs erlauben eine differenzierte Bereichsmanipulation, die – je nach ihrer Helligkeit (Luminanz) – mehr oder weniger intensiv wirkt.

VORHER
Auf ein Motiv belichtete Aufnahmen (Spotmessung) haben oft einen überbelichteten Himmel. Glänzende Oberflächen spiegeln und neigen zu Detailverlusten. (Foto: Guido Sonnenberg)

NACHHER
Sie sehen eine bessere Detailzeichnung in den Lichtern bis in die Mitteltöne hinein. Die Korrekturen sind durch die Tonwertmaske des Motivs mehr oder weniger intensiv ausgeführt worden.

[1] Bildbereiche auswählen

Klicken Sie in der *Kanäle*-Palette bei gedrückt
gehaltener [Strg]-Taste auf den *RGB*-Kanal.
Photoshop errechnet daraufhin eine Auswahl
in Abhängigkeit von der Helligkeit (Luminanz)
der Pixel. Die dunklen Stellen im Bild werden
gar nicht und die ganz hellen Stellen komplett
ausgewählt. Deshalb spricht man hier von einer
Luminanzauswahl bzw. einer Luminanzmaske.

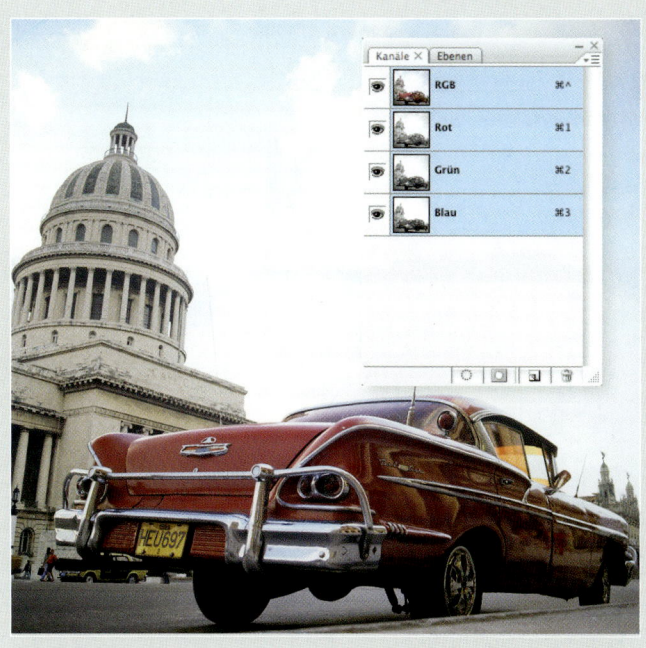

[2] Auswahl speichern

Speichern Sie jetzt die Auswahl ab. Dazu rufen
Sie im Menü *Auswahl* die Funktion *Auswahl
speichern* auf. Im *Auswahl speichern*-Dialogfeld
geben Sie einen Namen für Ihre Auswahl an.
Schließen Sie das Dialogfeld mit *OK* und deaktivieren Sie die Auswahl mit der Tastenkombination [Strg]+[D].

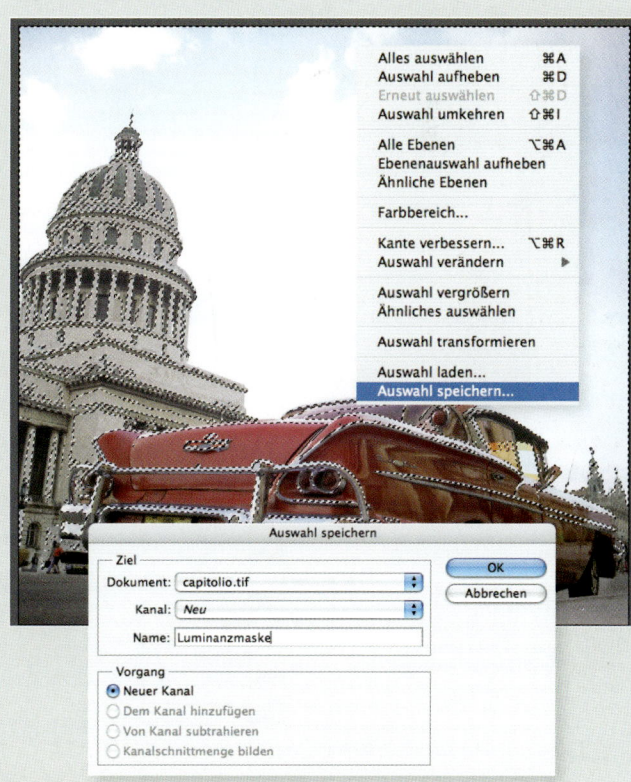

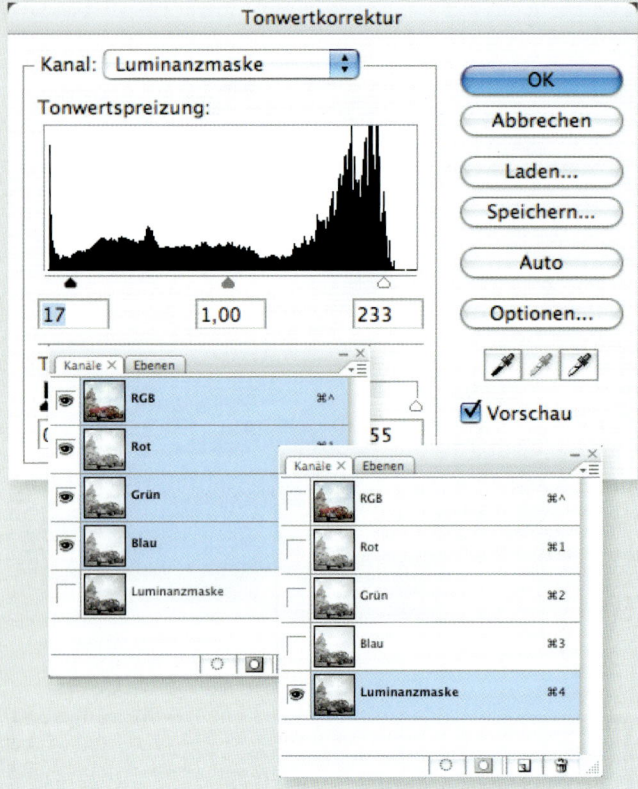

[3] Alphakanal aktivieren

In der *Kanäle*-Palette wird jetzt ein neuer Kanal namens *Luminanzmaske* angezeigt. Alle zusätzlichen Kanäle in der *Kanäle*-Palette bezeichnet man auch als Alphakanäle. Markieren Sie Ihren neuen Alphakanal und öffnen Sie mit der Tastenkombination [Strg]+[L] die *Tonwertkorrektur*.

[4] Auswahlbereich steuern

Schieben Sie nun die Tonwerteregler ein kleines bisschen zur Mitte hin. Dadurch werden die Lichter heller, also der Auswahlbereich vergrößert, und die Tiefen dunkler, also gar nicht oder weniger ausgewählt.
Mit dem *Weichzeichnungsfilter/Gaußscher Weichzeichner* zeichnen Sie den Alphakanal leicht weich. Die Radiusgröße ist hierbei abhängig von der Bildauflösung.

[5] Auswahl aktivieren

Den nachbearbeiteten Luminanzkanal können Sie zu einer aktiven Auswahl umwandeln.
Klicken Sie dazu auf den gepunkteten Kreis
unten in der *Kanal*-Palette. Ein Vorteil bei dieser
Technik ist, dass der Alphakanal beim Schließen
des Dokumentes mit abgespeichert wird und so
jederzeit wieder als Auswahlvorlage dienen und
nachbearbeitet werden kann. Aktivieren Sie die
Kanäle mit einem Klick auf das *RGB*-Symbol.

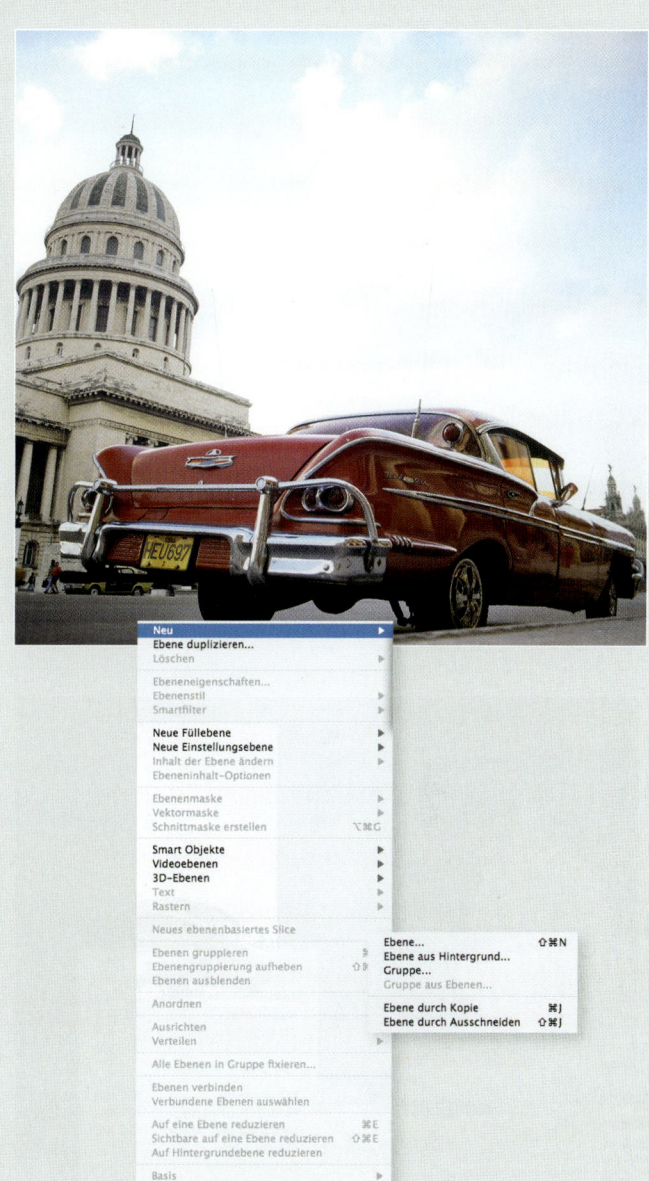

[6] Pixel kopieren

Mit der aktiven Auswahl wechseln Sie zurück
auf die *Ebenen*-Palette. Duplizieren Sie nun den
von der Hintergrundebene der *Ebenen*-Palette
abgedeckten Inhalt in eine eigene neue Ebene. Nutzen Sie hierzu die Tastenkombination
[Strg]+[J].

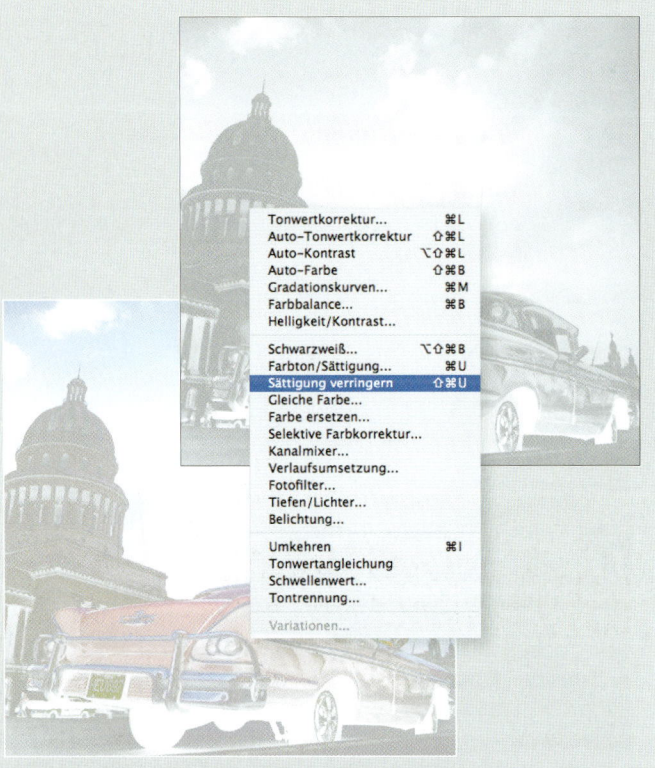

[7] Farben verringern

Mit der leicht missverständlichen Funktion unter *Bild/Anpassungen/Sättigung verringern* konvertieren Sie die Farbe aus der Luminanzmaske in Graustufen. Zur besseren Ansicht legen Sie die Inhalte der Luminanzmaskenebenen auf eine weiße Hintergrundfläche.

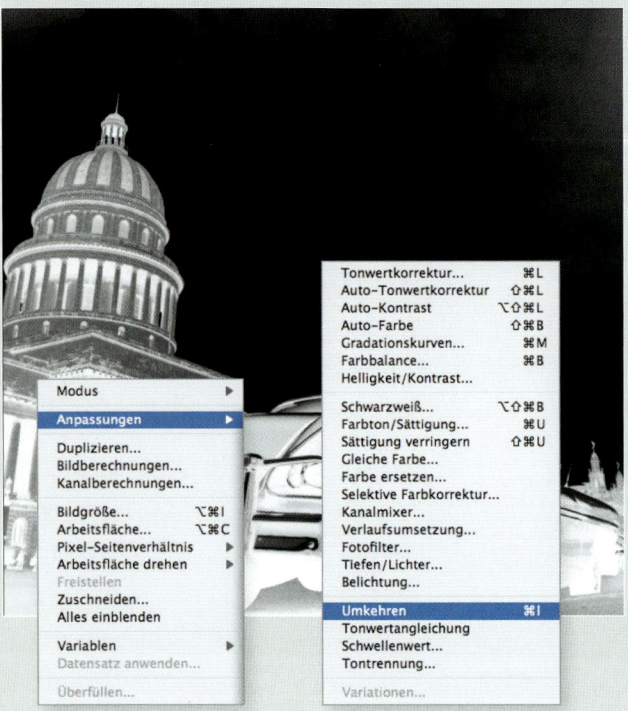

[8] Ebeneninhalt umkehren

Wechseln Sie nun noch einmal über das Menü *Bild* zur Funktion *Anpassungen/Umkehren*. Damit wird der Ebeneninhalt invertiert. Alternativ zum Weg über das Menü können Sie auch die Tastenkombination [Strg]+[I] zum Invertieren nutzen.

[9] Ebenenmodus umstellen

Stellen Sie den Verrechnungsmodus, resp. die Füllmethode, mit denen die übereinanderliegenden Ebenen angezeigt werden, von *Normal* auf *Weiches Licht* um. Der Bildkontrast wird jetzt deutlich abgemildert dargestellt.

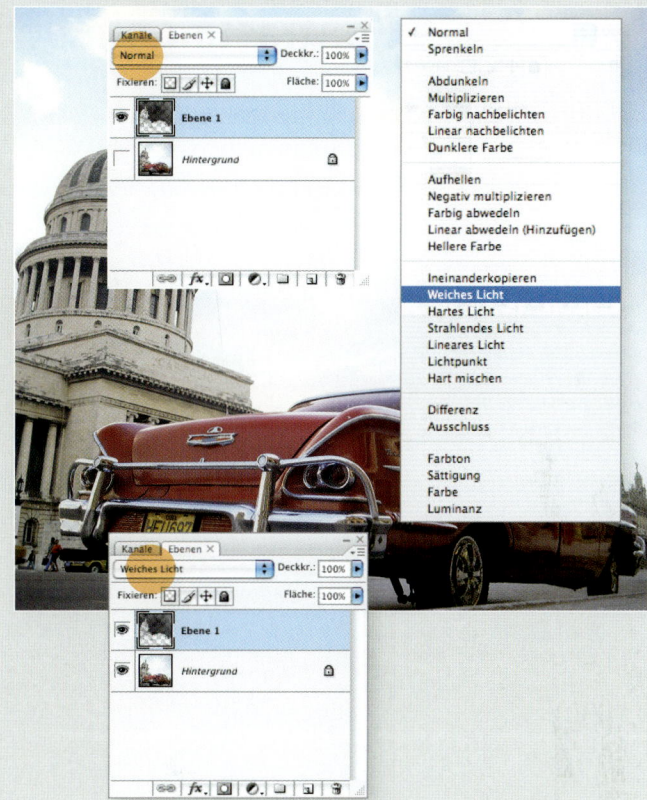

Kontraste anheben

Die etwa 50 m hohe Felssäule ist seit Jahrtausenden eine heilige Stätte der Ureinwohner Australiens und Teil der Aborigine-Mythologie. Eine markante Geländemarke stellt der „Chambers Pillar" nicht nur bei den frühen Expeditionen der Entdecker Australiens dar. Sie campten hier und hinterließen ihre Namen im weichen Sandstein. Viele nachfolgende Touristen taten ihnen dies leider nach.

VORHER
Durch die diffuse Ausleuchtung kommen die Unebenheiten des Felsens nicht richtig zur Geltung. Die Felsfarben wirken kraftlos und gräulich.
(Foto: Guido Sonnenberg)

NACHHER
Der höhere Kontrast hebt die Details besser hervor. Auch in den Farben wirkt das Motiv plastischer.

Einfache Methode

Ein vielleicht nicht neuer, doch ein sehr einfacher und effektiver Weg: die Kontrastanhebung über die Einstellungsebene *Gradationskurven*. Dieses kleine Beispiel soll Sie weg von der klassischen Methode der „S-Kurve" führen und Ihnen einen noch einfacheren Weg zeigen.

[1] Einstellebene Gradationskurven

Nachdem Sie die Einstellebene *Gradationskurven* erzeugt haben, schließen Sie das Dialogfenster mit *OK*, ohne irgendeine Einstellung vorgenommen zu haben.

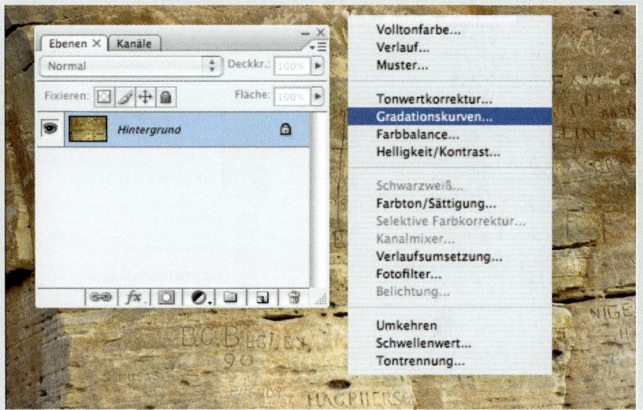

[2] Füllmethode der Einstellebene ändern

Verändern Sie jetzt den Verrechnungsmodus bzw. die Füllmethode der Einstellebene entweder auf *Ineinanderkopieren*, *Weiches Licht* oder *Hartes Licht*. Das war's!

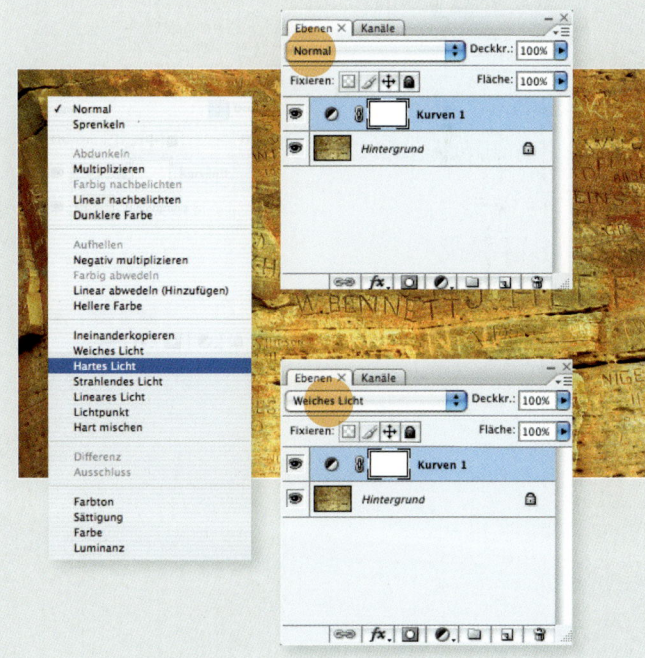

[3] Deckkraft regulieren

Der Kontrast wird mit *Ineinanderkopieren* und *Hartem Licht* wesentlich zu stark ausfallen. Bevorzugen Sie daher die Füllmethode *Weiches Licht*, deren Ergebnis zwar schwächer ist, doch ebenfalls noch überbetont. Aber der Effekt ist genau das Ziel: eine überbetonte Korrektur, die mit der Deckkraft reguliert werden kann.

[4] Schnappschuss erstellen

Das Ergebnis Ihrer Arbeit können Sie in der *Protokoll*-Palette festhalten und zu einem späteren Zeitpunkt wieder aufrufen. Klicken Sie in der Symbolleiste der *Protokoll*-Palette auf das Symbol mit dem Fotoapparat. Es wird ein Schnappschuss erstellt und ein zweites Protokollsymbol gespeichert. Das erste Symbol ist immer der Originalzustand nach dem Öffnen der Datei.

[5] Back in Time

Durch Anwählen eines Protokoll-Schnappschusses beamen Sie sich sozusagen in die Vergangenheit zurück. Dies ist optimal, um die verschiedenen Kontrasteinstellungen zu vergleichen und weiterzuarbeiten. Alle Eigenschaften zum Zeitpunkt des Schnappschusses werden erhalten, solange das Dokument geöffnet ist.

Erweiterte Methode

Nun zum zweiten Beispiel der Kontrastanhebung: Vielleicht werden viele alte Photoshop-Hasen jetzt aufschreien und vor dem Gebrauch der Funktion *Helligkeit/Kontrast* warnen. Hat diese doch bisher die Tonwerte über den sichtbaren Bereich der Tiefen und Höhen hinausgeschoben. Dieser Filter wurde für Photoshop CS3 neu überarbeitet und kann jetzt beruhigt eingesetzt werden.

[1] Helligkeit/Kontrast

Nachdem Sie die Einstellungsebene *Helligkeit/Kontrast* angelegt haben, ziehen Sie einfach den Kontrastregler in den positiven Bereich bis zu einem Wert von ca. *+25*. Der Tonwertebereich wird nicht mehr „geclipt", es sei denn, Sie markieren die Option *Früheren Wert verwenden.*

[2] Schnappschuss erzeugen

Legen Sie für einen persönlichen Vergleich Ihrer Ergebnisse einen weiteren Schnappschuss in der *Protokoll*-Palette an.

[3] Ergebnis vergleichen und wählen

Wählen Sie die verschiedenen Protokollsymbole bzw. Protokollebenen an, dann können Sie Ihre Kontrastergebnisse mit dem Original schnell vergleichen.

Russel Brown–Methode

Die dritte Möglichkeit zur Kontraststeigerung basiert auf einem Graustufenbild. Um diese Basis flexibel zu halten, wurde die bekannte Schwarzweiß-Konvertierungsmethode von Russell Brown gewählt.

[1] Ebenen vorbereiten

Als Erstes legen Sie ein Duplikat Ihres Originals in der *Ebenen*-Palette an. Darüber legen Sie zwei Einstellungsebenen des Typs *Farbton/Sättigung*.

[2] Farbe wegschieben

Auf der oberen Einstellungsebene reduzieren Sie die Sättigung auf *-100*. Das Ergebnis ist ein Farbfoto ohne Farbe.

[3] Graustufenanpassung

Für die untere der zwei Einstellungsebenen ändern Sie den Ebenenverrechnungsmodus auf *Farbe*. Wenn Sie den Regler *Farbton* jetzt nach links oder rechts verschieben, wird das Graustufenbild aus den entsprechenden Farbgewichtungen gebildet. Um die von Ihnen bevorzugte Kontrastgestaltung zu ermitteln, wird die genaue Farbpräferenz besser erst im übernächsten Schritt eingestellt.

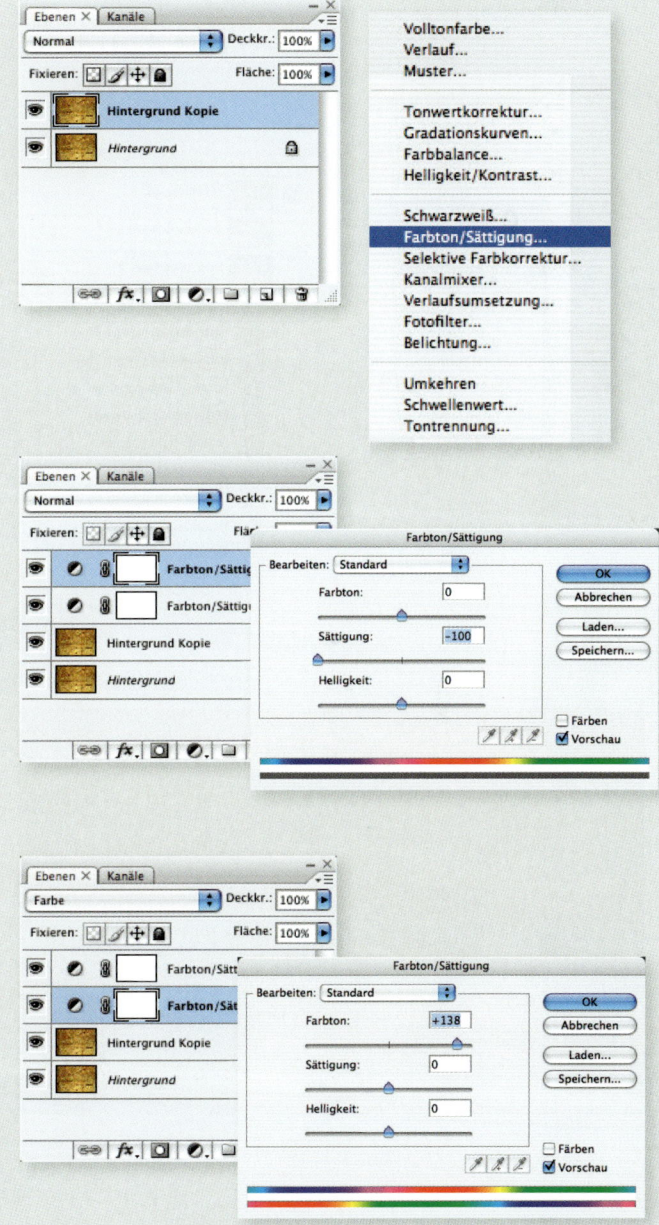

[4] Verrechnung ändern

Stellen Sie den Ebenenmodus der kopierten Hintergrundebene auf die Füllmethode *Weiches Licht* um.

[5] Feintuning

Das Ergebnis wird auch hier etwas übers Ziel hinausschießen. Deshalb sollten Sie mit einer *Deckkraft* von *35 %* das Ergebnis der Kontrast-steigerung einjustieren.

Danach ist ein guter Zeitpunkt, um sich mit der unteren Einstellebene zu beschäftigen und die Kontrastgewichtung zu bestimmen.

[6] Ergebnisse vergleichen

Vergleichen Sie Ihre Arbeitsergebnisse mit den Protokollschnappschüssen. Ihren Favoriten werden Sie sicherlich im Vergleich schnell her-ausfinden.

Das Original

Kontrastanhebung mit Gradationsverrechnung Weiches Licht (75 %).

Kontrastanhebung mit der Russell Brown–Basiskonvertierung und Weiches Licht-Verrechnung 75 %.

Malen mit Licht und Schatten

Die Gewichtung in der Gesamterscheinung des Bildes zu verändern nötigt gelegentlich dazu, einzelne Bildbereiche zu manipulieren. Die Linienführung des Bildes kann so durch Anhebung der Lichter und Absenkung von Bildbereichen verstärkt werden. Im vorliegenden Beispiel sollte das Gotteshäuschen St. Bartholomä hervorgehoben und das davorstehende, dominierende Bootshausdach mehr in den Hintergrund gedrängt werden.

VORHER
Das Bild zeigt eine unausgewogene Motivgewichtung: Hausdach und Kapelle stehen in zu enger Konkurrenz, das Boot ist zu dunkel und der Wolkenhimmel zu ausgewogen. (Foto: Jonathan Schule)

NACHHER
Durch gezielte Beeinflussung von Motivsegmenten konnte die Kapelle durch eine höhere Leuchtkraft optisch in den Vordergrund geholt werden. Die Wolkenstruktur wurde durch Nachdunkeln dramaturgisch in Szene gesetzt.

[1] Leere Ebenen

Erzeugen Sie in der *Ebenen*-Palette zwei neue
Ebenen ohne Inhalt. Da eine Ebene nach den
folgenden Schritten für die Aufhellung verant-
wortlich ist und die andere für die Absenkung
der Lichter, bieten sich eindeutige Ebenenaus-
zeichnungen an.

[2] Weiches Licht

Stellen Sie den Verrechnungsmodus der beiden
leeren Ebenen von *Normal* auf *Weiches Licht*
um.

[3] Aufhellen und Nachbelichten

Mit den Farben Schwarz und Weiß sowie einem
geeigneten *Pinsel*-Werkzeug werden die Teilbe-
reiche des Bildes übermalt.
Auf der einen, leeren Ebene werden mit der
Farbe Schwarz Bildstellen abgedunkelt. Mit der
Taste [X] wechseln Sie schnell von der Vorder-
grund- zur Hintergrundfarbe. Mit Weiß heben
Sie die Helligkeit an. Vergessen Sie nicht, die
richtige Ebene für den Farbauftrag anzuwählen.
Für das Absenken von hellen Bildbereichen ist es
hilfreich, die *Deckkraft* der Farbe in den Werkzeugoptionen etwas zu verringern. Vermeiden
Sie bei Ihren Korrekturen eine harte Pinselkante.

[4] Licht und Schattenmatrix

Die korrigierten Bildbereiche präsentieren sich
durch das Wegschalten der Sichtbarkeit der
Motivebene. Klicken Sie hierzu auf das *Augen*-
Symbol vor der Ebene *Hintergrund*.

[5] Ebenendeckkraft regulieren

Durch die getrennte Nachbelichtung und
Aufhellung haben Sie den Vorteil, die Ebenen
unterschiedlich über die Ebenendeckkraft zu
regulieren. Übertriebene Korrekturen können so
angepasst werden.

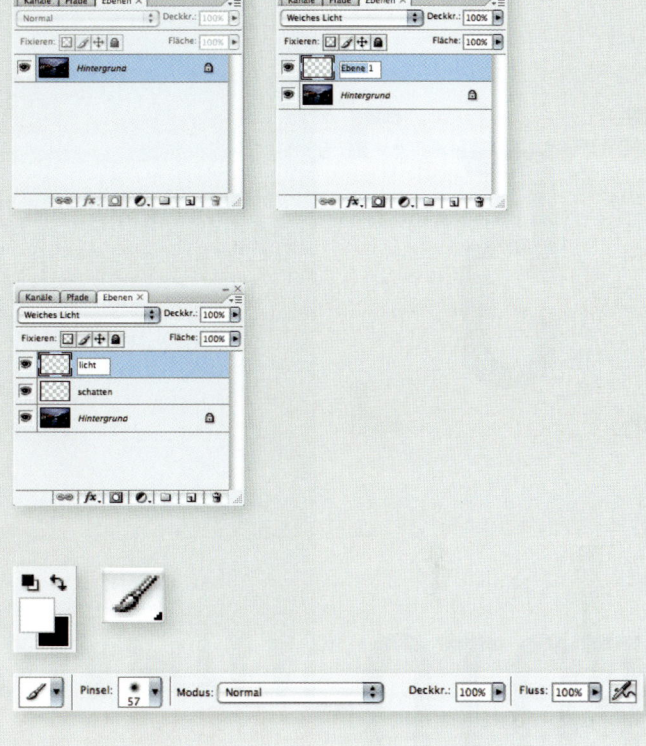

5

FOTO-WERKSTATT

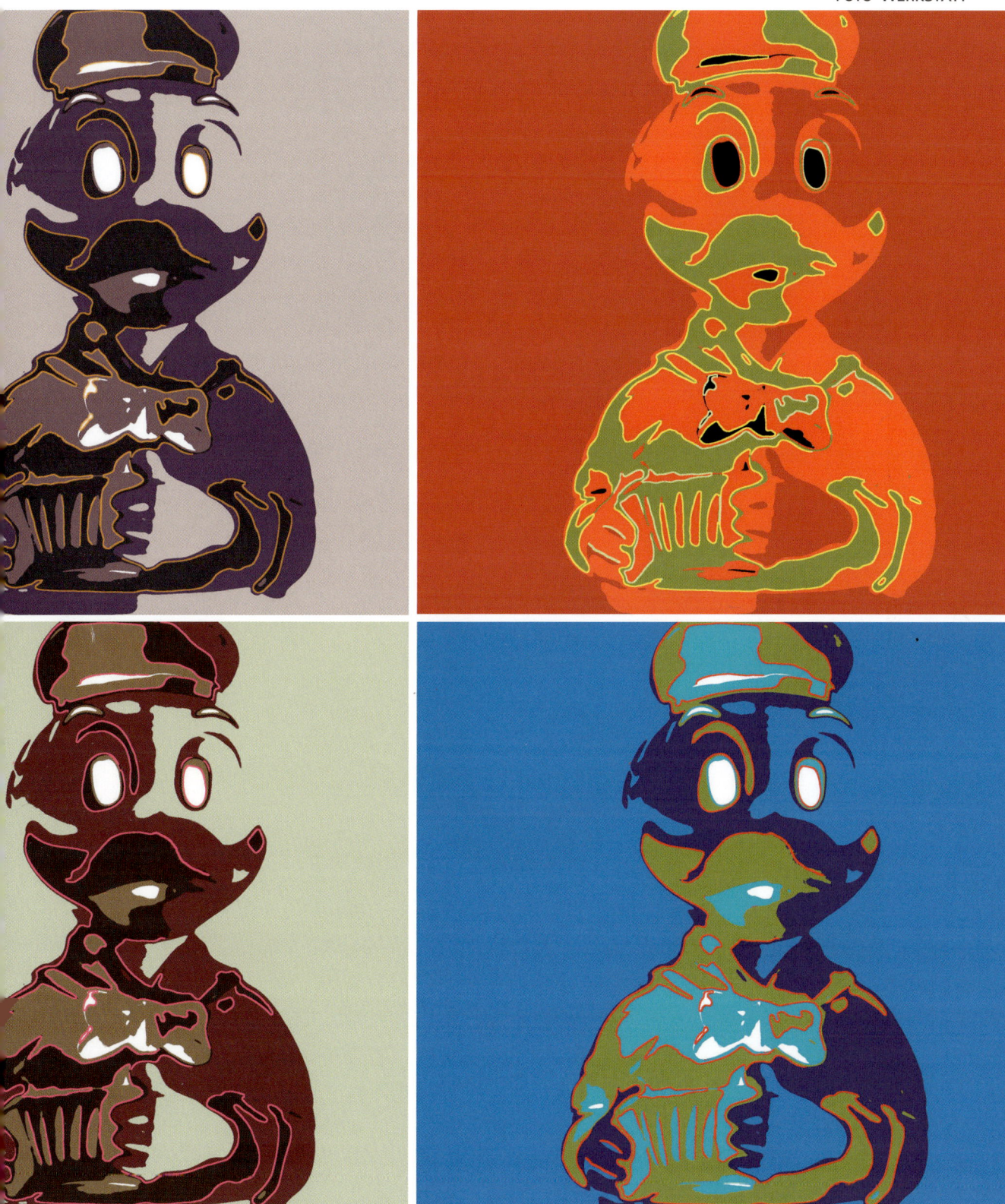

5

Foto-Werkstatt

Copyright und Wasserzeichen einbauen

Bildagenturen und viele Softwarehersteller prägen ihre Bilder mit einem sogenannten „Branding", um einer illegalen Nutzung vorzubeugen. Auch Sie können Ihre Bilder zum einen mit einem Branding versehen, zum anderen können Sie Ihre Kontaktdaten den Metadaten anfügen.

VORHER
Wer seine Aufnahmen ohne Kennzeichnung im Internet präsentiert, darf sich nicht wundern, wenn das Foto heruntergeladen und einer unerlaubten Nutzung zugeführt wird. (Foto: Guido Sonnenberg)

NACHHER
Das Foto wurde mit einem transparenten Wasserzeichen belegt, das zwar das Motiv nicht zerstört, aber eine unerlaubte Nutzung unwahrscheinlich macht. Der Aufwand zum Entfernen des Zeichens wäre einfach zu groß.

[1] Neues Dokument anlegen

Am Anfang steht der Weg zum persönlichen
Logo. Erstellen Sie dazu ein neues Dokument.
Die Größe ist eigentlich völlig egal. Entscheiden
Sie sich zum Beispiel für die Größe eines CD-
Covers.
Computergrafiken lassen sich in zwei Kategorien
einteilen: pixelorientierte und vektororientierte
Grafiken Dieses Beispiel zeigt, wie Sie Ihr Logo
als Vektorgrafik in Photoshop konstruieren.
Vektoren sind im Gegensatz zu Bitmaps größen-
und auflösungsunabhängig und können somit in
jedes Dokument einkopiert und in jede beliebige
Größe verlustfrei skaliert werden.

[2] Vorgaben sichern

Die Maße eines CD-Covers kann man immer mal
wieder gebrauchen. Warum also die Maße dann
nicht für eine spätere Verwendung sichern? Mit
der Schaltfläche *Vorgabe speichern* legen Sie die
aktuelle Datei dauerhaft als *Vorgabe* für spätere
Arbeiten ab.

[3] Text schreiben

Starten Sie mit der Texteingabe. Fügen Sie mit
der Tastenkombination [Alt]+[G] (Mac) bzw.
[Alt]+[0169] (Windows) das Copyrightzeichen
ein. Alternativ zum Copyrightzeichen können Sie
auch Ihre Initialen eintippen.
Markieren Sie in der Werkzeugleiste das *Text*-
Werkzeug und legen Sie in der Optionenleiste
die Texteinstellungen fest. Klicken Sie auf die
Stelle im Dokument, an der der Text ungefähr
platziert werden soll. Photoshop erstellt daraufhin selbstständig eine neue Textebene.

[4] Texteingabe beenden

Sie müssen Photoshop mitteilen, dass Sie mit
der Texteingabe fertig sind. Klicken Sie hierzu
auf das Häkchen in der Optionenleiste ganz
rechts.

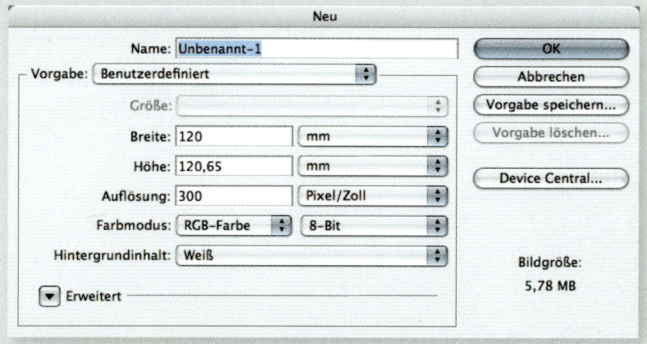

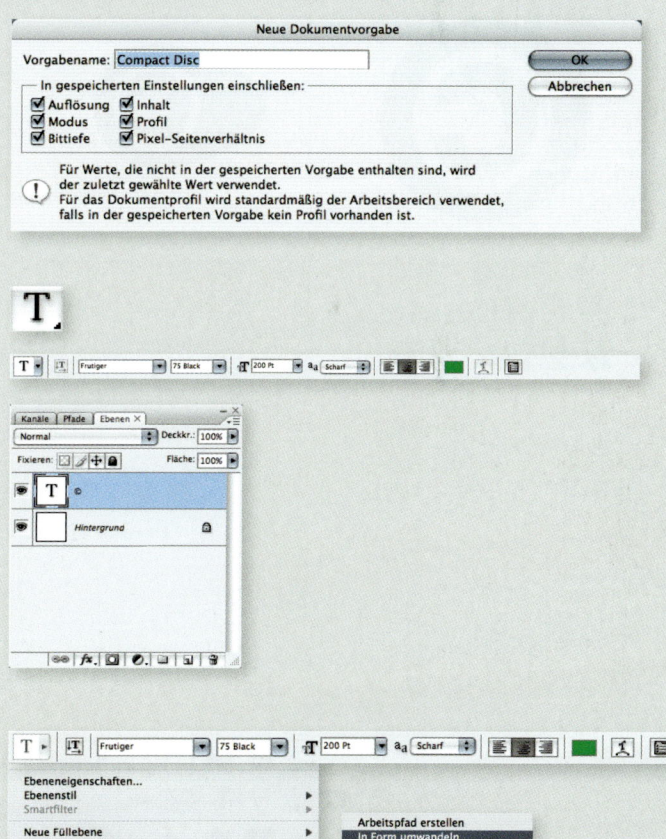

[5] Text in Vektorform umwandeln

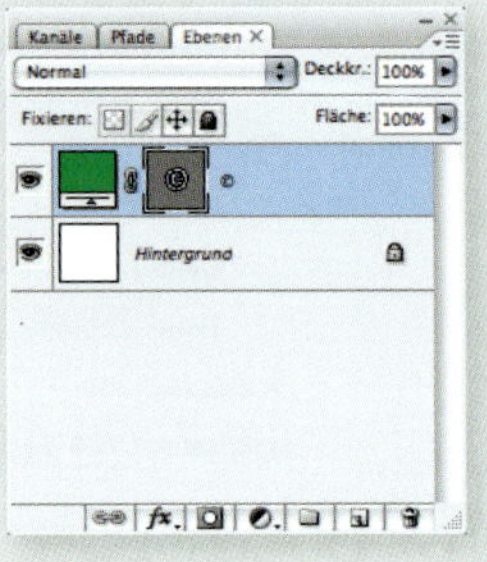

Über *Ebene/Text/In Form umwandeln* wandeln Sie den Text in eine Vektorform um. Danach ändert sich die Ebenendarstellung und der Text kann jetzt nicht mehr über das *Text*-Werkzeug verändert werden. Die Farbe kann bei den Vektoren nachträglich über das linke Farbsymbol in der *Ebenen*-Palette verändert werden.

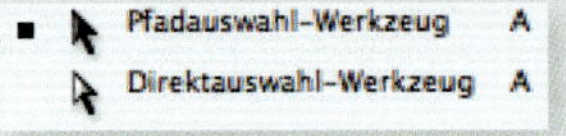

[6] Vektorform bearbeiten

Die Form einer Vektorgrafik wird durch ihre Ankerpunkte definiert. Diese können mit dem *Direktauswahl*-Werkzeug einzeln angewählt und positioniert werden. So können Sie im Handumdrehen jede Vorgabe individuell verändern.

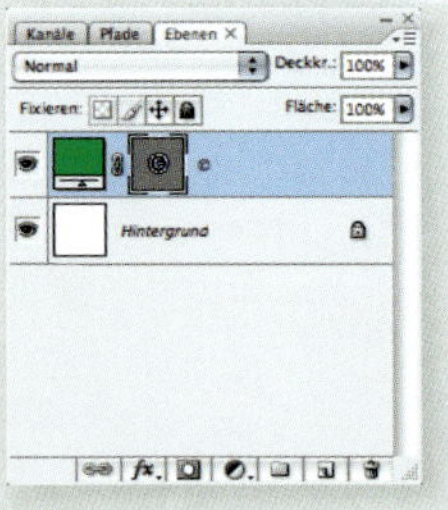

[7] Form um ein Piktogramm ergänzen

Um Ihre Vektorform zu ergänzen, stellt Ihnen die Werkzeugleiste verschiedene Grundformen zur Verfügung. Wählen Sie in der Werkzeugleiste das *Eigene-Form*-Werkzeug aus.
Mit der ersten Symbolgruppe in der Optionenleiste (links) bestimmen Sie, ob die Form als Vektor, Pfad oder Bitmap angelegt werden soll. Stellen Sie sicher, dass das Symbol *Formebenen* aktiviert ist.
Im Bereich *Form* erhalten Sie über das Pop-up-Menü eine Auswahl freier Formen. Wenn die gewünschte Form nicht dabei ist, klicken Sie auf den Palettenpfeil rechts oben und wählen Sie eine andere Formkategorie aus.
Die verfügbaren Formenoptionen öffnen Sie über den nach unten gerichteten Pfeil neben den *Form*-Schaltflächen.

[8] Form hinzufügen

Sie können mehrere Formen in einer Ebene
zeichnen. Durch die Symbole *Neue Formebene
erstellen*, *Dem Formbereich hinzufügen*, *Vom
Pfadbereich subtrahieren*, *Schnittmenge von
Formbereichen* oder *Überlappende Formbereiche
ausschließen* bestimmen Sie, wie diese Form
hinzugefügt wird. Achten Sie darauf, dass Ihr
Formen-Symbol in der *Ebenen*-Palette angewählt ist, und ziehen Sie im Bild Ihre Vektorform
auf.

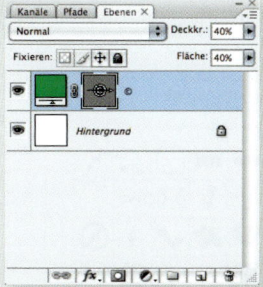

[9] Form verändern

Die einzelnen Formen können Sie nun mit dem
Verschieben-Werkzeug entsprechend Ihrer
Vorgabe platzieren. Mit dem *Direkt-Auswahl-*
Werkzeug verändern Sie einzelne Ankerpunkte.
Möchten Sie mehrere Ankerpunkte gleichzeitig
verändern, halten Sie bei der Auswahl die [Um-
schalt]-Taste gedrückt.

[10] Neue Form sichern

Ihre fertige Vektorform können Sie jetzt der Palette der *Eigene-Form*-Werkzeuge hinzufügen.
Im Menü *Bearbeiten* wählen Sie *Eigene Form
festlegen* und geben im Dialogfeld *Name der
Form* einen Namen für die neue Form ein.

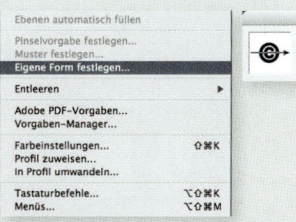

[11] Bilddokument öffnen

Ihre Bilddokumente können jetzt um Ihr persön-
liches Branding bereichert werden. Öffnen Sie
ein zu bearbeitendes Bild in Photoshop.

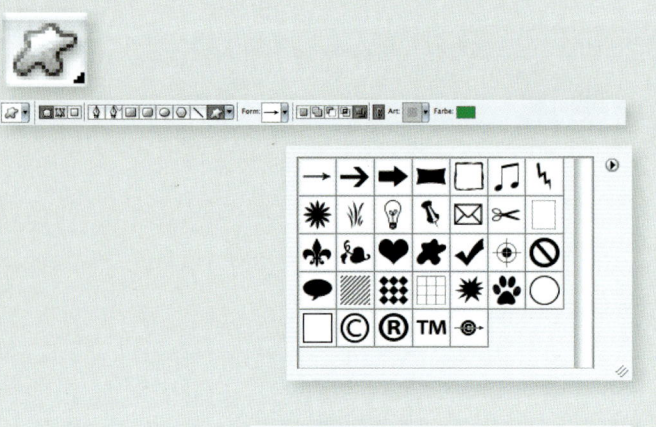

[12] Formenwerkzeug auswählen

Greifen Sie wieder zum *Eigene-Form*-Werkzeug und wählen Sie Ihr Logo aus dem Pop-up-Fenster *Form* in der Optionenleiste aus.

[13] Formenoptionen festlegen

Für die Optionen wählen Sie die Voreinstellungen wie abgebildet. Ziehen Sie Ihre Form im Bild auf. Es wird automatisch eine neue Vektorebene in der *Ebenen*-Palette erstellt.

[14] Form exakt platzieren

Nachträgliche Positionierungen können Sie mit dem *Verschieben*-Werkzeug durchführen. Soll die Vektorgrafik nochmals transformiert werden, wählen Sie im Menü *Bearbeiten* die Funktion *Pfad transformieren* oder drücken die Tastenkombination [Strg]+[T].

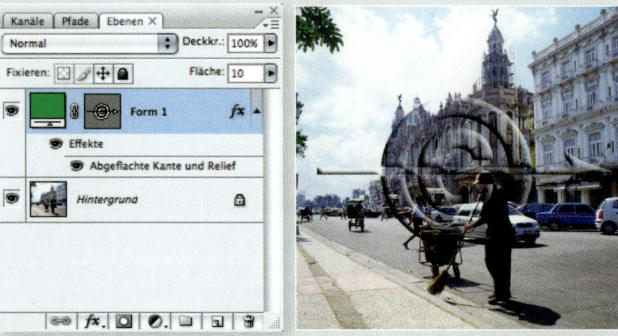

[15] Ebenenstil hinzufügen

Damit Ihr Branding wie eine Papierprägung aussieht, wird der Vektorebene ein Stil-Effekt zugewiesen. Das Dialogfeld *Ebenenstil* öffnen Sie per Doppelklick auf die Ebene, alternativ über das Menü *Ebene/Ebenenstil/Abgeflachte Kante und Relief*.
Probieren Sie die verschiedenen Strukturparameter aus. Finden Sie die „Größe" des Effektes und passen Sie im Bereich *Struktur* die Optionen *Tiefe* und *Weichzeichnen* an.

[16] Farbe ausblenden

Die gewählten Effekte erscheinen als Anhang unterhalb der Ebene und können mit dem *Augen*-Symbol sichtbar gemacht werden. Noch versperrt die Eigenfarbe des Vektorlogos die Sicht auf das darunter liegende Bild. Das können Sie ändern, indem Sie den Wert der *Fläche* auf *0* absenken. Der Unterschied zur *Deckkraft* besteht darin, dass hier die Effekte in ihrer vollen Wirkung erhalten bleiben.

[17] Dateiinformationen

Damit Ihr Branding nicht nur optisch auf dem Bild liegt, sondern bei Bedarf auch nähere Informationen über den Urheber zu erfahren sind, geben Sie dem Bilddokument einfach einige Kontaktdaten mit. Das Eingabefeld für diese Daten finden Sie unter *Datei/Dateiinformationen.*

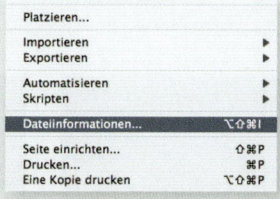

[18] Informationen anhängen

Wahrscheinlich werden Sie erstaunt sein über die Fülle von Informationen, die als Metadaten aus der Kamera dem Bild schon mitgegeben wurden. Ergänzen Sie diese um eine paar persönliche Daten. Einmal ausgefüllt, können Sie diese Angaben über das Kontextmenü (oben rechts an der *Dateiinfo*-Palette) abspeichern oder anfügen.

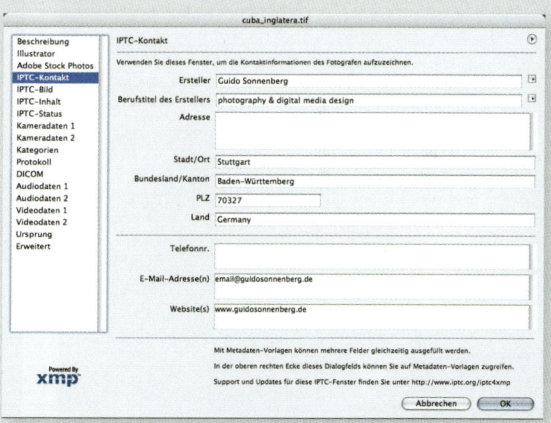

[19] Copyright einfügen

Aktivieren Sie den *Copyright Status*, so erscheint im Dateinamen des Bilddokumentes zusätzlich das ©-Zeichen. Alle Angaben werden den Metadaten hinzugefügt und können unter anderem von der Bridge ausgelesen werden.

Farbrauschen reduzieren

Auffällig und störend ist das Rauschphänomen bei der Digitalfotografie. Preiswerte Kameras erzeugen in der Regel mehr Bildrauschen als hochwertige, besonders bei Aufnahmen mit schwachem Licht, hoher ISO-Einstellung, niedriger Verschlussgeschwindigkeit oder Überhitzung. Farbrauschen findet sich in Form von farbigen Bildflecken und JPEG-Artefakten. Sie bilden sich durch die verlustbehaftete Komprimierung des JPEG-Formates in Form von Kachelmustern.

Die optimale Lösung zur Beseitigung von Farbrauschen wäre ein Filter, der die Farbe korrigiert und die Schärfe bzw. die Luminanz des Fotos nicht beschädigt. Im Lab-Modus finden Sie diese Voraussetzungen. Dort sind die Farben von der Luminanz getrennt und können unabhängig bearbeitet werden. Der Filter **Rauschen reduzieren** *nutzt diese Eigenschaften und macht Ihnen das Beseitigen von Farbstörungen auch im RGB-Modus angenehm leicht.*

VORHER
Gerade in den dunkleren Bildbereichen sind rotgrün-blaue Farbflecken zu erkennen. Graue Flächen erhalten dadurch einen unerwünschten bunten Schimmer.
(Foto: Guido Sonnenberg)

NACHHER
Sie sehen eine Reduzierung der bunten Artefakte in den neutralfarbigen Bildflächen und eine Abmilderung der Körnigkeit (Luminanzrauschen) in den Tiefen.

[1] Vorbereitende Schritte

Duplizieren Sie die Hintergrundebene und konvertieren Sie diese über *Filter/Für Smartfilter konvertieren* zu einer *Smartfilter*-Ebene.

[2] Smartfilter nutzen

Über das Menü *Filter* wählen Sie *Rauschfilter/ Rauschen reduzieren*. Falls Sie sich fragen, was die drei Punkte hinter dieser wie auch hinter anderen Funktionen bedeuten: Es heißt nur, dass sich ein weiteres Dialogfeld dahinter verbirgt.

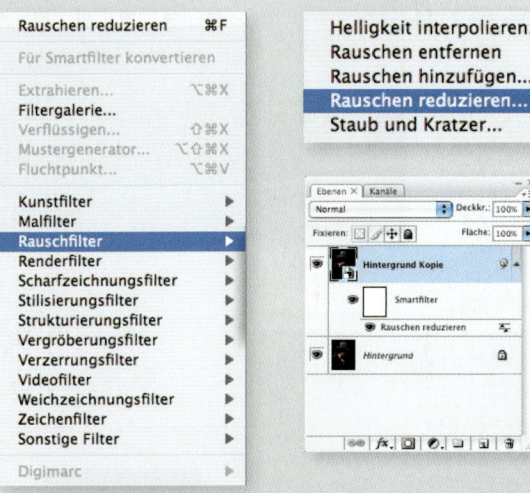

[3] Farbrauschen reduzieren

Wollen Sie nur das Farbrauschen in Ihrem Foto reduzieren, dann schieben Sie den Regler *Farbstörung reduzieren* auf einen Wert von *100 %*. Alle anderen Werte belassen Sie auf *0*. Haben Sie eine RAW-Datei geöffnet, dann haben Sie keine JPEG-Artefakte und können auf die Option *JPEG-Artefakt entfernen* verzichten.

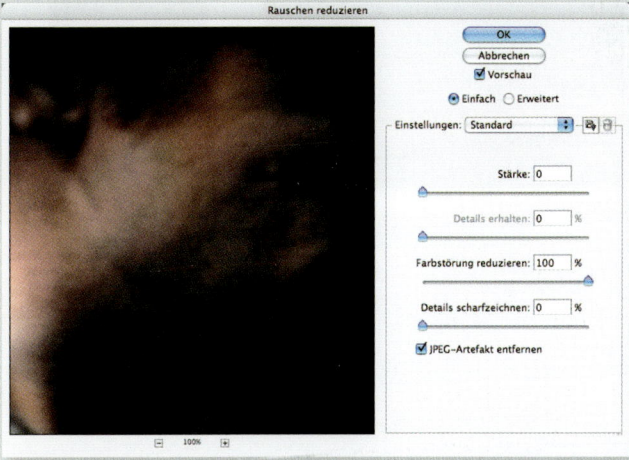

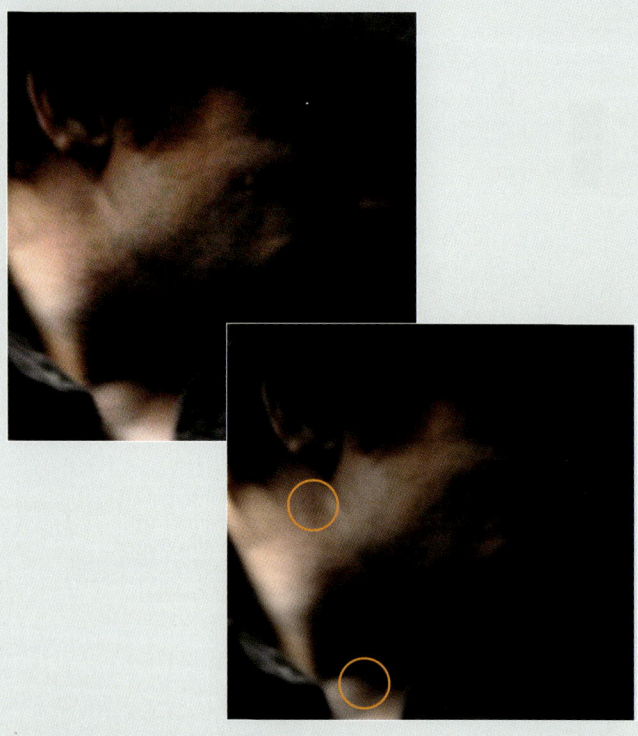

Im Folgenden sehen Sie zum Vergleich die Ausgangsdatei (links) und die Version mit reduziertem Farbrauschen nebeneinander.

Bildrauschen tritt in zweierlei Form auf: als Farbrauschen, wie besprochen, und als Luminanzrauschen (Graustufenrauschen), wodurch das Bild körnig aussieht.

[4] Erweiterte Funktion

Das Luminanzrauschen kann in einem Bildkanal ausgeprägter vorhanden sein als in einem anderen. Überprüfen Sie daher die Kanäle Ihres Bildes einzeln und entscheiden Sie, welcher Kanal besonders stark vom Rauschen betroffen ist. Oft ist dies der Blaukanal.

Im Modus *Erweitert* können Sie das Rauschen für jeden Kanal separat anpassen. Die *Stärke* regelt nun, wie stark der Kanal weichgezeichnet werden soll. *Details erhalten* versucht, Kanten und Strukturen zu erkennen und diese zu schützen. Finden Sie also eine ausgewogene Kombination beider Regler.

Wenn Sie nur einen Kanal korrigieren, statt globale Korrekturen auf alle Kanäle anzuwenden, bleiben natürlich auch mehr Bilddetails erhalten.

[5] Luminanzrauschen reduzieren

In unserem Beispielbild wurden zum Vergleich einmal alle Kanäle weichgezeichnet und zur Finalversion nur der Blaukanal bearbeitet.

[6] Schärfeverlust ausgleichen

Das Reduzieren von Rauschen im Bild verringert auch die allgemeine Bildschärfe. Das Nachschärfen können Sie unter *Details scharfzeichnen* ausgleichen oder besser mit einem anderen Scharfzeichenfilter in Photoshop bearbeiten.

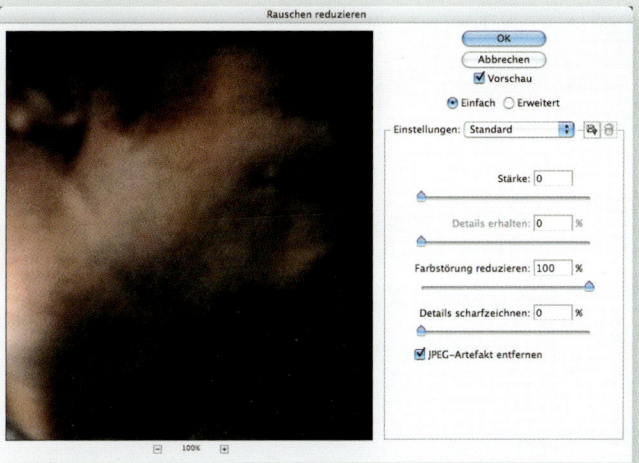

Farbschemata erstellen

Ein Stil von Andy Warhol war die Produktion verschiedener Farbversionen ein und desselben Motivs. Wollen Sie ebenfalls verschiedene Farbversionen anlegen, so sollten Sie sich Farbschemata zusammenstellen. Eine großartige Sammlung von Farbkombinationen finden Sie im Internet unter www.colorblender.com. Sie können sich hier von den vielen Farbpaletten inspirieren lassen, aber auch selbst schnell perfekte Farbschemata erstellen. Wie Sie selbst in Photoshop ein Farbschema erzeugen und anwenden, erklärt Ihnen dieser Workshop.

VORHER
Um eine Farbpalette für das neue Layout von Print- und Webmedien anzulegen, in der die Farben aufeinander abgestimmt sind, fällt bei einem normalen 8-Bit-Farbfoto nicht leicht. (Foto: Guido Sonnenberg)

NACHHER
Wenn Ihnen die Farbkombination eines Bildmotivs gefällt, können Sie aus dem grob verpixelten Bild leicht einen Bereich herauswählen und die gewünschten Farben aufnehmen.

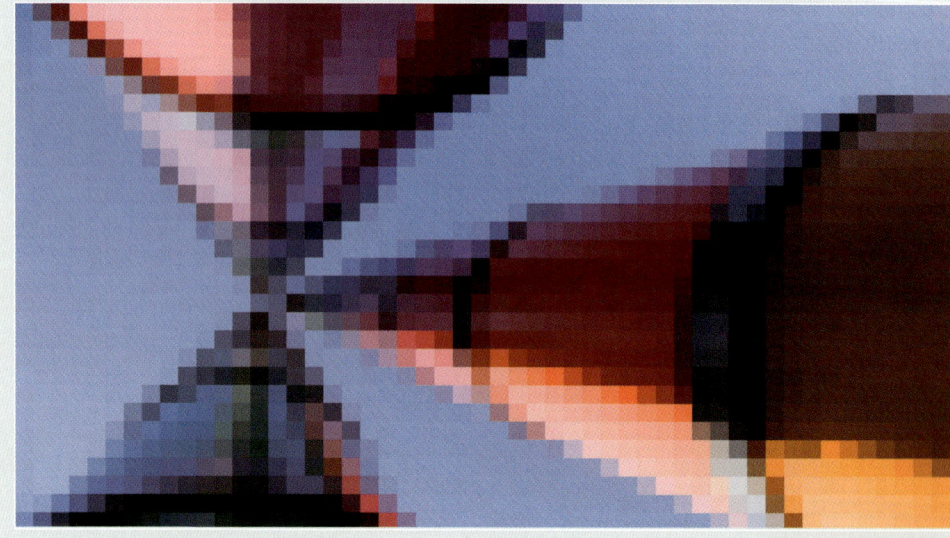

[1] Smartfilterebene erstellen

Öffnen Sie ein Farbfoto, dessen Farbgestaltung Ihnen zusagt. Mit einem Rechtsklick in die Ebene *Hintergrund* können Sie über das Kontextmenü die Ebene schnell in ein Smart Objekt konvertieren. Das hat den Vorteil, dass Sie Filteranwendungen nicht destruktiv auf dieser Ebene anwenden, nachregulieren oder später einfach wieder löschen können.

[2] Verpixelter Imageeffekt

Wenden Sie aus dem Menü *Filter/Vergröberungsfilter* den *Mosaikeffekt* auf die Ebene an. Stellen Sie die Größe der Mosaiksteine so ein, dass die gewünschten Farben jeweils als Pixelquadrat dargestellt werden.

[3] Farbquadrate auswählen

Wählen Sie nun mit dem *Auswahlrechteck*-Werkzeug einen Bereich mit Ihren bevorzugten Farben aus und kopieren Sie diesen mit der Tastenkombination [Strg]+[C] in die Zwischenablage. Mit [Strg]+[V] können Sie ihn in ein neues Dokument einfügen und die Farben bequem mit dem *Pipette*-Werkzeug aufnehmen und anwenden.

Kleine Bildfehler retuschieren

Genau wie bei einer Triebwerkskontrolle Schaufel für Schaufel kontrolliert wird, sollten Sie Ihr Bild Zentimeter für Zentimeter auf kleine Macken durchsuchen. Für die Behebungen von kleinen Flecken und Macken gibt es diverse Werkzeuge und Filter in Photoshop. Vermeiden Sie, wenn es geht, den Einsatz von Filtern. Erstens müssen Sie das Bild doch kontrollieren und nachbearbeiten und zweitens wird dabei oft das ganze Bild ein wenig weichgezeichnet und wirkt anschließend matschig. Es geht eben manchmal nichts über eine sorgfältige Handarbeit.

VORHER
Sie sehen störende Elemente im Bild durch nicht gesäuberte Motive, Flecken und Staub auf Objektiv oder Sensor oder durch das Einscannen von Bildvorlagen. (Foto: Guido Sonnenberg)

NACHHER
Wie neu – das bereinigte Bildmotiv.

[1] Werkzeugeinstellungen

Einige Retuschewerkzeuge müssen exakt ange-
setzt werden. Der Einfachheit halber aktivieren
Sie im Menü *Voreinstellungen/Zeigerdarstellung*
die Option *Pinselspitze mit Fadenkreuz anzeigen*.

[2] Der Simplicissimus

Mit dem *Bereichsreparatur-Pinsel*-Werkzeug
tupfen oder übermalen Sie einfach den Stö-
rungsbereich. Das Werkzeug erzeugt aus den
umliegenden Pixeln selbstständig die Korrektur.
Der Workflow funktioniert am besten, wenn Sie
die Größe der Werkzeugspitze anpassen und die
Härte auf ca. *50 %* einstellen. Differenzieren
die Tonwerte in der Fläche zu sehr, malen Sie
mit dem Werkzeug immer vom störungsfreien,
heilen Bereich in den zu korrigierenden.

[3] Patchtool

Wählen Sie das *Ausbessern*-Werkzeug. In der
Optionsleiste zum *Ausbessern*-Werkzeug aktivieren Sie die Option *Quelle*. So brauchen Sie
nur den zu reparierenden Bereich einzukreisen
und diesen Bereich dann anschließend per Drag
and Drop zu einer störungsfreien Fläche zu
verschieben.

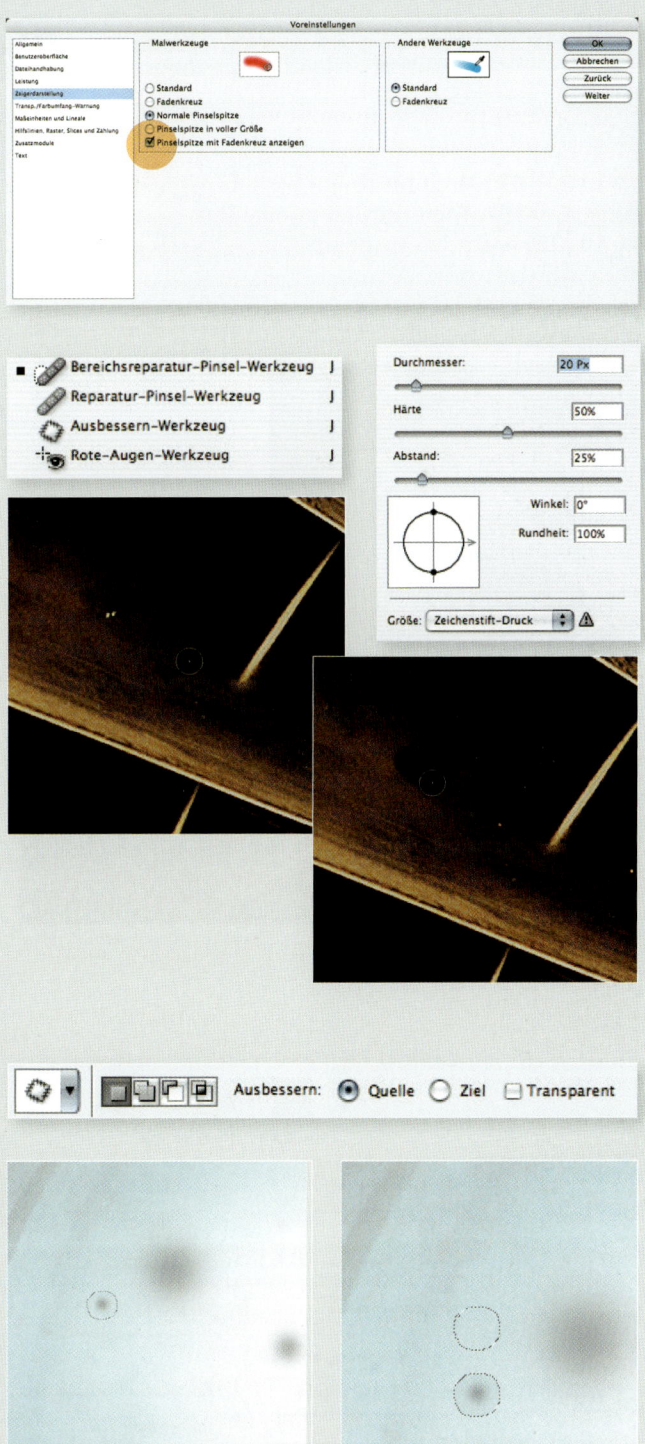

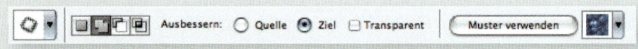

Das *Ausbessern*-Werkzeug funktioniert genauso gut auch andersherum. Mit ausgewählter Option *Ziel* legen Sie dann ein Stück „heile Welt" über Ihren Fleck. Je kleiner die zu reparierende Stelle ist, umso perfekter wird das Ergebnis.

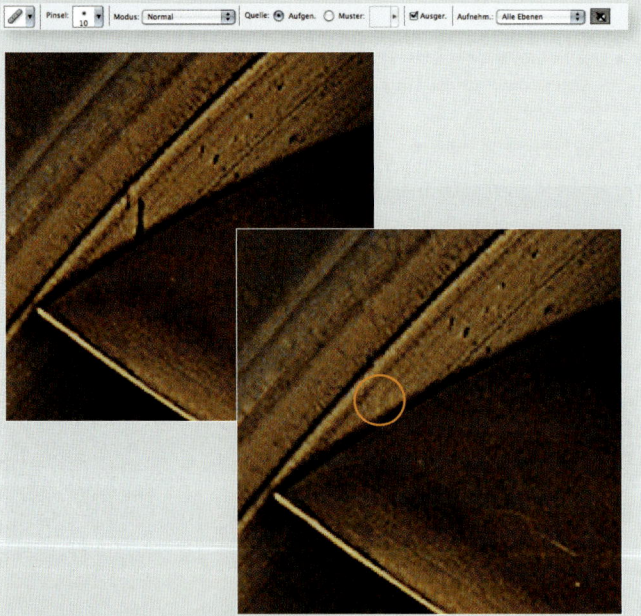

[5] **Fleck-weg-Pflaster**

Mit dem *Reparatur-Pinsel*-Werkzeug und dem *Kopierstempel*-Werkzeug arbeitet man immer mit einer weichen Kanteneinstellung. Hier müssen Sie auch festlegen, wo die Pixel, die Sie kopieren möchten, sind (mit gedrückter [Alt]-Taste auf den entsprechenden Bereich klicken) und wohin diese übertragen werden sollen (der erste Klick nach dem Lösen der [Alt]-Taste).

Dieser Aufnahme- zu Kopierabstand bleibt konstant, wenn in der Optionsleiste das Feld *Ausgerichtet* angewählt ist. Um ein Wiederholungsmuster zu vermeiden, aktivieren Sie unbedingt diese Option.

Nähern Sie sich mit dem Werkzeug zu sehr einem Randbereich, werden Sie bemerken, dass der Korrekturbereich in der Helligkeit falsch berechnet wird.

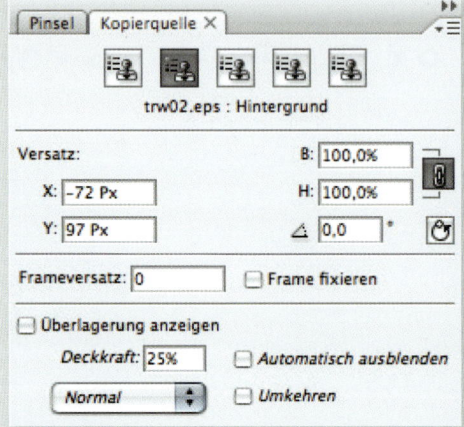

[6] **Der Klassiker**

Für diese Bereiche greifen Sie auf den Klassiker *Kopierstempel*-Werkzeug zurück. Platzieren Sie den Aufnahme- und Kopierbereich mit dem Fadenkreuz genau, dann ist auch die Kantenretusche ganz einfach.

[7] Die Heile-Welt-Quelle

Neu in Photoshop CS3 ist die schnelle Zugriffs-
möglichkeit auf bis zu fünf verschiedene
Aufnahmebereiche. Diese können sogar andere,
gleichzeitig geöffnete Dateien miteinbeziehen.
Ob die geklonten Pixel skaliert oder verdreht
werden sollen, kann ebenfalls in dieser *Kopier-
quellen*-Palette angegeben werden.

Um Bildbereiche zu klonen, greifen Sie zum
Lasso-Werkzeug. Ziehen Sie mit einer weichen
Kante den zu duplizierenden Bereich auf. Mit
der Tastenkombination [Strg]+[J] wird der Inhalt
dieser Auswahl in eine eigene Ebene kopiert.

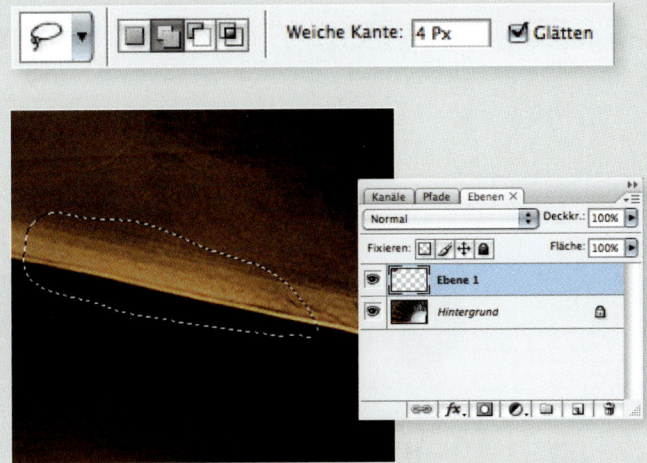

[8] Kopierbereich anpassen

Verschieben Sie mit dem *Bewegen*-Werkzeug
den Ebeneninhalt über den auszubessernden
Bereich. Mit der Tastenkombination [Strg]+[T]
aktivieren Sie den Transformationsrahmen. Grö-
ßenänderungen und Rotation können Sie jetzt
abstimmen und mit der [Enter]-Taste bestätigen.

[9] Feintuning

Bevor die geklonte Ebene wieder mit der Hintergrundebene vereint wird, löschen Sie überstehende Flächen und Kanten mit einem weichen
und in der Deckkraft reduzierten Radiergummi.

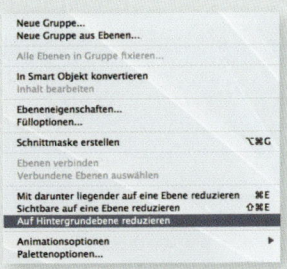

Pop-Art-Hommage

Einer der bekanntesten Vertreter der Pop-Art ist Andy Warhol. Er verwendete alles, was er irgendwie als alltäglich, trivial und banal empfand, um es auf seine farbintensive Art neu zu interpretieren. Und wenn es, wie in seiner berühmten allerersten Serie, eine „Campbell's" Suppendose war. Am besten eignen sich für diese Technik Porträtfotos von Personen und Tieren oder freigestellte Alltagsgegenstände.

VORHER
Gerade einfache, banale Motive eignen sich hervorragend zum Experimentieren mit digitalen Verfremdungen.
(Foto: Guido Sonnenberg)

NACHHER
Schon die Reduzierung der Tonwerte auf wenige Farben eröffnet ein weites Versuchsfeld der digitalen Verfremdungstechniken, in diesem speziellen Fall eine Hommage an die Pop-Art von Andy Warhol.

[1] Ausgangsbasis

Öffnen Sie ein RGB-Bild in Photoshop. Am besten eignen sich Bilder mit einem ruhigen, dezenten Hintergrund, vor dem sich das Hauptmotiv deutlich abhebt. Ziehen Sie das Symbol der Ebene *Hintergrund* auf das Symbol *Neue Ebene erstellen*, um so eine Kopie der Ebene zu erzeugen.

[2] Duplikat weichzeichnen

Das kopierte Original zeichnen Sie vorzugsweise mit dem *Gaußschen Weichzeichner* weich. Etwas kräftiger können Sie vorgehen, aber entstellen Sie das Objekt nicht als undefinierbare Masse.

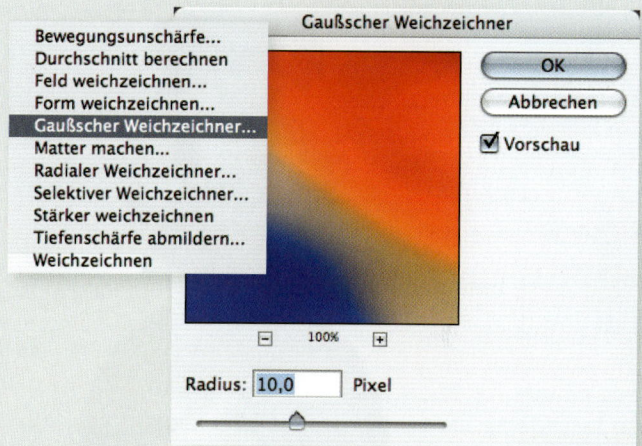

[3] In Graustufen umwandeln

Das erste Teilziel dieser Technik beruht auf der Umwandlung des Farbfotos in ein Graustufenbild und dessen Reduzierung auf übersichtliche Tonwerte.
Erstellen Sie dazu mehrere Einstellungsebenen, die erste vom Typ *Schwarzweiß*. Wählen Sie vorerst über *Auto* eine allgemeine Ausrichtung der Parameter. Weitere Anpassungen sollen später durchgeführt werden.

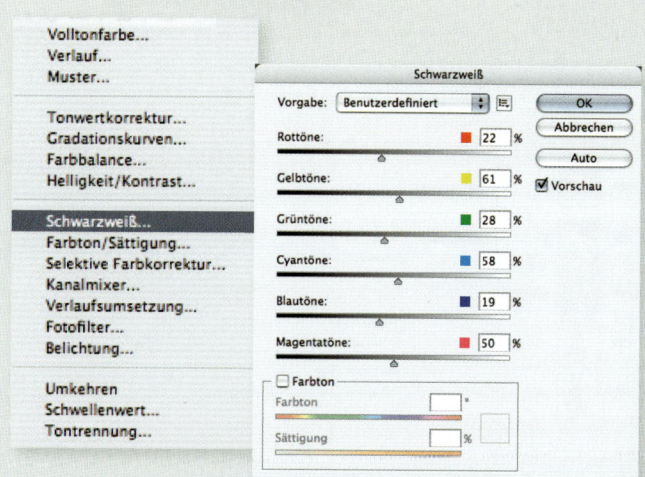

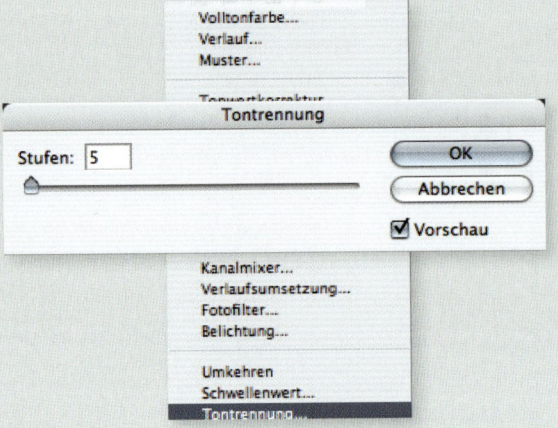

[4] Reduzierung der Grautöne

Mit der übergeordneten, zweiten Einstellungsebene *Tontrennung* reduzieren Sie die Grauwerte auf maximal *5 Stufen*.

[5] Grauflächen anpassen

Öffnen Sie jetzt mit einem Doppelklick das Di-
alogfeld der Einstellungsebene *Schwarzweiß 1*.
Mit den Schiebereglern verbessern Sie nun die
Flächenmodulation.

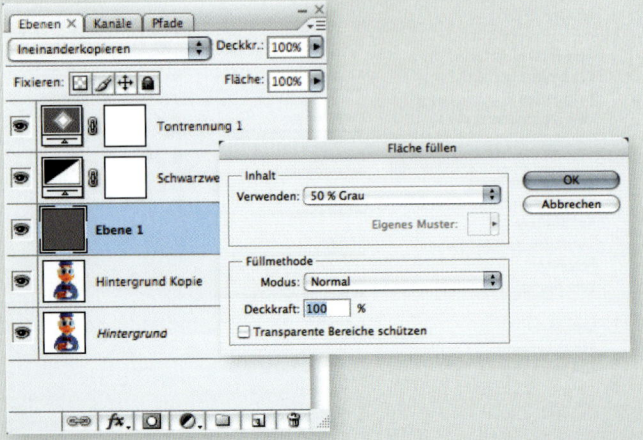

[6] Unsichtbare Ebene erstellen

Um die Modulation der Grauflächen weiter zu
beeinflussen, erstellen Sie eine neue Ebene und
füllen diese mit *50 % Grau*. Den Ebenenverrechnungsmodus stellen Sie auf *Ineinanderkopieren*
um. Die graue Fläche wird daraufhin unsichtbar.

[7] Lichtmalerei

Mit dem *Abwedler*-Werkzeug und dem *Nach-belichter*-Werkzeug lassen sich kleinere Lichtinseln leicht korrigieren. Widmen Sie besondere Sorgfalt dem Augenbereich.
Durch Veränderung des neutralen Grauwertes werden die Bildbereiche entweder heller oder dunkler interpretiert. Haben Sie sich vermalt, können Sie die Grauebenen einfach entsorgen und neu erstellen. Ihr Bildmotiv wird von den Änderungen nicht betroffen sein.

[8] Graustufenebene

Das Ergebnis Ihrer Graustufenkomposition von allen erstellten Ebenen fassen Sie jetzt auf eine Ebene zusammen, ohne die bisherigen zu löschen. Verschieben Sie die neue Ebene in der *Ebenen*-Palette an die oberste Stelle. Die Sichtbarkeit der unterhalb liegenden Ebenen können Sie ausschalten. Behalten Sie diese aber, damit Sie ggf. später weitere Varianten erstellen können.

[9] Flächen füllen

Für das zweite Zwischenziel werden die unterschiedlichen Grauflächen ausgewählt und mit Farbe gefüllt. Das Auswählen der homogenen Flächen gelingt mit dem *Zauberstab*-Werkzeug sehr leicht. Bereiten Sie den Einsatz des *Zauberstab*-Werkzeugs in der Optionenleiste gemäß Abbildung vor.

Definieren Sie eine Vordergrundfarbe im Farbwähler. Selektieren Sie eine Graufläche mit dem *Zauberstab*-Werkzeug und füllen Sie die Auswahl.

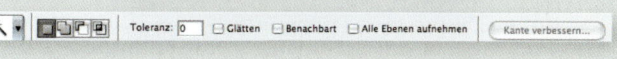

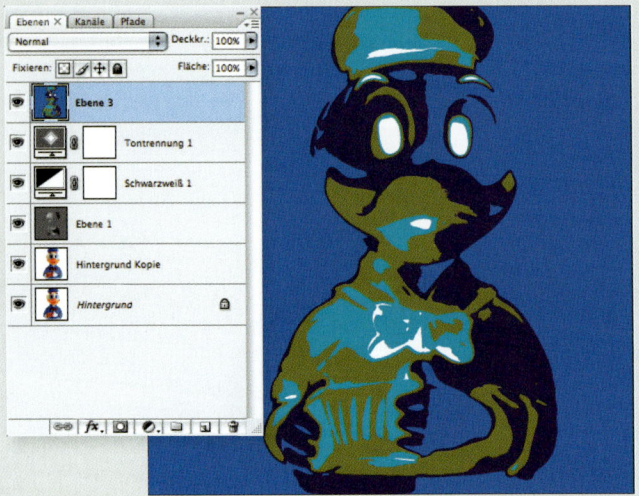

[10] Farbschema

Füllen Sie nacheinander alle Grautonflächen mit der zuvor neu definierten Farbe. Andy Warhol bevorzugte kräftige, leuchtende Farben. Gute Ergebnisse erhalten Sie, wenn Sie im Farbschema dicht beieinander liegende Farben auswählen. Wiederholen Sie das Füllen der Flächen, bis Sie mit der Farbgestaltung zufrieden sind.

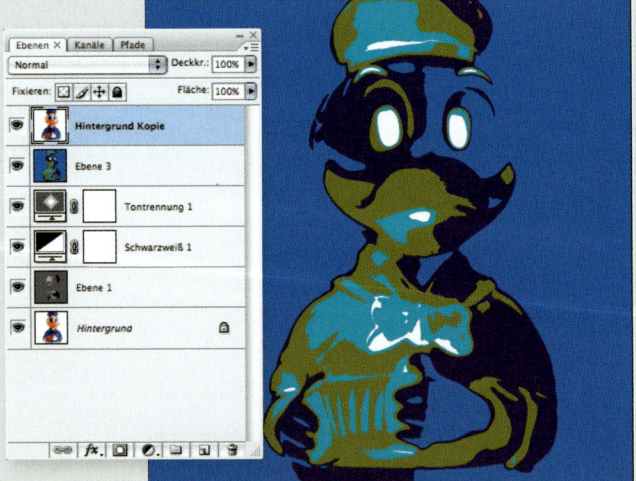

[11] Ebenenanordnung ändern

Für das letzte Etappenziel, die kontrastreichen Highlight-Linien, benötigen Sie eine Konturenauswahl. Ziehen Sie die weich gezeichnete Ebene *Hintergrund Kopie* an die oberste Stelle in der *Ebenen*-Palette.

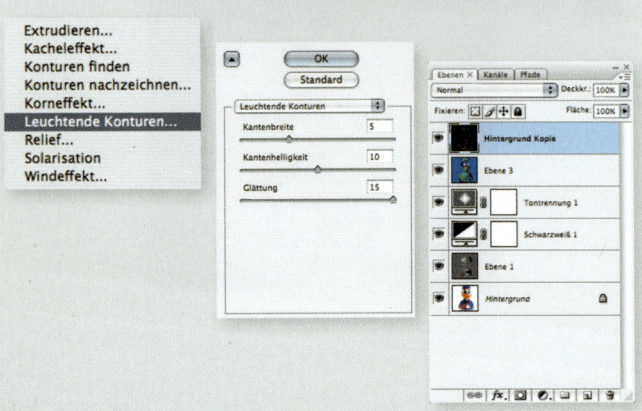

[12] Dekorlinien erzeugen

Über *Filter/Stilisierungsfilter/Leuchtende Konturen* bestimmen Sie die Konturen des Fotos. Stellen Sie die *Glättung* auf den höchsten Wert ein. Mit den Parametern *Kantenbreite* und *Kantenhelligkeit* passen Sie die Strichstärken an.

[13] **Sättigung verringern**

Mit der Funktion *Sättigung verringern* entziehen Sie den Konturlinien die Farbigkeit.

[14] **Linien anpassen**

Mit der *Tonwertkorrektur* steuern Sie die Intensität der Linien noch etwas nach.

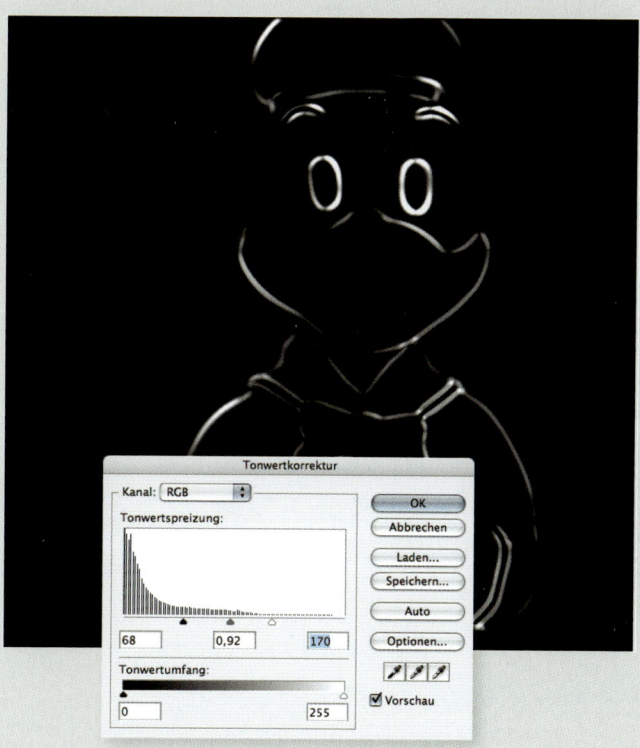

[15] Kontur auswählen

Mit dem *Zauberstab*-Werkzeug wählen Sie den schwarzen Bildbereich aus. Da Sie aber für die Highlight-Linien den hellen Bereich benötigen, muss die Auswahl anschließend noch umgekehrt werden.

[16] Einstellungsebene Volltonfarbe

Zu guter Letzt legen Sie eine weitere Einstellungsebene vom Typ *Volltonfarbe* an. Achten Sie darauf, dass die Ebene an die oberste Stelle platziert wird. Im Farbwähler bestimmen Sie Ihre Farbe für die Linien. Wählen Sie eine leuchtende Komplementärfarbe passend zu Ihrem Farbschema aus.

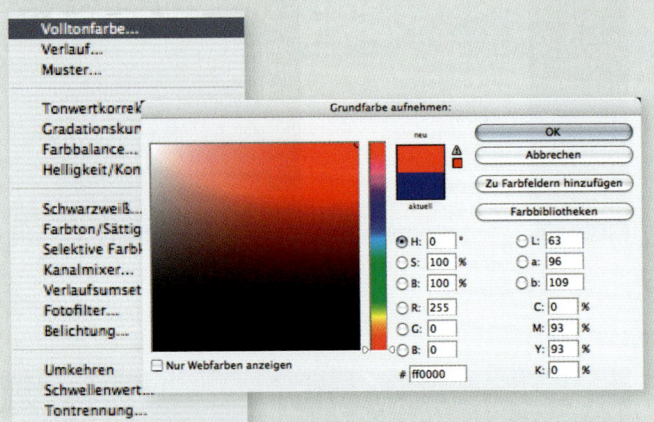

[17] Maske umkehren

Die Auswahl wird der Einstellungsebene als Maske hinzugefügt. Die Farbe leuchtet an den weißen Stellen hindurch. Sollte bei Ihnen der umgekehrte Fall vorliegen, invertieren Sie einfach die Maske.
Die Ebene *Hintergrund Kopie* können Sie jetzt deaktivieren oder auch löschen; sie diente ja nur zur Erstellung der Konturenmaske.

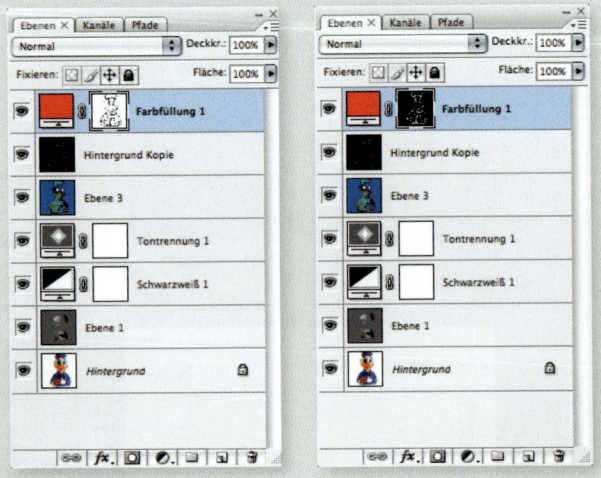

[18] **Finaler Warhol-Stil**

Die Anzahl der Highlight-Linien können Sie in
der Maske der Einstellungsebene leicht nachar-
beiten. Mit einem *Farbauftrag*-Werkzeug und
der Farbe Schwarz können die Linien abgedeckt
werden, mit Weiß können sie ergänzt werden.

Web-Optimierung

In Zeiten von DSL ist das Thema Datenmenge im Internet sicherlich nicht mehr so brisant. Dennoch ist es ein Zeichen von Kompetenz, wenn auf einer Homepage Bilder schnell und in guter Qualität präsentiert werden. Einen guten Kompromiss zwischen Qualität und Datenmenge liefert Ihnen vielleicht dieser Workshop.

VORHER
Ein Ausgangsfoto in Printqualität (300dpi) in der Größe von 9 x 12 cm besitzt eine Datenmenge von ca. 5 MByte. Eindeutig zu viel, um es auf einer Internetseite zu veröffentlichen. Hier ist ein Kompromiss zwischen Datenmenge und Qualität erforderlich. (Foto: Guido Sonnenberg)

NACHHER
Eine Anpassung auf den Monitorstandard von 1024 x 786 Pixel und 72 dpi Auflösung würde immer noch ein Datenvolumen von ca. 2,5 MByte beinhalten. Mit selektiver Reduzierung von Farbumfang und Schärfe kann ein guter Kompromiss für das Internet (ca. 160 KByte) gefunden werden.

[1] Auswahl erstellen

Erstellen Sie eine Auswahl der markanten Bildinhalte. Eine gute Wahl ist dabei das neue *Schnellauswahl*-Werkzeug. Die Auswahl muss nicht perfekt sein und in manchen Fällen ist eine grobe Auswahl auch schneller mit dem *Lasso*-Werkzeug erstellt.

[2] Auswahlbereich ergänzen

Halten Sie die [Alt]-Taste gedrückt, um der bestehenden Auswahl kleine Auswahlinseln hinzuzufügen.

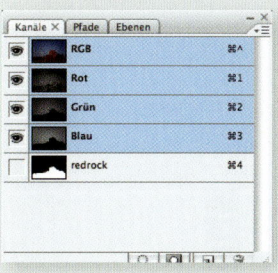

[3] Auswahl abspeichern

Die erstellte Auswahl können Sie über *Auswahl speichern* als einen eigenständigen Kanal (Alphakanal) abspeichern und so einfach nachbearbeiten.

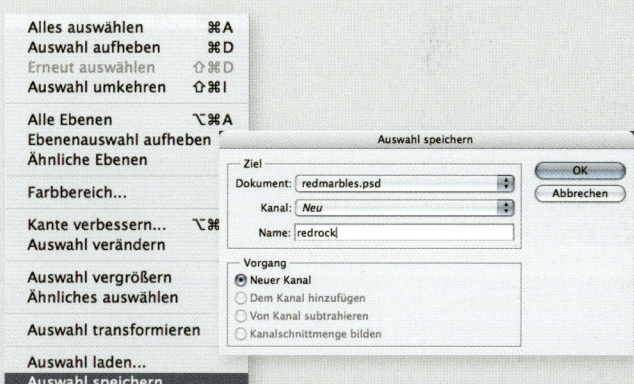

[4] Alphakanal bearbeiten

Den Namen, den Sie Ihrer Auswahl geben, finden Sie dann in der *Kanal*-Palette wieder. Markieren Sie den neuen Kanal, dann erhalten Sie eine Graustufendarstellung der aktuellen Auswahl.

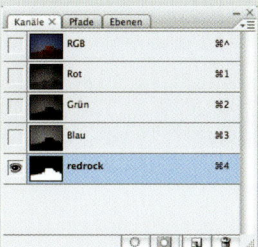

Die Graustufendarstellung können Sie mit den üblichen Malwerkzeugen nachbearbeiten. Die wichtige, abschließende Arbeit ist das starke Weichzeichnen der Graustufendarstellung.

[5] Gaußscher Weichzeichner

Schwarz bedeutet „Nicht ausgewählt" und Weiß logischerweise dann „Ausgewählt". Für einen weichen Übergang von „Nicht ausgewählt" zu „Ausgewählt" stehen die Grauabstufungen, erzeugt durch das Weichzeichnen. Je mehr Grauabstufungen vorhanden sind, desto weicher ist der spätere Auswahlübergang.

[6] Palettenwechsel

Bevor Sie die *Kanäle*-Palette verlassen und wieder zurück auf die Ebenen gehen, klicken Sie auf den *RGB*-Kanal. Damit aktivieren Sie die normale Ansicht der drei Farbkanäle *Rot*, *Grün* und *Blau*.

[7] Auf Maß bringen

Wählen Sie das *Freistellungs*-Werkzeug und tragen Sie die gewünschten Maße in der Optionspalette ein. Für eine vollflächige Ansicht auf einem Standardmonitor reichen 1.024 x 786 px mit 72 dpi aus. Zur Bildbetrachtung in einer Webseite eingebunden, müssen Sie die Fläche vom Browser-Rahmen und vom Kopf abziehen. So verbleiben Ihnen zur Ansicht, ohne Scrollbalken, vielleicht doch nur 950 x 600 px.

[8] Nachschärfen mit Unscharf maskieren

Nachdem die Bilddaten auf das Internetmaß verkleinert wurden, ist eine schwache Nachschärfung mit dem *Unscharf maskieren*-Filter angebracht.

[9] Für das Web optimieren

Ihre Bilddaten werden jetzt ca. 2,5 bis 3,0 MByte groß sein. Zu viel für das Internet. Mit einer kontrollierten JPEG-Komprimierung über das Menü *Datei* und die Funktion *Für Web und Geräte speichern* verringern Sie die Datenmenge noch einmal wesentlich.

[10] Ansichtssache

Zur besseren Kontrolle zwischen Original und optimierter JPEG-Ausgabe schalten Sie oben links auf den Reiter *2fach*. Im linken Fensterbereich wird Ihnen das Original angezeigt und rechts die komprimierte Version. Am unteren Bildrand können Sie die aktuelle Datenmenge ablesen.
Auf der rechten Dialogfeldseite finden Sie die *Einstellungs*-Palette. Wählen Sie die Dateispeicherart *JPEG* aus dem Pop-up-Menü. Mit der Option *Progressiv* werden Bilder auf Webseiten schneller angezeigt und in der Darstellung nach und nach optimiert.

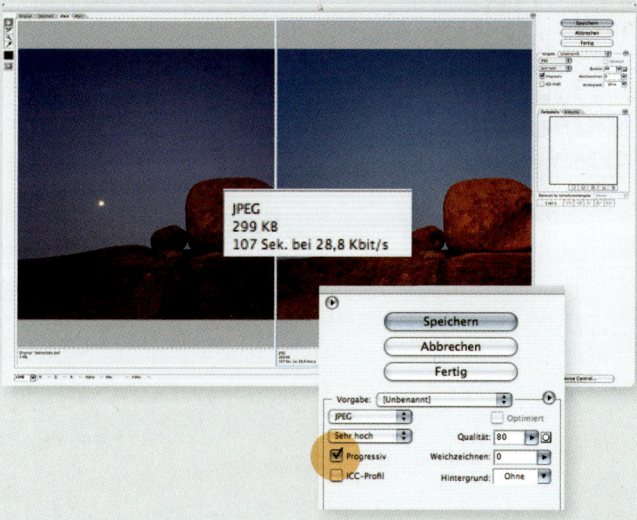

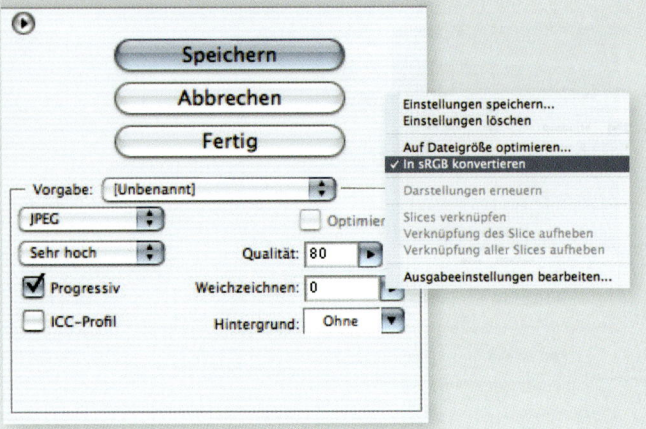

[11] Farbkonvertierung deaktivieren

Wenn Sie zwei sehr unterschiedliche Farb-
ansichten gezeigt bekommen, dann liegt es
wahrscheinlich daran, dass Sie im Kontextmenü
In sRGB konvertieren aktiviert haben. Mit *sRGB*
ist der kleinste gemeinsame Nenner (durch-
schnittlicher Farbbereich) gemeint, der von den
meisten digitalen Ausgabegeräten wiedergegeben werden kann.
Dieser Farbraum verschiebt zwar all Ihre Bild-
farben, garantiert Ihnen aber keine Wiederga-
beverbindlichkeit auf einem anderen Monitor.
Wenn Sie diese Option deaktivieren, können
wenigstens einige Webuser Ihr Bild so betrachten, wie Sie es bearbeitet haben.

[12] Voreinstellungen

Doch selbst zwischen einem kalibrierten Monitor eines Windows- (Gamma 2,2) oder Mac-
Systems (Gamma 1,8) gibt es eine unterschiedliche Wiedergabe. Die Vorschau dazu aktivieren
Sie aus dem linken Kontextmenü heraus. Die
Mehrzahl der Webuser surfen mit einem Win-
dows-System. Hier können Sie auch die Berechnung der Downloadzeiten vorwählen.

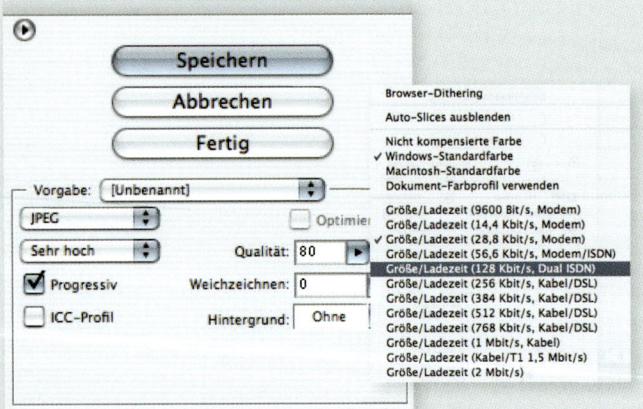

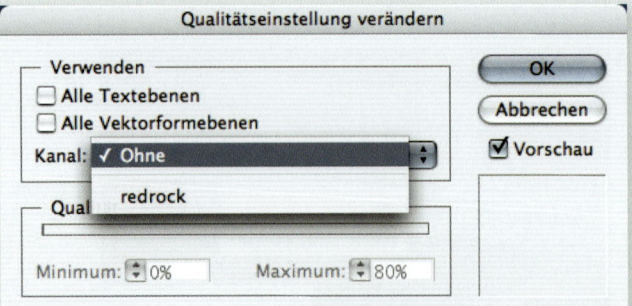

[13] Alphakanal laden

Über das kleine, unscheinbare Kästchen neben
dem Eingabefeld *Qualität* können Sie die zuvor
abgespeicherte Auswahl über dem Pop-up-
Menü *Kanal* anwählen.

[14] Qualitätseinstellung

In der kleinen Vorschau erscheint Ihr Alphaka-
nal. Über den schwarzen Regler *Qualität* steuern
Sie die schwarzen Bildstellen, mit dem weißen
Regler optimieren Sie die hellen Bildstellen.
Die bildwichtigen Inhalte sollten also in Weiß
dargestellt sein. Wenn dem nicht so sein sollte,
invertieren Sie den Alphakanal. Die dunklen
Bildstellen werden mit einer niedrigeren Daten-
rate, also einer hohen JEPG-Kompression, im
Web wiedergegeben.

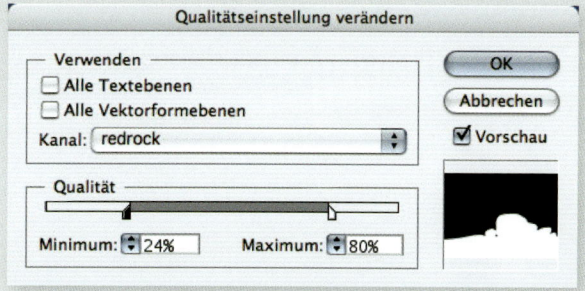

[15] Kontrolle in Browser-Vorschau

Bevor Sie Ihr Bild endgültig als JPEG-Datei
abspeichern, können Sie die Endversion vorab in
einer Browser-Vorschau kontrollieren.

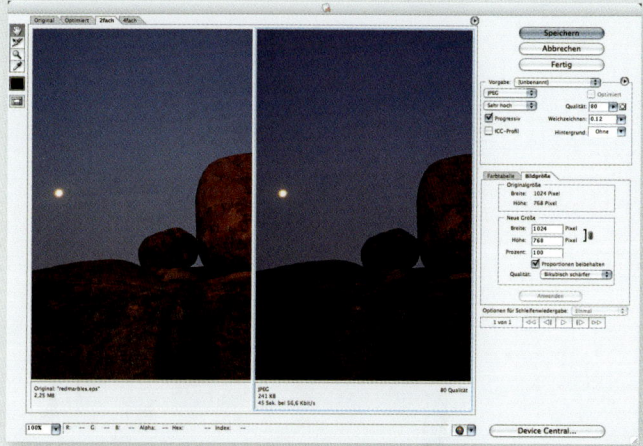

6

PORTRÄTRETUSCHE

6

Porträtretusche

Bild im Bild

Die Idee ist nicht brandneu, jeder hat das schon einmal gesehen. Auch zu Zeiten der analogen Fotografie gab es schon solche Fotomontagen. In diesem Beispiel ist der Rahmen für das Bild im Bild ein Fernseher. Das Motto der Fotostrecke nennt sich „Mediale Einsamkeit" – zu viele Menschen sitzen nachts alleine vor dem Fernseher. In der Vorbereitung fanden zwei Fotosessions in einer identischen Kulisse im Studio statt: einmal mit einem weiblichen, einmal mit einem männlichen Model. Diese Motive sollen zusammengefügt werden.

VORHER
Aus einer Vielzahl von Fotos wurden vier Motive ausgewählt, jeweils zwei mit dem weiblichen und zwei mit dem männlichen Model, um diese im Wechsel in den Fernseher einbauen zu können. (Fotos: Stefan Weis)

NACHHER
Ziel ist es, ein homogen wirkendes Bild zu schaffen, bei dem sich die Motive im Bildschirm wiederholen und tatsächlich wie Fernsehbilder wirken.

[1] Auswahlbereich erstellen

Man sollte bereits wissen, welches Foto das Hauptbild sein soll und welches im Fernseher ganz hinten stehen soll, denn die Fotos werden von hinten nach vorne in den Rahmen eingefügt. Die ausgewählten Fotos können, wie bereits in anderen Kapiteln erwähnt, retuschiert werden. Manches ist aber gar nicht nötig, weil das Bild nur sehr klein und unscharf im Fernseher erscheinen wird.

Mit dem *Lasso*-Werkzeug und der Tastenkombination [Umschalt]+[Alt] umfahren Sie Klick für Klick die Kontur der Mattscheibe. Sobald Sie den Anfang der Auswahl wieder erreicht haben, bestätigen Sie den Auswahlbereich mit einem Doppelklick.

[2] Auswahl abrunden

Jetzt verfeinern Sie den Auswahlbereich. Wählen Sie im Menü *Auswahl* die Funktion *Auswahl verändern/Abrunden*. Im Dialogfeld *Auswahl abrunden* tragen Sie unter *Radius* einen Wert von *3* Pixeln ein. Anschließend kann die Auswahl noch über *Auswahl verändern/Weiche Kante* leicht weich gemacht werden.

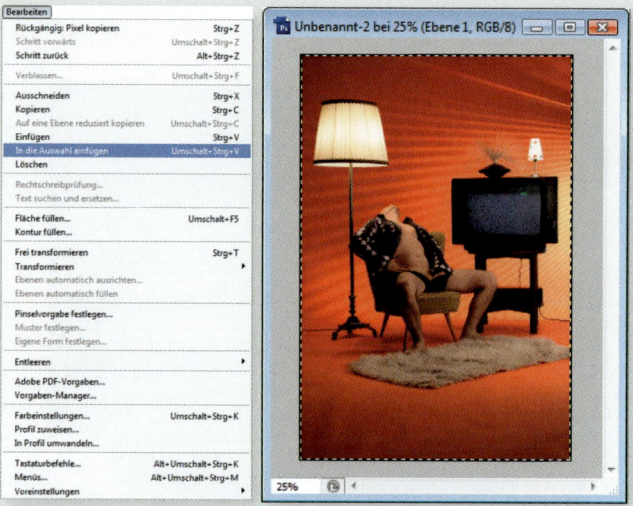

[3] Bild in den Auswahlrahmen einfügen

Wählen Sie jetzt das Bild aus, das in den Auswahlrahmen eingefügt werden soll. Im Menü
Auswahl wählen Sie die Funktion *Auswahl/Alles
auswählen* und anschließend im Menü *Bearbeiten* die Funktion *Kopieren*. Das Bild befindet
sich nun im Zwischenspeicher. Aktivieren Sie
jetzt das Zielbild und fügen Sie über *Bearbei-
ten/In die Auswahl einfügen* das Bild in den
Auswahlrahmen ein.

[4] Eingefügtes Bild passgenau skalieren

Erschrecken Sie nicht! Sie werden denken,
da ist ja gar nix passiert. Das ist aber nur ein
Zufall. Das eingefügte Bild auf der *Ebene 1* der
Ebenen-Palette ist genauso groß wie das Hin-
tergrundbild. Und da der Fernseher auf beiden
Fotos an der gleichen Stelle steht, erscheint in
der Auswahl wieder nur der Fernseher.
Markieren Sie in der *Ebenen*-Palette die neue
Ebene 1 und wählen Sie im Menü *Bearbeiten*
die Funktion *Transformieren/Skalieren*. Das Bild
in *Ebene 1* wird nun mit einem Rahmen und
kleinen Anfassern an den Ecken und Seiten
dargestellt. Diese können mit dem Mauspfeil
bewegt werden. Dadurch wird das Bild vergrößert, verkleinert oder auch verzerrt.
Wichtig: Drücken Sie beim Skalieren die Tastenkombination [Umschalt]+[Alt], damit das Bild
zwingend seine Proportionen erhält und nicht in
Breite oder Höhe verzerrt werden kann.
Jetzt können Sie das Bild der *Ebene 1* so weit
verkleinern, bis die Außenkanten mit dem
Rahmen der Mattscheibe abschließen. Mit *Verschieben* können Sie eine beliebige Bildauswahl
treffen.

[5] Eingefügtes Bild weichzeichnen

Bleiben Sie noch in der *Ebene 1*. Um realistische Schärfenverhältnisse zu bekommen, sollten Sie das Bild im Fernsehen leicht unscharf zeigen. Wählen Sie im Menü *Filter* die Funktion *Weichzeichnungsfilter/Gaußscher Weichzeichner* und stellen Sie unter *Radius* einen Wert zwischen *2* und *5* Pixeln ein. Zur weiteren Anpassung an ein realistisches Fernsehbild können Sie das Bild im Bild wahlweise noch etwas heller einstellen als die Hintergrundebene.

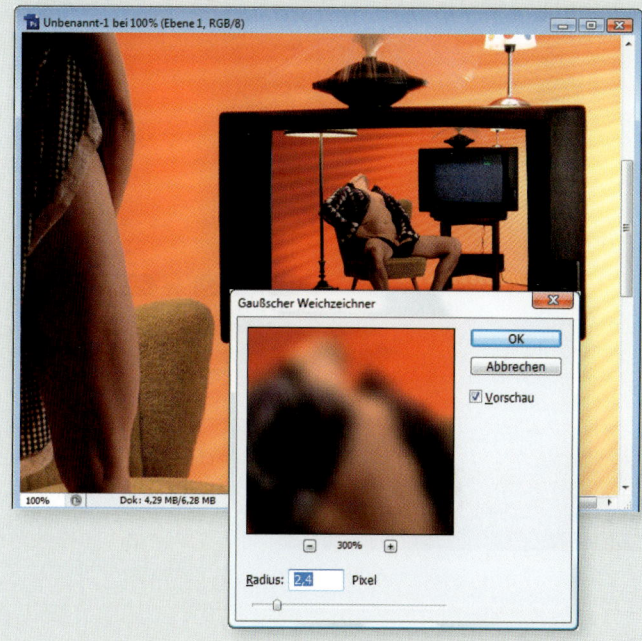

[6] Weiteres Bild in die Auswahl einfügen

Das Bild, das nun entstanden ist, soll als nächstes wieder in eine Auswahl eingefügt werden. Um sich die Arbeit zu erleichtern und nicht mit den Ebenen durcheinander zu kommen, können Sie die bisher erzeugten Ebenen einfach auf die Hintergrundebene reduzieren.

Danach wählen Sie das nächste Bild und verfahren in den gleichen Schritten für jedes Bild von Schritt 1 bis Schritt 6. Der Vorteil von Photoshop: Alle Werte sind jetzt im Zwischenspeicher, Sie müssen also bei Arbeitsschritten wie Weichzeichnen oder Aufhellen keine neuen Werte mehr eingeben.

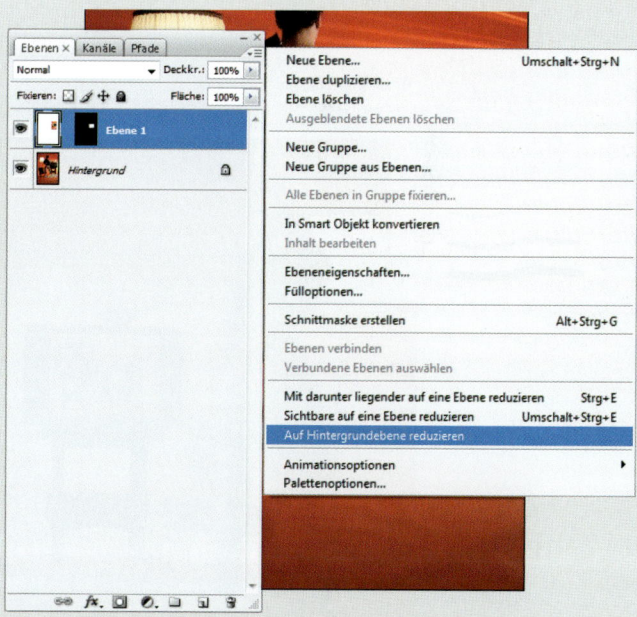

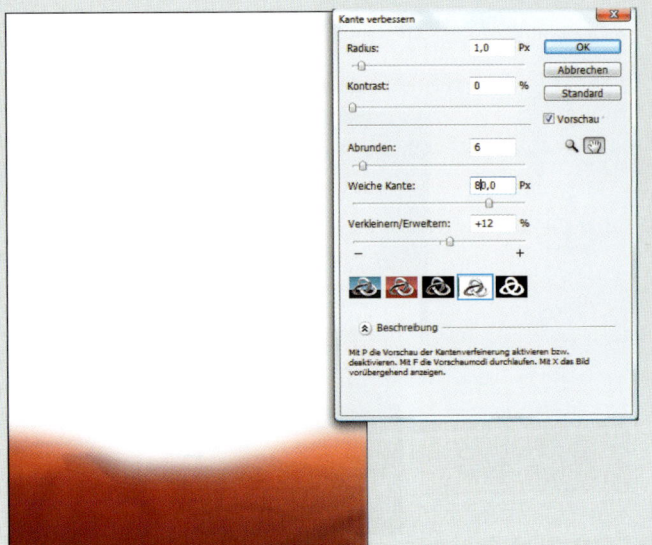

[7] Auswahl auf Kante verbessern

Jetzt wurde eine schöne Folge von Bild-im-Bild-Motiven erzeugt. An diesem Beispiel merkt man schnell, dass es sinnvoll ist, schon vor dem Fotografieren zu wissen, wie das fertig montierte Bild aussehen soll. Selten ragt zum Beispiel ein Körperteil in den Fernseher, was die Auswahl des Rahmens erleichtert.

Das fertige Bild braucht nun nur noch ein paar wenige Korrekturen. Der farbige Boden im Vordergrund hat einige unerwünschte Schatten und Wellen. Wählen Sie darum den Bereich einfach aus, gehen unter *Auswahl* auf *Kante verbessern* und machen diese Auswahlkante weich. Dann setzen Sie wieder den Weichzeichner mit einem hohen Wert ein.

[8] Unruhige Stellen retuschieren

Vereinzelte, jetzt immer noch vorhandene unruhige Stellen retuschieren Sie leicht mit dem *Kopierstempel*-Werkzeug.

[9] Bild mit Gradationskurve aufhellen

Das fertige, retuschierte und auf den Hintergrund reduzierte Foto kann nun noch nach
Belieben optimiert werden. Hierzu bietet sich
die Funktion *Gradationskurven* an, um das Bild
aufzuhellen und die Farben insgesamt mehr zum
Leuchten zu bringen. Auch in *Helligkeit/Kontrast*
können noch Korrekturen durchgeführt werden.

Covergirl

Sie kennen alle die glatten Gesichter, die Sie täglich vom Titelbild Ihrer TV-Zeitschrift anlächeln. Mancher mag sich dabei fragen, ist es ein Trick oder sieht Meg Ryan tatsächlich seit 40 Jahren wie 20 aus?

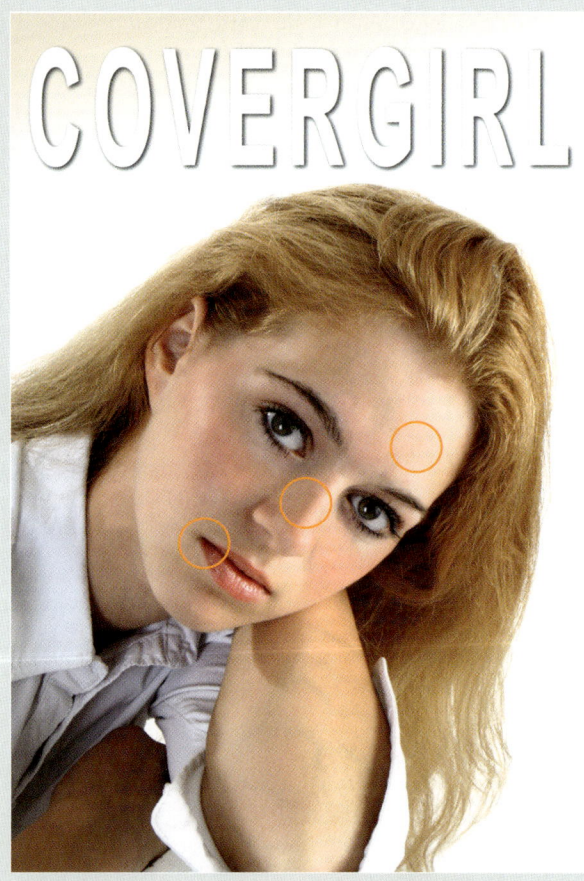

VORHER
Eine schöne Studiofotografie, an der es eigentlich nichts auszusetzen gibt. Trotzdem wollen wir in diesem Workshop versuchen, das Gesicht so rein und glatt zu bekommen, wie wir es aus der Medienwelt kennen – in wenigen Schritten ohne komplizierte Ebenenmasken-Einstellungsebenen. (Foto: Stefan Weis)

NACHHER
Freunde von Sommersprossen mögen das Ergebnis bedauern, aber der Artdirector Ihrer Frauenzeitschrift wäre mit Ihnen als Bildbearbeiter zufrieden.

[1] Gesicht Auswählen

Erstellen Sie eine Auswahl des Gesichts, die fast alles mit einschließt außer Mund, Augen, Brauen und Haare. Der Einsatz von Filtern innerhalb der Auswahl wird unauffälliger, wenn Sie die Auswahl weich machen. Danach können Sie beispielsweise den *Rauschfilter/Staub und Kratzer* einsetzen. Wählen Sie eine Einstellung, die Unebenheiten verwischt, ohne dem Gesicht die komplette Struktur zu rauben.

[2] Flecken entfernen

Nun sind noch kleine Korrekturen mit dem *Kopierstempel*-Werkzeug oder dem *Pinsel*-Werkzeug fällig. Welches Werkzeug Sie wählen, bleibt Ihren persönlichen Vorlieben überlassen. Es gilt nur zu beachten, nie mit 100 % Deckung zu arbeiten, um keine neuen Flecken ins Gesicht zu malen.

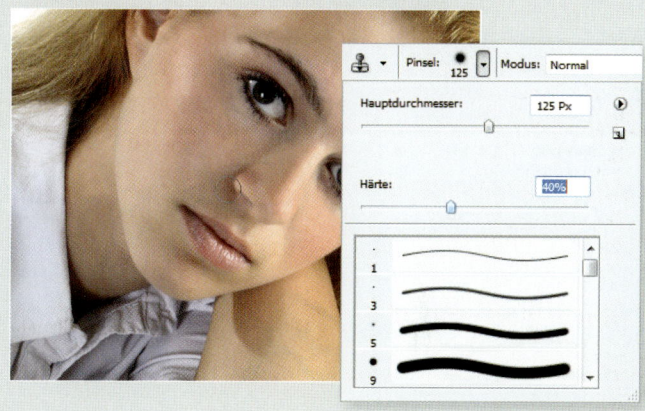

[3] Lippen auswählen

Machen Sie jetzt eine weiche Auswahl der Lippen. Diese lässt sich mit dem *Zauberstab*-Werkzeug gut treffen, kleine Ecken und Kanten können mit dem *Lasso*-Werkzeug korrigiert werden. Auch hier ist es wieder wichtig, eine weiche Auswahl zu machen. Im nächsten Schritt sollen die Lippen gerötet werden, ein weicher Übergang wirkt dabei natürlicher.

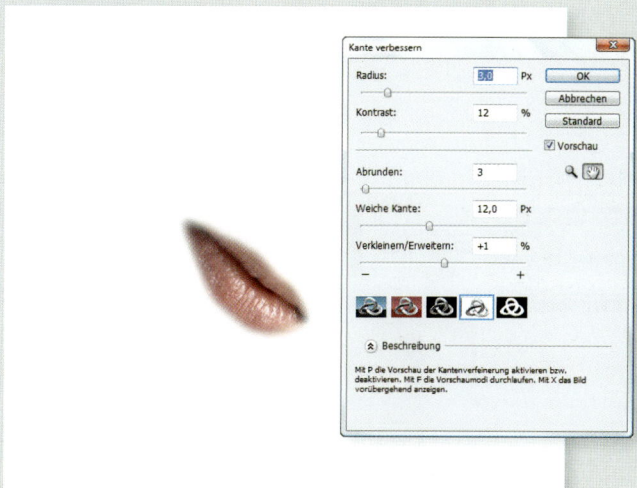

[4] Farbe der Lippen betonen

Jetzt können Sie die Farben der Lippen nach Belieben einstellen. Bringen Sie Farbe ins Spiel, aber übertreiben Sie nicht. Gerade Rot ist eine unberechenbare Farbe, wenn es darum geht, das Bild später aufs Papier zu bringen, egal ob gedruckt oder im digitalen Fotolabor ausbelichtet. Farbkorrekturen können Sie über die *Farbbalance* und/oder *Selektive Farbkorrektur* machen.

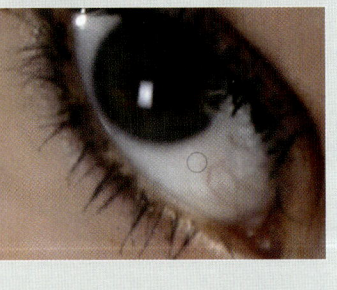

[5] Augen retuschieren

In den Augen sind deutlich rote Äderchen zu erkennen. Retuschieren Sie diese in einer starken Vergrößerung mit dem *Pinsel*-Werkzeug.

[6] Rouge auftragen

Insgesamt wirkt die junge Dame jetzt schon sehr geglättet. Allerdings erscheint das Gesicht jetzt leblos und blass. Darum können Sie nun den Job einer Visagistin übernehmen und ein wenig Rouge auftragen. Machen Sie eine weiche Auswahl auf den Wangen, spitz zulaufend zu den Wangenknochen hin. Dann stellen Sie für den ausgewählten Bereich *Farbton/Sättigung* so ein, dass ein leichter Rotton entsteht.

[7] Mehr Kontrast für Iris und Pupille

Die Augen sind im Bereich der Iris und der
Pupillen noch zu dunkel und kontrastarm. Hier
lässt sich im Wechsel das *Abwedler*-Werkzeug
bzw. das *Nachbelichter*-Werkzeug einsetzen.
Zuerst wird an jedem Auge einzeln die Iris aufgehellt. Das geht am besten in mehreren Stufen.
Dazu muss der Abwedler so eingestellt werden,
dass er die Iris ganz erfasst. Dann hellen Sie
die Tiefen, Mitteltöne und Lichter mit 10 %
Belichtung auf. Danach müssen Sie mit dem
Nachbelichter-Werkzeug nur die Pupillen wieder
dunkler machen.

[8] Raum für Schriftelemente

Nun ist das Bild soweit fertig. Ihr Artdirector
wird es Ihnen trotzdem um die Ohren hauen,
weil es als Coverfoto oben zu wenig Raum für
eine Schrift bietet. Bei dem rein weißen Hintergrund können Sie jedoch leicht diesen Platz
schaffen.
Wählen Sie das gesamte Bild aus und schieben Sie es nach unten. Der Hintergrund sollte
dabei natürlich weiß eingestellt sein. Heben
Sie dann die Auswahl auf und wählen Sie mit
dem *Zauberstab*-Werkzeug den Weißraum aus.
Den Übergang zu den Haaren müssen Sie mit
weicher Auswahl gestalten.
Damit das Bild etwas mehr Raum im Hintergrund bekommt, färben Sie diesen mit dem
Verlaufs-Werkzeug ein. Die Farbe dafür sollte
gut zum Mädchen auf dem Foto passen. Wählen
Sie beispielsweise mit dem *Pipette*-Werkzeug
die Farbe aus den Haaren des Models. Den
Verlauf sollten Sie mit einer *Deckkraft* von *50 %*
einziehen.
Jetzt könnte das Foto redaktionell eingesetzt
und mit allerlei Schrift und Inhalten versehen
werden.

Einfache Retusche

Wer sich mit Photoshop an die Bearbeitung von Personenfotos macht, sollte bereits vorher genau wissen, was er erreichen will. Die erste Möglichkeit ist die einfache Retusche von kleinen Fehlern, wie man sie im Prinzip schon vor der digitalen Bildbearbeitung kannte. Nachbearbeitungen von Fotos wurden in analogen Zeiten durch Nachbelichten einzelner Bildpartien oder Abwedeln gezielter Bereiche im Labor gemacht. Diese Werkzeuge gibt es auch in Photoshop. Früher gab es den Retuschepinsel, mit dem man Bildkorn für Bildkorn einzelne Punkte im Bild nachzeichnen konnte. Ein hervorragendes Werkzeug für solche Arbeiten mit Photoshop ist das Kopierstempel-Werkzeug. Auch Techniken wie Colorierung oder Montage mehrerer Bilder waren bereits bekannt und möglich.

Das Bild eines Gesichts oder eines ganzen menschlichen Körpers kann heute so weit bearbeitet werden, dass es kein Problem ist, aus einer grauen Maus eine farbenfrohe Diva zu machen. Auf einem digitalen Foto ist möglich, was im realen Leben teure Schönheitsoperationen erfordern würde. Im Einzelfall müssen Sie sich die Frage stellen: Will ich den Menschen so abbilden, dass er sich auf dem Foto wiedererkennt oder will ich ein Kunstwesen schaffen, das nichts mehr mit der Realität zu tun hat?

VORHER
Ein sauber fotografiertes Bild, allerdings mit einigen kleinen Fehlern. Im Hintergrund gibt es störende Elemente, die Haut zeigt Adern und einen blauen Fleck am Bein. Auch die Augen hätten besser ausgeleuchtet sein können. (Foto: Stefan Weis)

NACHHER
Das Bild sollte nach der Bearbeitung „sauber" wirken und trotzdem nicht vollkommen steril, sodass das Mädchen nicht wie aus Wachs gegossen wirkt.

KAPITEL 6
PORTRÄTRETUSCHE

[1] Störende Hintergrundelemente entfernen

Auch bei Aufnahmen im Fotostudio können im Hintergrund Bildelemente erscheinen, die nicht erwünscht sind. Rechts und links am Bildrand sehen Sie die Begrenzungen des aufgestellten, durchleuchteten Hintergrundelements. Markieren Sie den zu entfernenden Bereich mit einer weichen Auswahlkante des *Lasso*-Werkzeugs und schieben diesen danach mit dem *Verschieben*-Werkzeug nach rechts bzw. links zum Bildrand heraus. So kann man die unerwünschten Stellen leicht überdecken. Sie können auch mithilfe der Pfeiltasten die kopierten Teile verschieben, nachdem Sie das *Verschieben*-Werkzeug angeklickt und die richtigen Ebenen gewählt haben.

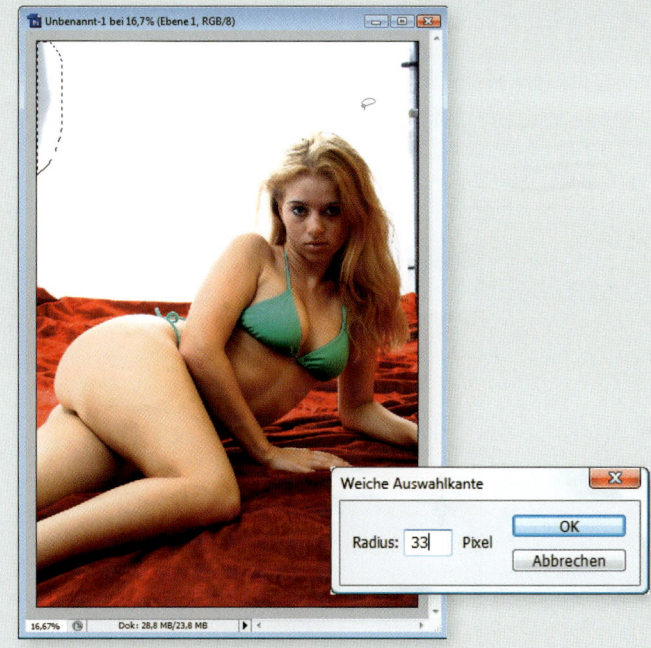

[2] Ebenen auf Hintergrundebene reduzieren

Dieses Verfahren hat den Vorteil, dass Sie nicht lange nach dem richtigen Farbton suchen müssen. Diese Methode eignet sich für gleichmäßige Hintergründe oder Hintergründe mit unruhigen Strukturen, bei denen eine solche Veränderung kaum auffällt, z. B. Stoffe oder grobe Steinmauern.

Jetzt sind durch *Kopieren* und *Einfügen* zwei Ebenen entstanden, die Sie nicht mehr benötigen. Klicken Sie in der *Ebenen*-Palette auf den Reiter oben rechts und wählen dann im Kontextmenü der *Ebenen*-Palette den Eintrag *Auf Hintergrundebene reduzieren*. So können Sie wieder auf einer Ebene arbeiten und eventuelle Unregelmäßigkeiten im Hintergrund mit anderen Werkzeugen wie Pinsel oder Stempel bearbeiten oder sichtbare Übergänge zwischen dem Hintergrund und kopierten Teilen retuschieren.

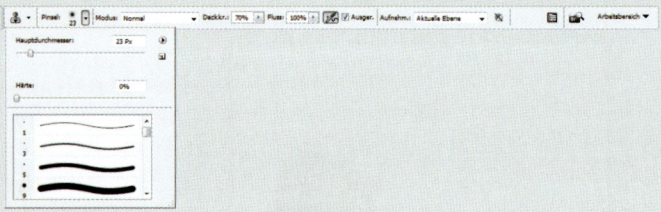

[3] Pickel und Hautflecken entfernen

Das *Kopierstempel*-Werkzeug ist das dankbarste Werkzeug, um einfache Unregelmäßigkeiten wie Pickel, blaue Flecken oder Kratzer zu entfernen. Unberechtigterweise ist der Stempel bei einigen Photoshop-Cracks verpönt, weil schnelles und unkonzentriertes Stempeln zu sichtbaren Wiederholungen mit Kacheleffekt führen kann. Nutzt man den Stempel aber richtig, kann er Probleme schnell und einfach verdecken. Den Durchmesser des Stempels passen Sie jeweils der Größe des zu verdeckenden Bereichs an, damit dieser mit wenigen Klicks abgedeckt wird. Bei der Arbeit auf Haut stellen Sie den Wert für *Härte* auf *0 %*. Die *Deckkraft* sollte einen Wert um *70 %* betragen. Dafür stempelt man einfach einmal mehr über die zu verdeckende Stelle.

Nehmen Sie einen zu kopierenden Bereich auf, indem Sie mit dem *Kopierstempel*-Werkzeug darübergehen, dabei die [Alt]-Taste drücken, den Mauszeiger über die zu reparierende Stelle führen und abschließend einmal die linke Maustaste drücken. Ist der Bereich noch nicht ganz verdeckt, klicken Sie leicht versetzt noch einmal.

Das *Kopierstempel*-Werkzeug kopiert bei jedem weiteren Klick immer eine Stelle in gleicher Entfernung und im gleichen Winkel zum Stempel, wie es beim ersten Aufnehmen festgelegt wurde. Es wird also nicht immer dasselbe Bildelement kopiert wie beim ersten Mal. Darum müssen Sie öfter mit der [Alt]-Taste die Stelle definieren, die kopiert werden soll. Wählen Sie eine Partie, die sich in Helligkeit und Struktur so wenig wie möglich von der zu verdeckenden Stelle unterscheidet.

Diesen Vorgang können Sie nun mehrfach wiederholen, bis alle Pickel, Male, Falten und blauen Flecke eliminiert sind. Das ist vielleicht ein wenig zeitaufwendig, dafür erhalten Sie aber den Hautcharakter der Person, der durch einfaches Weichzeichnen schnell verloren gehen würde. Durch ein bisschen Übung lässt sich der höhere Zeitaufwand in Grenzen halten.

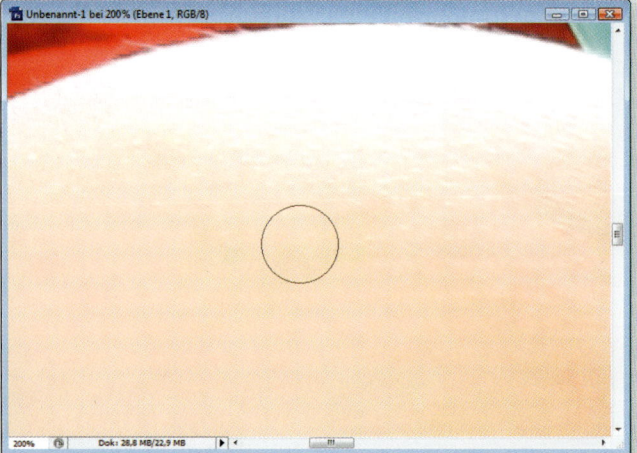

[4] Augenhöhlen aufhellen

Häufig wirken bei einer Beleuchtung für den ganzen Körper die Augenhöhlen des Models zu dunkel. Sie können mit dem *Abwedler*-Werkzeug aufgehellt werden. Auch hier muss auf die Einstellung geachtet werden. Stellen Sie in der Werkzeugleiste die *Belichtung* auf *20 %* und hellen Sie vorsichtig in mehreren Schritten auf. Wählen Sie dabei auch zwischen den Bereichen *Tiefen*, *Mitteltöne* und *Lichter*.

Wo die Pupillen durch das Aufhellen zu blass wurden, können diese wieder mit dem *Nachbelichter*-Werkzeug nachgedunkelt werden. Hier gelten die gleichen Optionen wie beim Aufhellen, nur umgekehrt.
Augenringe können wieder im Stempelverfahren gelöscht werden, indem Sie hellere Bereiche transparent darüberkopieren.

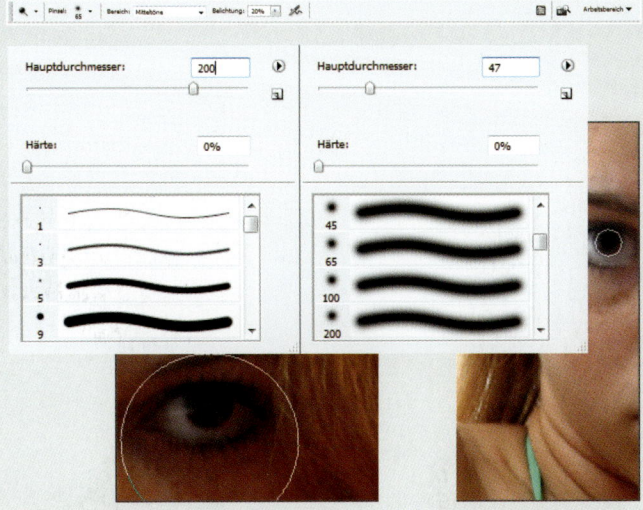

[5] Glänzende Lippen

Verleihen Sie den Lippen lebendigeren Glanz. Mit dem *Pinsel*-Werkzeug können Sie zuerst eine Farbe an einer glänzenden Stelle der Lippen aufnehmen. Gehen Sie mit dem Pinsel darüber und drücken Sie die [Alt]-Taste. Der Pinsel wird zur Pipette und Sie können mit einem Mausklick die Farbe aufnehmen. Diese sehen Sie am Beispiel als helles Rosa im Vordergrund-Farbfeld. Wählen Sie nun eine gewünschte Pinsel-Option, z. B. *Hauptdurchmesser 9*, *Härte 0 %* und *Deckkraft 20 %*. Malen Sie nun auf den Lippen helle Punkte, die ähnlich platziert werden sollten, wie bereits vorhandene Glanzpunkte. Es ist Ihrem gestalterischen und ästhetischen Empfinden überlassen, wann es genug ist und bis zu welchem Punkt es natürlich aussieht. Das muss jeder für sich selbst entscheiden.

[6] Weißere Augen

Oft wirken die Augen zu „blutig" und dadurch nicht weiß genug. Nehmen Sie mit dem *Zauberstab*-Werkzeug bei einer *Toleranz* von *10* eine Auswahl der weißen Bereiche im Auge vor. Zoomen Sie das Bild zu diesem Zweck ruhig auf *200* % heran.

Treffen Sie die Auswahl mit *Auswahl/Auswahl verändern/Weiche Kante*. Wählen Sie eine weiche Auswahlkante von *3* Pixeln. Das genügt bei der relativ kleinen Auswahlfläche. Höhere Werte würden nur zu einer Fehlermeldung führen, denn es müssen Pixel von mehr als 50 % über dem Wert der weichen Kante ausgewählt sein, um diese sichtbar anzuzeigen.

Wählen Sie nun *Bild/Anpassungen/Selektive Farbkorrektur* und verringern Sie die Rottöne durch Verringerung von Schwarz. Machen Sie diesen Vorgang für jedes Auge einzeln.

[7] Endkontrolle

Jetzt haben Sie schon allerhand geleistet, Pickel, Male, blaue Flecke, Kratzer und Falten retuschiert. Machen Sie eine Endkontrolle. Es fallen einem immer wieder Kleinigkeiten auf, wenn man sich mal kurz eine Pause gönnt. Dann ist hier noch ein Zipfel roter Stoff zu verdecken oder dort ein grünes Bändchen am Hals des Models besser herauszuarbeiten. Alles Vorgänge, die Sie mit den Werkzeugen *Kopierstempel*, *Pinsel* oder *Radiergummi* gut bewerkstelligen können.

Wollen Sie das Bild schließlich als Datei ausbelichten lassen oder drucken, sollten Sie es auf einer Ebene komprimieren und im gewünschten Dateiformat abspeichern.

Achtung: Wählen Sie *Speichern unter* und bei *jpg* immer *Qualität 12 – höchste Qualität*, um keine Verluste durch die Komprimierung zu verursachen.

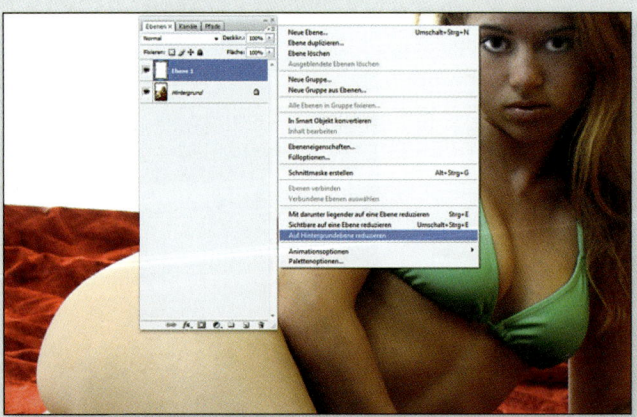

Hautreinigung

In diesem Fall soll mit Filtern die Haut „gereinigt" werden. Filter führen zu schnellen Ergebnissen, haben aber gegenüber der manuellen Retusche mit Pinsel oder Stempel meist den Nachteil, dass die Haut nicht mehr echt wirkt und selbst der Laie die Manipulation erkennt. Oft wirkt mit Filtern bearbeitete Haut wächsern und unecht oder leblos, weil keine natürlichen Poren und Hautstrukturen zu erkennen sind.

VORHER
Ein schönes Porträt mit einem natürlich wirkenden Model. Der Blick nach links wirkt gedankenverloren. Allerdings lenken einige Hautunreinheiten den Betrachter von den schönen, braunen Augen ab. (Foto: Stefan Weis)

NACHHER
Störende Elemente wurden beseitigt, jetzt fällt der Blick zunächst einmal auf die Haare und die Augen und wird nicht abgelenkt durch Ungleichmäßigkeiten der Haut.

[1] Gesichtshaut auswählen

Es empfiehlt sich, beim Einsatz von Filtern mit mehreren Ebenen zu arbeiten. Man kann zu bearbeitende Hautpartien mit einer weichen Auswahl kopieren und wieder einfügen, sodass eine weitere Ebene entsteht. Zum Erstellen der Auswahl benutzen Sie das *Lasso*-Werkzeug. Nennen Sie die neue Ebene *Haut*. Die Auswahl schließt markante Teile des Gesichts, hier die Augen, die Nase und der Mund, aus. Diese werden in separaten Ebenen bearbeitet.

[2] Hautpartien weichzeichnen

Jetzt setzen Sie einen Weichzeichner ein. Welcher Filter zum Einsatz kommt, ist Geschmackssache und kann jeweils individuell eingestellt werden. Manchmal kann man auch mehrere Filter nacheinander einsetzen, sollte diese aber nur so stark wie nötig einstellen. Die mit dem Filter *Gaußscher Weichzeichner* bearbeitete Ebene kann nun in der *Ebenen*-Palette auf eine Deckkraft von *60 %* bis *80 %* verringert werden, damit noch ein bisschen Hautstruktur durchschimmern kann. Einzelne, besonders grobe Teile werden mit dem *Pinsel*-Werkzeug retuschiert.

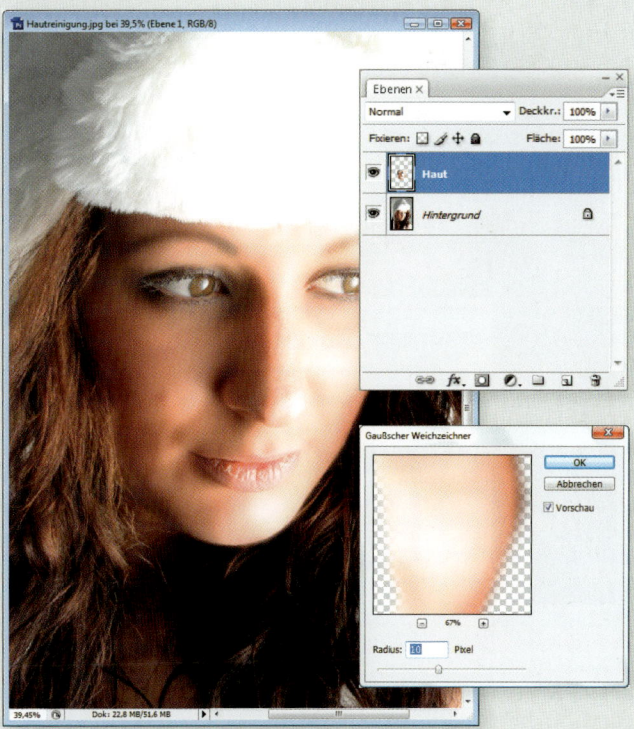

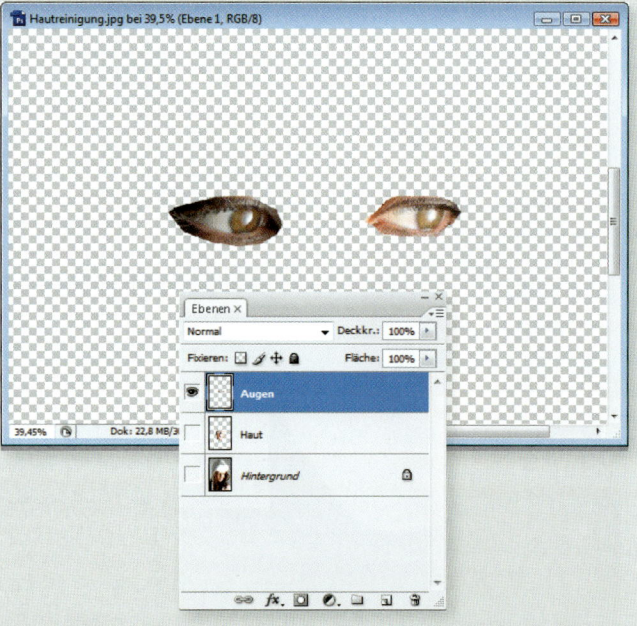

[3] Augen freistellen

Ähnlich wie die Ebene *Haut* wird die Ebene *Augen* erzeugt. Sie können die Auswahl selbst mit dem *Lasso*-Werkzeug vornehmen und anschließend eine weiche Auswahlkante wählen.

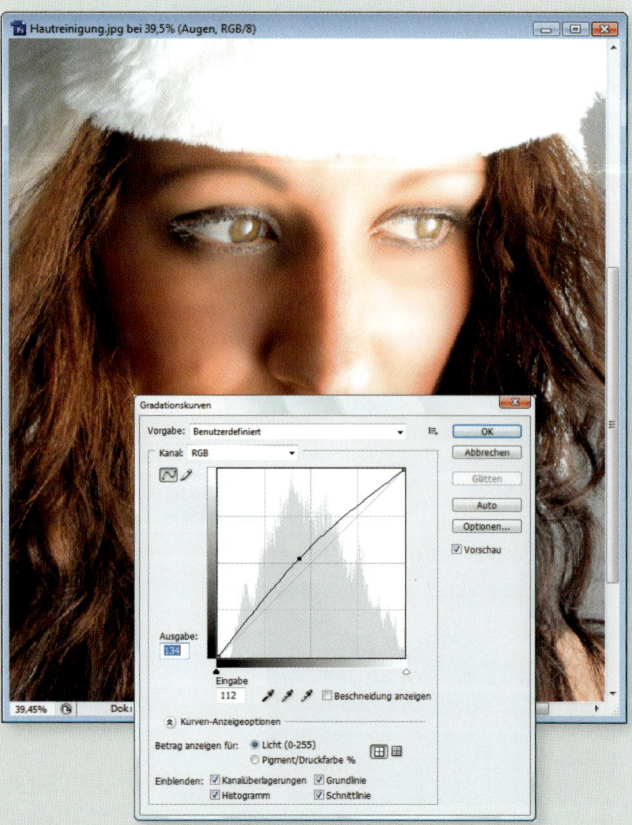

[4] Augen weißer machen

Nun kann man die Augen separat bearbeiten und nach Wunsch einstellen. Bearbeitungen in Helligkeit und Kontrast, in der Gradationskurve oder Farbbalance sollen helfen, das Weiße im Auge weißer zu machen und die braunen Augen knackiger. Möglicherweise ergeben sich an den Rändern der einzelnen Ebenen Übergänge, die nicht natürlich wirken. Diese kann man in den aktivierten Ebenen mit einem weichen *Radiergummi* entfernen und so weiche Übergänge schaffen.

[5] **Spröde Lippen glätten**

Der Mund auf dem Foto wirkt trocken, die Lippe
spröde und rissig. Hier ist Handarbeit angesagt,
denn man kann die Lippen kaum mit einem
Filter glätten, ohne sie aussehen zu lassen wie
künstliche, Botox-gefüllte Hautpartien. Mit dem
Pinsel-Werkzeug kann man Farben aufnehmen,
um mit diesen die trockenen Lippenpartien zu
überzeichnen. Das benötigt mehrere Vorgänge
von Aufnehmen und Überzeichnen. Gehen Sie
dabei vorsichtig vor, damit Sie einzelne Schritte
im Bedarfsfall rückgängig machen können.

Abschließend können Sie noch auf den einzelnen Ebenen Einstellungen vornehmen, z. B. auf
der Hintergrundebene eine automatische Tonwertkorrektur, um die Haare kräftiger wirken zu
lassen. Speichern Sie Ihre Arbeit als Photoshop-
Datei (*.psd*) ab, um die Ebenen zu erhalten. Dann
können Sie später weitere Korrekturen vornehmen. Oder reduzieren Sie den Ebenenstapel auf
eine Ebene, um noch etwaige Retuschearbeiten
durchführen zu können.

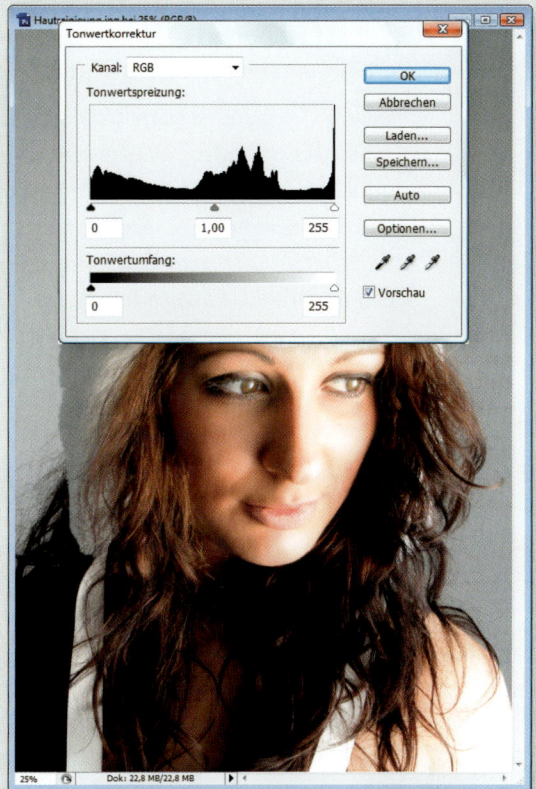

Kinder-Klon

Kinder zu fotografieren macht viel Freude, solange es die eigenen sind und man Zeit und Lust für Schnapp-schüsse hat. Bei Auftragsarbeiten können Kinder zum echten Problem werden, denn sie wissen nicht, was sie tun – und wollen es auch gar nicht wissen. Egal, ob bei Einzelporträts oder auf Gruppenbildern von Hochzeitsfeiern: Immer ist mindestens ein Zappelphilipp oder eine Minizicke dabei, die das ganze Bild durch Fratzen und Grimassen entstellt. Darum gibt es nur eine Lösung: Viele Fotos machen und die besten Gesichter in ein Bild zusammenkopieren.

VORHER

Ein Kind kann den geduldigsten Fo-tografen den letzten Nerv kosten. Ein Glück, wenn er so viele Fotos macht, dass wenigstens eins dabei ist, von dem sich das Gesicht verwenden lässt. Hier kön-nen Sie sehen, wie ein Gesicht von einem auf das andere Bild übertragen werden kann. (Foto: Stefan Weis)

NACHHER

Endlich ein Bild, auf dem Mutter und Kind scheinbar harmonieren und der Sohnemann harmlose Späße für die Kamera treibt.

[1] Kopf auswählen und kopieren

Bei diesem Bild ist es relativ leicht, eine Auswahl nur für den Kopf des Jungen zu treffen.
Sie können zum Beispiel mit dem *Zauberstab-*
Werkzeug den weißen Hintergrund auswählen
und dann die Auswahl umkehren. Überflüssige
Auswahlbereiche lassen sich dann leicht mit
dem *Lasso-*Werkzeug entfernen oder ergänzen.
Weiten Sie die Auswahl vor dem Kopieren um
ein oder zwei Pixel aus und wählen Sie eine
leicht weiche Auswahlkante.

[2] Kopf in Zielbild einfügen

Fügen Sie jetzt den kopierten Kopf in das andere
Bild ein. Damit erhalten Sie eine weitere Ebene,
mit der Sie weiterarbeiten können. Aber noch ist
der „neue" Kopf etwas zu groß.

[3] Deckkraft temporär verringern

Ziehen Sie den kopierten Kopf über den bestehenden Kopf auf der Hintergrundebene. Stellen
Sie die *Ebene 1* auf *50 % Deckkraft* ein. Die
Einstellung dafür finden Sie mit einem rechten
Mausklick auf die markierte Ebene und dann
unter *Fülloptionen*. Die *50 % Deckkraft* dienen
nur zur besseren Verarbeitung und werden
später wieder auf *100 %* gestellt.

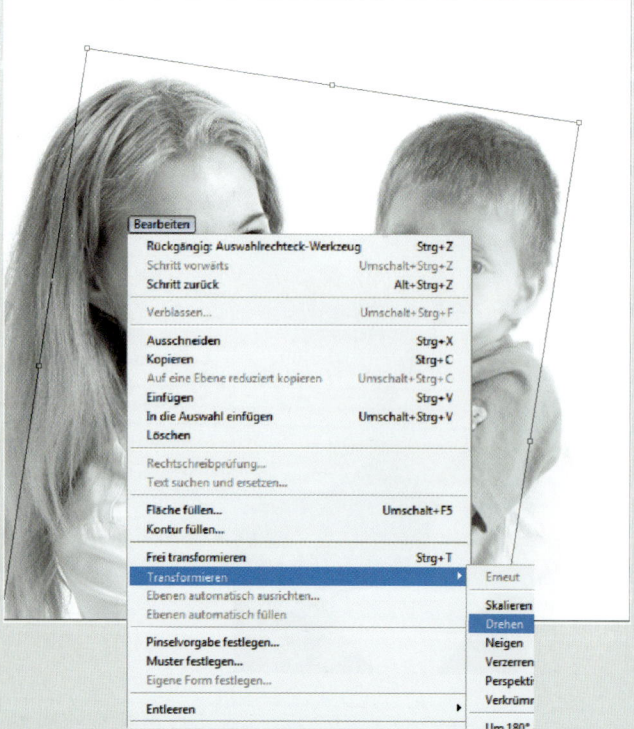

[4] Kopf skalieren und drehen

Durch die Transparenz der Ebene können Sie gut
erkennen, wann die Köpfe möglichst deckungsgleich übereinander liegen. Durch *Skalieren* und
Drehen können Sie den Kopf gut anpassen. Drücken Sie beim Skalieren die [Umschalt]-Taste,
um die Proportionen zwingend zu erhalten. An
Details wie Augen oder Ohren erkennen Sie am
besten, ob die Größenverhältnisse stimmen.

[5] Störende Bildteile löschen

Wenn Sie mit der Position des Gesichts auf
Ebene 1 zufrieden sind, können Sie die *Deckkraft*
wieder auf *100 %* zurückstellen. Anschließend
werden überstehende Partien des Originalkopfs
mit dem *Kopierstempel*-Werkzeug oder dem
Radiergummi-Werkzeug gelöscht. Aktivieren Sie
für diese Arbeiten die Ebene *Hintergrund*.

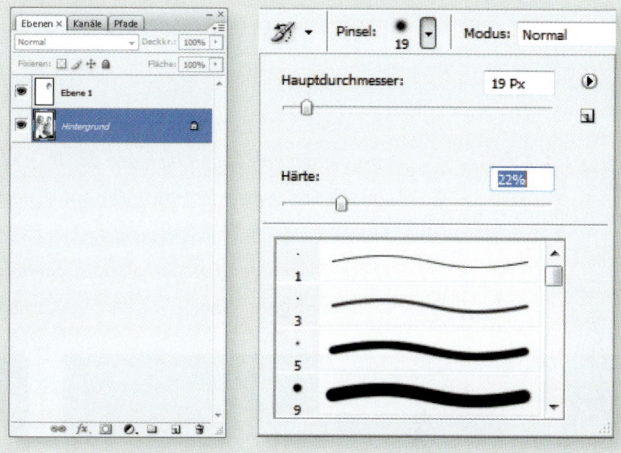

[6] Letzte Feinkorrekturen

Einiges vom Hals des Jungen steht noch über
den Kragen des T-Shirts. Wählen Sie diese
Partien in der *Ebene 1* aus und wählen Sie eine
weiche Auswahlkante. Jetzt können Sie diesen
Teil mit mit der [Entf]-Taste einfach löschen.
Fertig ist das brave Lieblingskind!

Ein neues Gesicht

Wer kann sich noch daran erinnern wie Michael Jackson vor ca. 30 Jahren als Mitglied der Jackson 5 ausgesehen hat? Damit niemand das folgende Kapitel falsch versteht - dies ist kein rassistischer Witz und soll Menschen anderer Hautfarbe auf keinen Fall diffamieren. Das Beispiel ist eine Anspielung auf Michael Jackson, der sich vielleicht viele schmerzhafte Operationen erspart haben könnte, wären die Möglichkeiten der Bildmanipulation damals schon so umfangreich wie heute gewesen. Der folgende Workshop soll als Beispiel dafür dienen, wie man ein Gesicht mit wenigen Schritten verändern kann.

VORHER
Bereits im Rohformat der Aufnahme ist die Dame eine echte Schönheit. Eine Bearbeitung ist kaum nötig, kann in diesem Fall aber als gutes Beispiel dafür dienen, zu demonstrieren, was mit der digitalen Bildbearbeitung alles möglich ist.
(Foto: Stefan Weis)

NACHHER
Ein Foto, bei dem es kaum möglich ist, die Manipulationen zu erkennen, wenn man das Original nicht kennt. Es stellt zwar eine Verfremdung der Person dar, als Beispiel für gekonnte Bildbearbeitung ist es aber optimal.

[1] Erstellen einer Ebenenmaske

Wie bei anderen Beauty-Retuschen, wird auch eine Ebenenmaske erstellt. Die weiche Auswahl betrifft nur die Gesichtshaut ohne Augen, Nase und Mund. Anstatt der üblichen Weichzeichner verwenden Sie dieses Mal den Rauschfilter *Staub und Kratzer*. Welche Einstellung die richtige ist, zeigt die Vorschau. Es gilt: Je kleiner der Schwellenwert, desto größer der Weichzeichnungseffekt. Diese Ebene wird in der *Ebenen*-Palette *Haut* genannt.

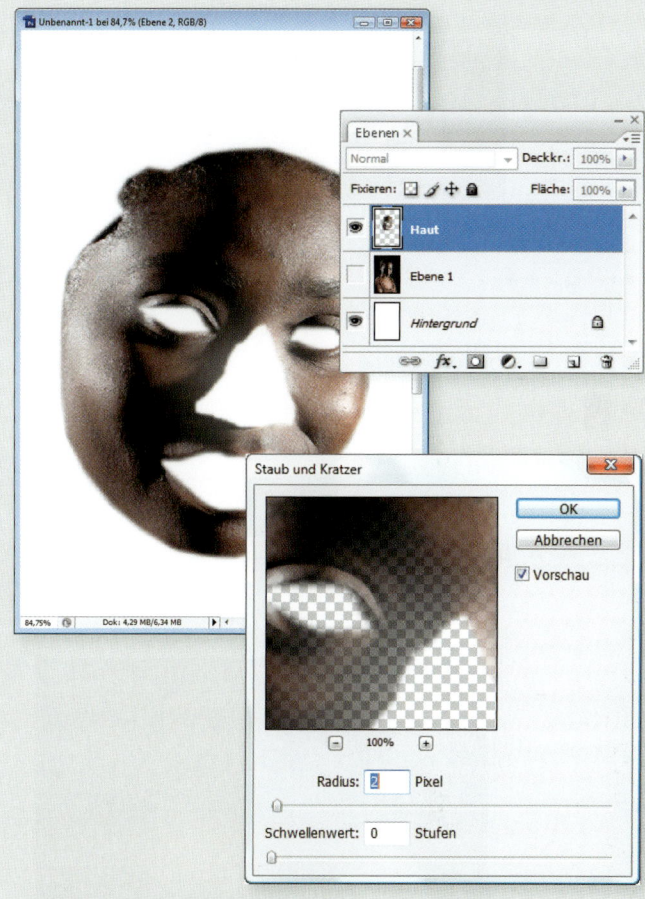

[2] Nase bearbeiten

Die Nase wird mit einem Auswahlwerkzeug ausgewählt, möglichst mit dem Lasso. Man kann eine grobe Auswahl vornehmen, da dieser Bereich später an gleicher Stelle wieder eingefügt wird. Wichtig ist eine weiche Auswahl für unauffällige Übergänge zwischen kopierter Ebene und Hintergrundebene.

Die einkopierte Ebene, sie wird später in der *Ebenen*-Palette *Nase* genannt, kann nun nach Belieben skaliert werden, d. h., man kann sie optisch schmaler machen, in die Länge ziehen und so weiter. Wählen Sie zum Skalieren aus dem Menü *Bearbeiten* die Funktion *Transformieren/Skalieren*. Schließen Sie die Bearbeitung mit Doppelklick oder durch Drücken der [Enter]-Taste ab.

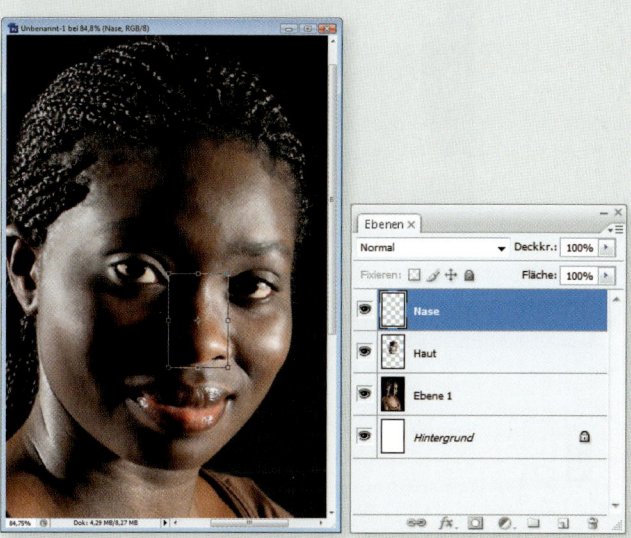

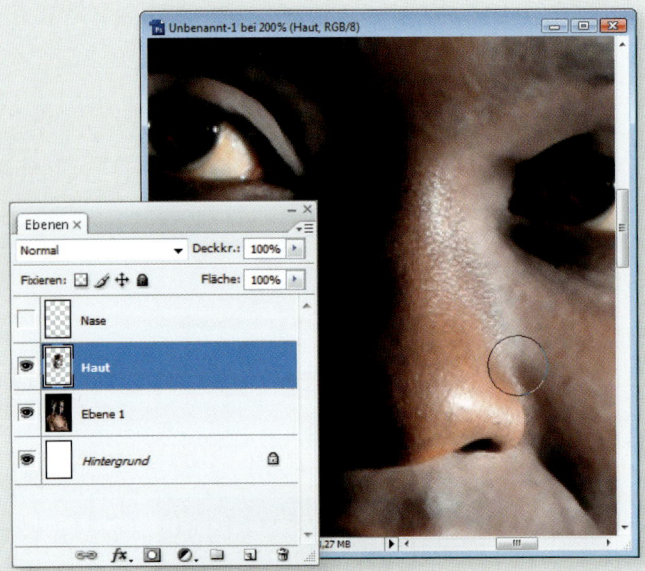

[3] Übergänge der Umgebung anpassen

Für einen unauffälligen Übergang zwischen kopierter Nase und dem echten Untergrund ist es wichtig, die Umgebung anzupassen. Zur Vereinfachung der Arbeit kann man die Ebene *Nase* ausblenden und auf der Ebene *Haut* die Originalnase an den Rändern retuschieren. Mit dem Kopierstempel lässt sich die „alte" Nase überdecken. Es ist nützlich, zwischendurch die neue Nase immer mal wieder einzublenden, um den Effekt zu kontrollieren.

[4] Mund bearbeiten

Den gleichen Vorgang wie mit der Nase kann man mit dem Mund wiederholen. Hier muss man auf verschiedenen Ebenen darauf achten, dass die Übergänge stimmen, besonders in den Mundwinkeln. So lässt sich der Mund schmaler ziehen. Die Lippen lassen sich später nach Belieben nachzeichnen.

[5] Tonwertkorrektur durchführen

Eine *Auto-Tonwertkorrektur* auf der Ebene des
Originalbildes, hier die *Ebene 1*, optimiert alle
Teile außer den neu einkopierten wie Haut,
Nase und Mund. In diesem Fall führt das dazu,
dass die Augen besonders leuchtend werden
und schwarze Töne wirklich schwarz erscheinen. Ebenso ist es erforderlich, das Bild in einer
Ansicht von 100 % zu kontrollieren und einzelne
Unstimmigkeiten zu retuschieren. *Kopierstempel*, *Pinsel* und *Radiergummi* sind dabei wie
immer nützliche Werkzeuge.

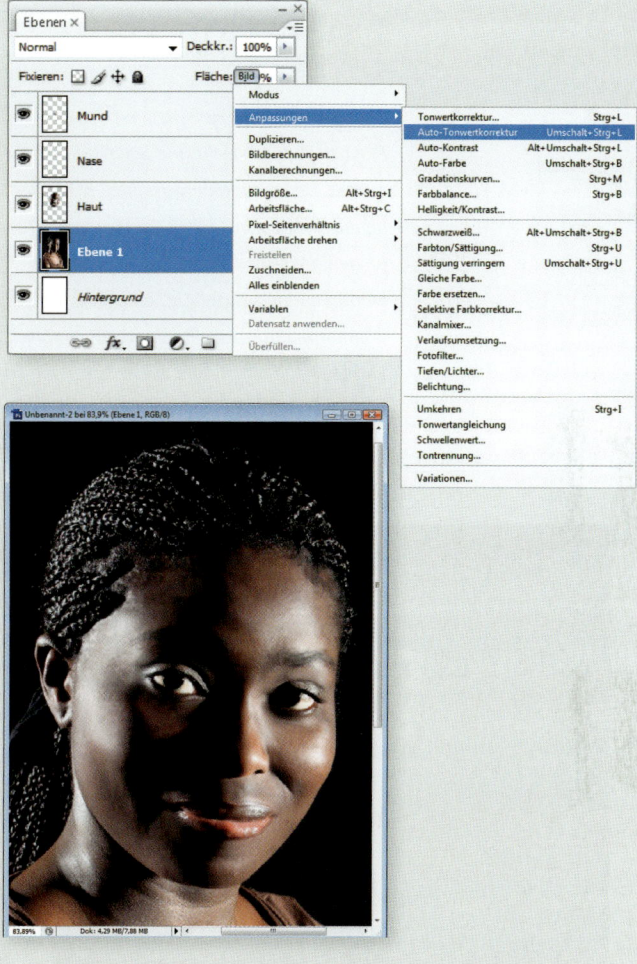

[6] Helligkeit und Kontrast optimieren

Auch mit *Helligkeit* und *Kontrast* lässt sich ein
Bild optimal einstellen. Man kann die Ebenen
einzeln einstellen oder das Bild auf eine Hintergrundebene komprimieren, um es insgesamt
leichter behandeln zu können.

Ob die Dame auf dem Ergebnisbild nun freund-
licher, schöner und jugendlicher wirkt, sei dahin-
gestellt, denn schließlich ist die Beurteilung
eines fremden Gesichts immer eine rein subjek-
tive Angelegenheit.

Operation Haut

Bekennen Sie sich zu Fotos, auf denen Haut noch wie Haut aussieht. Mit echten Poren, Strukturen und Plastizität durch Licht und Schatten. Oft sieht man bearbeitete Fotos, die auf den ersten Blick umwerfend wirken. Dem geübten Betrachter wird allerdings sofort klar, dass ganz viel Bildbearbeitung im Spiel ist. Bei genauem Hinsehen wirkt die Haut wie Wachs, wie eine astreine Fläche ohne Leben und Ausdruck. Operation gelungen, Patient tot.

Schlussendlich lautet die Devise: Bildbearbeitung ja, aber nur so viel wie nötig und so wenig wie möglich. Bildmanipulationen sind dann gut, wenn man sie nicht sieht. Für den gewerblichen Fotografen gilt: Der Kunde muss sich im Bild wiedererkennen können. Dazu sind in der Bildbearbeitung oft viele kleine Schritte nötig, die man glücklicherweise im Protokoll wieder rückgängig machen kann. Und denken Sie daran, immer nur mit Kopien zu arbeiten und die Originaldateien aufzuheben, für den Fall das alles schiefgeht. So können Sie in Ruhe experimentieren und Erfahrungen sammeln.

VORHER
Eine hübsche, junge Dame, an der die Schwangerschaft allerdings nicht ohne Spuren vorübergegangen ist. Wir wollen das Bild optimieren und die Schwangerschaftsstreifen „operativ" entfernen. Dazu sind viele kleine Einzelschritte nötig. (Foto: Stefan Weis)

NACHHER
Der Bauch wirkt nun glatt und hat trotzdem noch eine natürliche Falte in der Mitte. Kleine Unebenheiten wurden beseitigt und der Hintergrund optimiert.

[1] Model „erden"

Zuerst sollten Sie das Model mehr „erden". Es soll auf einem dunkleren Untergrund knien, um ein homogeneres Bild zu schaffen und dem Schlagschatten weniger Bedeutung beizumessen.

Mit dem *Zauberstab*-Werkzeug sind die Beine des Mädchens schwer auszuwählen, weil viele Grautöne dem Hintergrund sehr nahe kommen. Darum versuchen Sie es anders herum und wählen einen Bereich des Bodens aus. Das geht teilweise mit dem *Zauberstab*-Werkzeug, in einzelnen Bereichen kann mit dem *Lasso*-Werkzeug korrigiert werden und größere Bereiche können mit dem *Auswahlrechteck*-Werkzeug ergänzt werden. Danach wird die Auswahl umgekehrt, kopiert und wieder eingefügt. Jetzt haben Sie eine zweite Ebene, die das Model, dessen Beine und den oberen Teil des Hintergrunds erfasst.

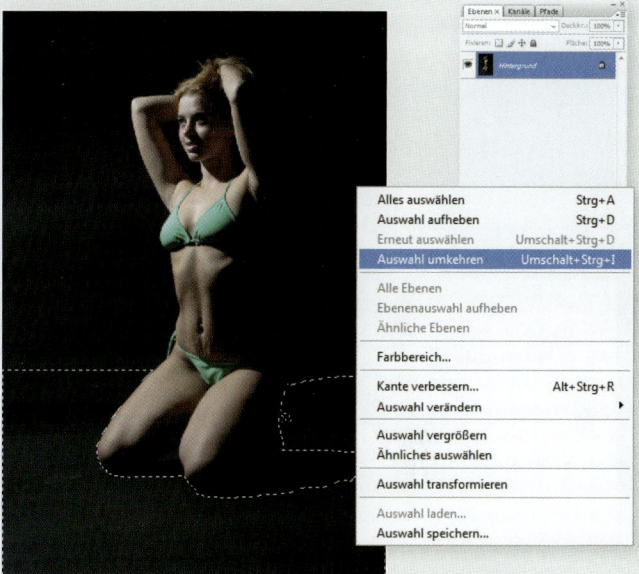

[2] Auswahl in Hintergrundebene löschen

Im nächsten Schritt wählen Sie in der *Ebenen*-Palette die Hintergrundebene aus. Einfach eine gerade Auswahl mit dem Auswahlwerkzeug erzeugen, die ca. ein Viertel des Bildes erfasst. Diese Auswahl verändern Sie über *Auswahl/Kante verbessern* und machen sie weich, in diesem Fall eine *Weiche Kante* von *80,0 Px*. Jetzt lässt sich der ausgewählte Bereich einfach in der Hintergrundebene löschen. Vorher sollte die Hintergrundfarbe auf Schwarz gestellt werden.

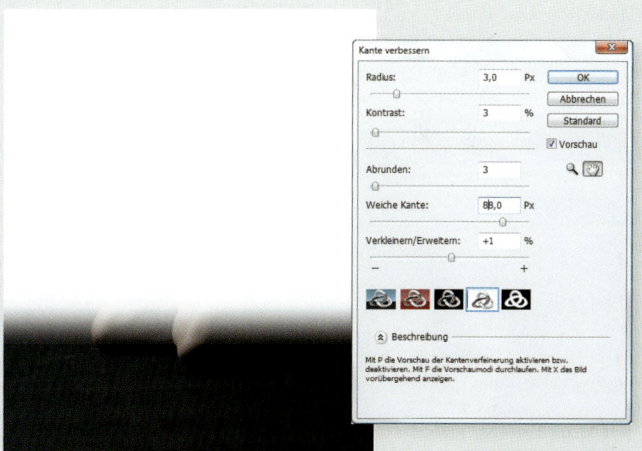

[3] Kanten anpassen

Jetzt werden die Kanten in der *Ebene 1* dem Hintergrund angepasst. Das *Kopierstempel*-Werkzeug steht dafür bei *Aufnehmen* auf *Alle Ebenen*. So können Sie das Schwarz in der Hintergrundebene in den helleren Bereich der Schatten unter dem Model kopieren, um einen weichen Übergang zu schaffen und Auswahlkanten zu eliminieren.

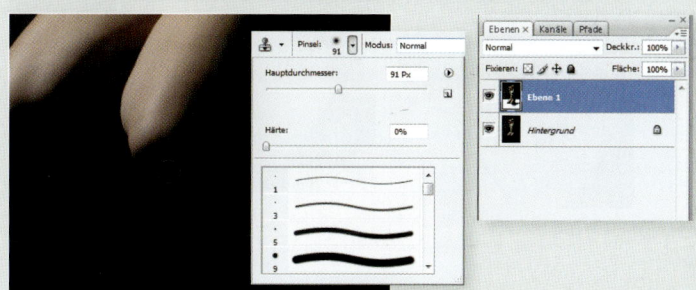

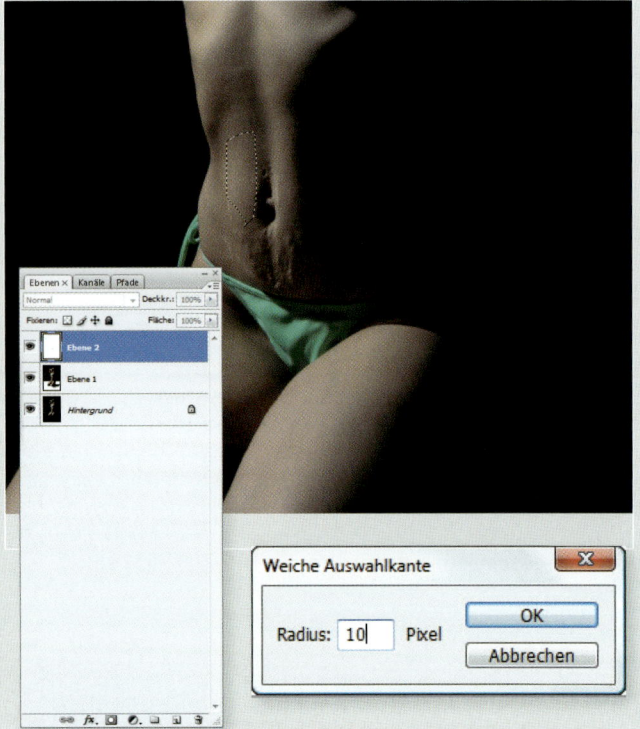

[4] Hautverpflanzung

Bildbearbeitung am Menschen hat immer etwas mit Anatomie zu tun. Sie müssen ein Gefühl dafür entwickeln, welche Maßnahmen zu einem Ergebnis führen, das biologisch glaubhaft bleibt. Auch Profis haben schon mal im Übereifer einen Bauchnabel entfernt oder Augen so hell strahlen lassen, dass der Kopf wie innen beleuchtet wirkt. Hier sehen Sie einen schweren Fall von Dehnungsstreifen nach einer Schwangerschaft. Machen Sie es wie der plastische Chirurg: Nehmen Sie sich die Haut von einer gesunden Stelle und fügen Sie sie dort ein, wo sie gebraucht wird. Mit einer weichen Auswahlkante kann man Hautbereiche von oberhalb des Bauchnabels kopieren und unterhalb einfügen. Im Einzelfall muss die Helligkeit angepasst oder wieder ein Stück der Kopie entfernt werden, was auf der jeweiligen Ebene ebenfalls mit einer weichen Auswahl gut möglich ist.

Mit zwei bis drei Kopien ist so der Großteil des unruhigen Gewebes überdeckt. Kleinere Stellen können mit Werkzeugen wie *Kopierstempel* oder *Pinsel* retuschiert werden, nachdem Sie alle Bereiche auf eine Ebene reduziert haben.

[5] Unruhige Hautpartien korrigieren

Die teilweise unruhige Haut im Gesicht kann mit Filtern korrigiert werden. Wählen Sie die Bereiche aus, die Sie „reinigen" wollen. Machen Sie eine weiche Auswahl. Gut geeignet für den Effekt weicher Haut ist der Rauschfilter *Staub und Kratzer*, wenn man diesen vorsichtig einsetzt, hier mit dem *Radius 4 Pixel, Schwellenwert 6* Stufen.

Machen Sie nicht den Fehler, gleich das ganze Gesicht zu glätten. Wählen Sie in mehreren Schritten nur die Bereiche aus, die es wirklich nötig haben, um das Leben im Gesicht zu erhalten. Die unruhigen Schatten auf der Nase lassen sich korrigieren, indem man entweder einen Bereich mit dem *Kopierstempel*-Werkzeug gerade durchzieht oder mit einem *Zeichen*-Werkzeug eine gerade Schattenlinie nachzeichnet.

Sie sehen, Retusche am Menschen besteht aus vielen kleinen, individuellen Schritten. Probieren Sie aus, machen Sie lieber viele kleine Schritte und beobachten Sie genau das Ergebnis.

[6] Abschließende Feinarbeiten

Jetzt geht es in den Endspurt. Das Bild sollte immer genau unter die Lupe genommen werden. Zoomen Sie sich Bereiche heran und machen Sie letzte Korrekturen. Danach kann das Bild noch „knackiger" eingestellt werden. Gehen Sie dabei mit Einstellmöglichkeiten wie Farben, Kontraste und Gradationen behutsam um. Nicht alles, was auf dem Bildschirm toll aussieht, lässt sich auch im Labor eins zu eins auf das Fotopapier belichten.

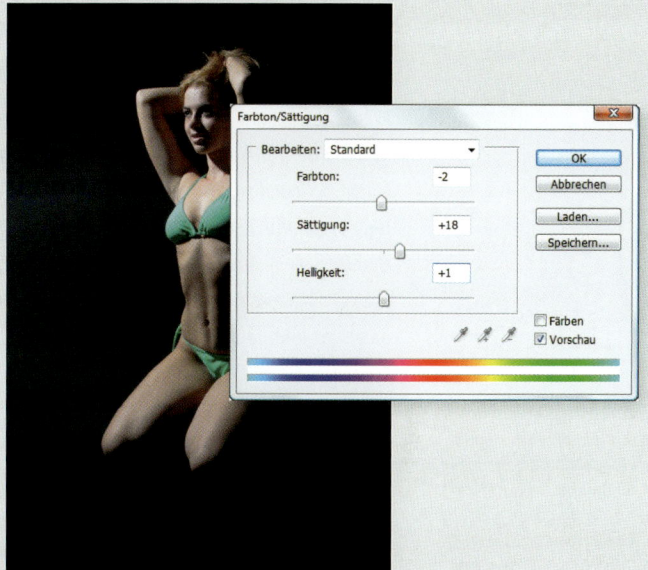

[7] Helligkeit und Kontrast einstellen

Bei der Einstellung von *Helligkeit* und *Kontrast* sollten Sie nur in Ausnahmefällen einen Wert von *10* nach oben oder nach unten überschreiten. Zu hohe Kontraste können Bildrauschen verursachen oder weiße Flächen erscheinen auf dem Papier ausgefressen.

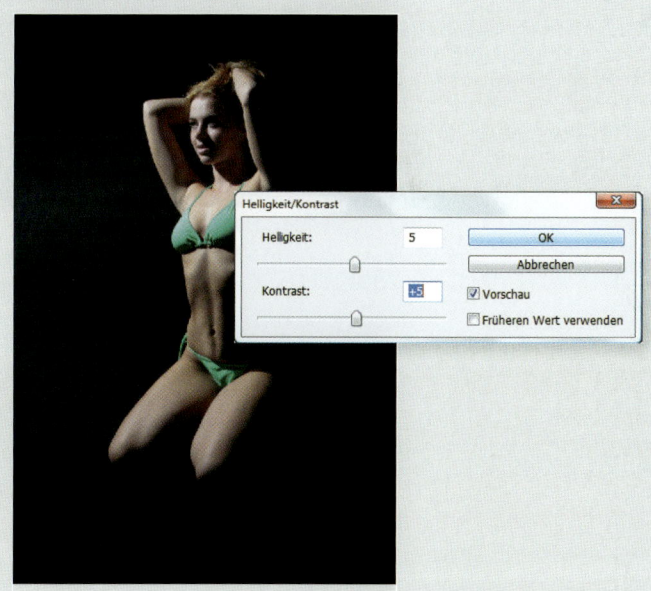

Ortswechsel-Montage

Wer schon einmal für eine Firma, die Häuser baut, fotografiert hat, weiß, wie schwer es ist, echte Bauherren oder Hausbesitzerinnen vor die Kamera zu bekommen. Viele zeigen zwar gerne und stolz ihre neue Hütte, scheuen sich aber davor, selbst vor die Kamera zu treten. Dabei ist es gerade in diesem Sektor wichtig, durch eine menschliche Person im Bild einen persönlichen Bezug zu einem Gebäude herzustellen. Bereits bei der Auswahl der Fotos, aus denen man eine Collage herstellen will, sollte man darauf achten, dass die Lichtverhältnisse auf beiden Fotos identisch oder zumindest halbwegs identisch sind. So sollte das Licht beispielsweise nicht aus zwei verschiedenen Richtungen kommen, denn solche Unstimmigkeiten können auch einem Laien auffallen.

VORHER
Das Bild der Frau stammt aus einer Studioarbeit, die für andere Zwecke erstellt wurde. Durch das viele Weiß im Bild lässt sie sich leicht freistellen. Will man eine Person freistellen, empfiehlt es sich immer, ein Foto zu wählen, das einen ruhigen Hintergrund hat. Das Foto des Hauses ist eine gewöhnliche Tageslichtaufnahme am späten Nachmittag bei tief stehender Sonne. (Fotos: Stefan Weis)

NACHHER
Beide Bilder sollen so zusammengefügt werden, dass das Ergebnis den Eindruck erweckt, die Frau stehe stolz vor ihrem eigenen, neuen Haus und zeige es interessierten Häuslebauern.

[1] Auswählen und freistellen

Aller Bildbearbeitungsanfang ist das sorgfältige Auswählen und Freistellen. Beschneiden Sie zunächst mit dem *Freistellungs*-Werkzeug das Ausgangsbild so weit, das nur noch die Frau zu sehen ist. Danach greifen Sie zum *Zauberstab*-Werkzeug und stellen die Frau frei. Achten Sie darauf, für das *Zauberstab*-Werkzeug eine relativ hohe *Toleranz* von ca. *32* Pixeln festzulegen. Was durch den Zauberstab nicht ausgewählt wird, ergänzen Sie mit dem *Lasso*-Werkzeug. Wenn das totale Umfeld der Frau ausgewählt wurde, wird die Auswahl einfach umgekehrt, mit zwei Pixeln weich gemacht und um ein oder zwei Pixel verkleinert. Das verhindert beim späteren Einkopieren weiße Ränder.

[2] Freisteller einkopieren

Die ausgewählte Frau wird nun in das Bild des Hauses einkopiert. Jetzt gilt es, die richtige Position zu finden. Dabei taucht ein Problem auf: Die Lichtrichtungen stimmen nicht wirklich überein. Das Haus wird von links angestrahlt, während die Frau das meiste Licht rechts im Rücken hat. Aber auch das lässt sich durch einen einfachen Trick ändern.

[3] Hintergrund horizontal spiegeln

Jetzt wird die Ebene *Hintergrund*, das Foto des Hauses, ausgewählt und mit *Bild/Arbeitsfläche drehen/Arbeitsfläche horizontal spiegeln* gespiegelt. Die Dame wird weiter nach rechts gerückt, das Haus weiter nach links, um das Bildformat besser zu füllen. Der entstandene Freiraum wird im nächsten Schritt gefüllt.

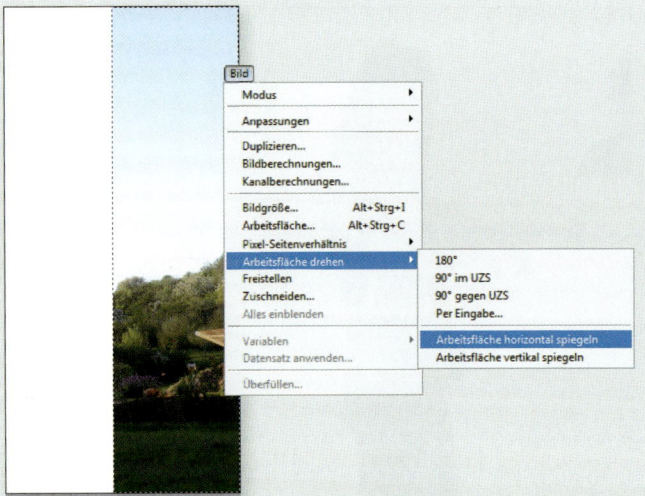

[4] Leeren Bildbereich füllen

Eine Kopie von einem Teil des Hintergrunds reicht, um das Bild wieder zu füllen. Die Auswahl sollte die gesamte Höhe des Bildes umfassen und etwa so viel Himmel und Grün erfassen, wie zur Schließung der Lücke benötigt wird. Diese Auswahl wird kopiert und vorübergehend in eine neue Datei eingefügt. Diese wird dann horizontal gespiegelt, wieder kopiert und in den Hintergrund des Frauenfotos eingefügt.

[5] Eingefügtes Objekt ausrichten

Den eingefügten Bildschnipsel kann man jetzt so weit nach rechts rücken, dass er mit dem Hintergrund perfekt abschließt. Teile, die ganz offensichtlich kopiert aussehen (Pergola, Vogelhaus) werden mit dem *Kopierstempel*-Werkzeug überdeckt und retuschiert.

[6] Gerade Linien

Wichtig bei Aufnahmen im Bereich Architek-
tur sind gerade Linien. In diesem Fall stört die
schräg zulaufende Rasenkante unten links im
Bild. Diese wird schnell und diskret mit einer Kopie des Rasens darüber überdeckt. Eine Auswahl
mit dem *Auswahlrechteck*-Werkzeug genügt.
Stellen Sie auch diese Auswahl weich ein, kopieren sie und fügen sie als *Ebene 3* wieder ein.
Nun wird das eingefügte Objekt so ausgerichtet,
bis es das kleine Stück Mauer überdeckt und im
Rasen keine Linien mehr zu erkennen sind.

[7] Störenden Kanten nachbearbeiten

Die Kante der Jeanshose ist im vorderen Bereich
noch zu hell oder zu weiß. Das menschliche
Bewusstsein nimmt das als Störung war, auch
wenn es dem Menschen sonst nicht auffällt,
dass sich hier eigentlich das Grün des Rasens
reflektieren müsste. Darum wird die Kante mit
dem *Zauberstab*-Werkzeug bei geringer Toleranz
ausgewählt und weich gemacht. Jetzt wird mit
dem *Pipette*-Werkzeug die Farbe des Rasens
aufgenommen und mit 35 % Deckkraft in die
weiche Auswahl eingefügt.

Für das Feintuning können noch leichte Korrekturen an der Person vorgenommen werden, wie
z. B. die Aufhellung des Gesichts durch Abwedeln.

Rote Augen

Der Effekt der roten Augen entsteht meist bei Schnappschüssen im privaten Bereich mit einer Kamera, bei der das Blitzgerät beinahe achsengleich mit dem Objektiv montiert ist. Der Rote-Augen-Effekt wird durch die Reflexion des Blitzes in der roten Netzhaut des Auges verursacht. Oft blickt die fotografierte Person direkt in das Objektiv und damit auch in den direkt danebenliegenden Blitz einer handelsüblichen Kamera für den Hobbyanwender.

Bei der Studiofotografie tritt dieser Effekt nicht auf, weil die Blitzlampen im Raum verteilt stehen und nicht direkt ins Auge blitzen. Moderne Kameras vermeiden den Rote-Augen-Effekt durch einen Vorblitz. Dieser soll dazu führen, dass sich die Pupillen schließen, bevor das Foto mit dem Hauptblitz belichtet wird. Wahrnehmungspsychologisch kann dies aber zum Effekt der Stecknadelpupillen führen, die uns eher an einen Junkie erinnern als an das geliebte Kind, das sonst auf Fotos Omas, Opas und Tanten reihenweise verzaubert.

VORHER
Um den unerwünschten Effekt der roten Augen zu entfernen, stehen Ihnen in Photoshop unzählige Möglichkeiten zur Verfügung. Hier sehen Sie nur zwei Arbeitswege, dieses Problem in den Griff zubekommen. (Foto: Stefan Weis)

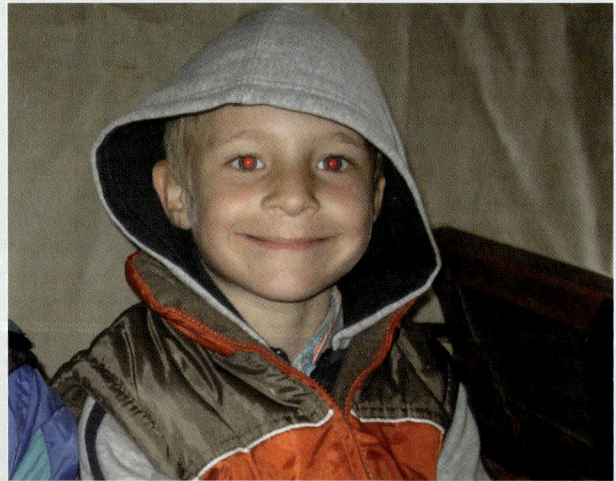

NACHHER
Man sollte bedenken, dass nach der Bearbeitung zwar der Effekt der roten Augen verschwunden ist, die Pupillen der abgelichteten Person aber trotzdem noch unnatürlich groß wirken. Darum wird im zweiten Weg gezeigt, wie man diese anpassen kann.

Rote Augen entfärben – Weg 1

[1] Auswahl exakt festlegen

Bei der Nachbearbeitung roter Augen kommt es in erster Linie auf die richtige Auswahl an. Oft sieht man eilig bearbeitete Rote-Augen-Fotos, bei denen der rote Bereich durch einen ausgefransten schwarzen Bereich ersetzt wurde, der so gar nicht ins Gesamtbild passt - dann doch besser rot lassen.

Das Geheimnis der behutsamen Bildbearbeitung ist in diesem Fall die weiche Auswahl. Doch bevor sie weich gemacht wird, muss sie erst einmal ordentlich getroffen werden. Im ersten Beispiel geschieht dies über *Auswahl/Farbbereich*.

Die aufgenommene Farbe wird als Vordergrundfarbe angezeigt. Zuviel ausgewählte Bildbereiche, wie zum Beispiel hier die roten Teile der Jacke, können mit dem *Zauberstab*-Werkzeug und gedrückter [Alt]-Taste wieder entfernt werden.

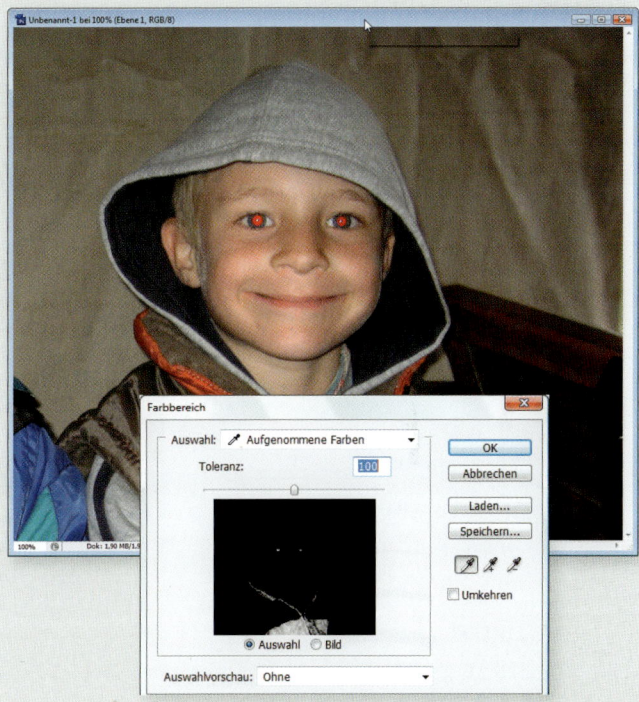

[2] Auswahl weich machen

Sind nun wirklich nur die roten Pupillen ausgewählt? Wenn ja, kann nun die Auswahl weich gemacht werden. Ein *Radius* von *2* Pixeln reicht für die weiche Auswahlkante völlig aus, da der Bereich der Pupillen im gesamten Bild sowieso recht klein ausfällt. Dann kann man den ausgewählten Bereich einfach entfernen.

Vorsicht! Nach dem Entfernen erscheint im ausgewählten Bereich die gewählte Hintergrundfarbe. Dies sollte in den seltensten Fällen wirklich ein reines Schwarz sein. Man wählt darum besser einen dunklen Grauton, der zum Gesamtbild passt.

Sollten noch rote Ränder stehen bleiben, wiederholen Sie einfach den Löschvorgang. Bei einer weichen Auswahl dehnt sich der gelöschte Bereich immer weiter aus.

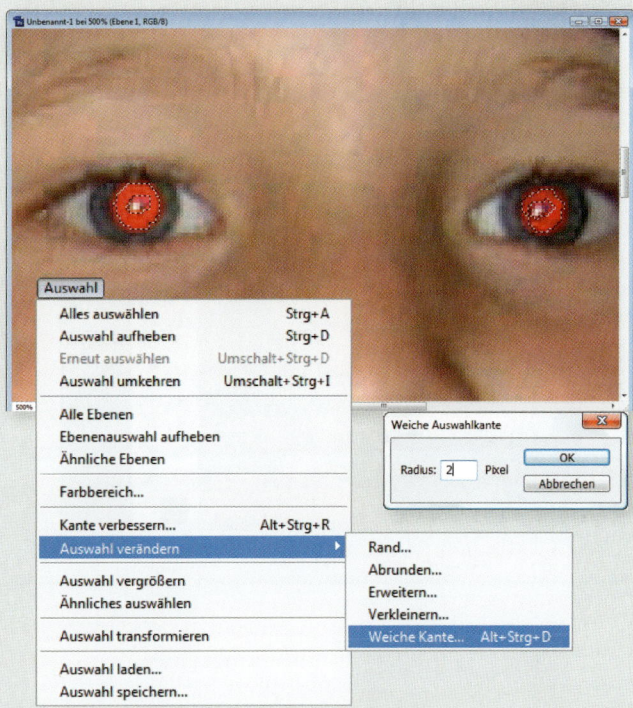

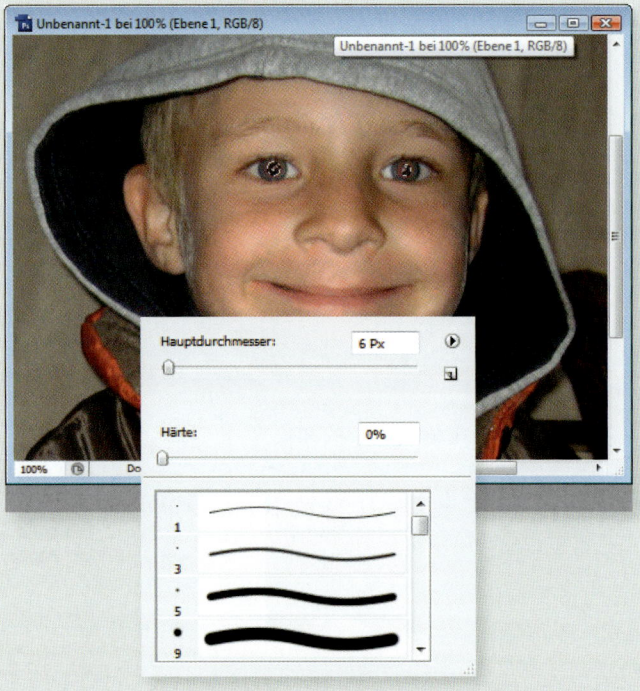

[3] Glanzpunkt nachmalen

Beim Löschen wurde den Augen nun leider mit dem Rot auch jedes Leben geraubt. Dieses holt man am leichtesten zurück, wenn man einen natürlichen Glanzpunkt mit einem der Malwerkzeuge nachmalt. Hier ist es das *Pinsel*-Werkzeug mit einem *Hauptdurchmesser* von *6 Px* und der *Härte 0 %*. Gewählt wurde als Farbe ein sehr helles Grau, denn reines Weiß wäre wie das reine Schwarz für die Pupillen zu unnatürlich.

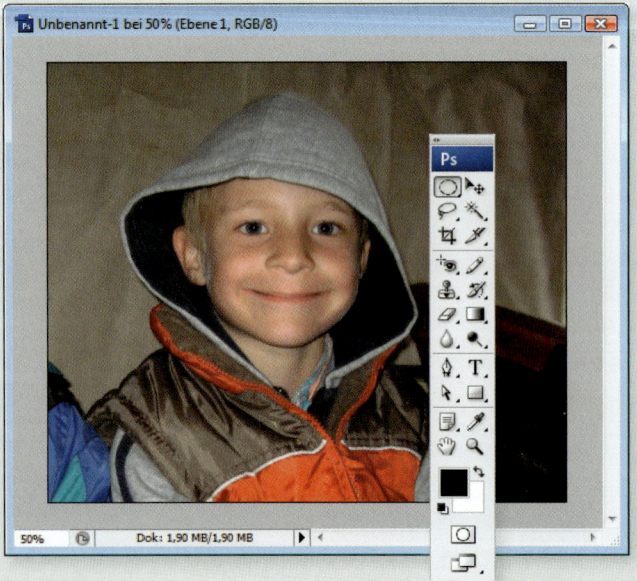

Rote Augen entfärben – Weg 2

[1] Pupillen manuell auswählen

Man kann die roten Pupillen auch manuell auswählen, im Vertrauen darauf, dass natürliche Rundungen in der Natur immer absolut rund sind. Wählen Sie in der Werkzeugleiste das *Auswahlellipse*-Werkzeug. Halten Sie beim Aufziehen der Ellipse die [Umschalt]-Taste gedrückt. Auf diese Weise zeichnen Sie eine kreisrunde Auswahl. Bei einer Pupille kann man davon ausgehen, dass eine kreisrunde Auswahl passt. Diese Auswahl kann wie in der oben beschriebenen Vorgehensweise eingefärbt werden.

[2] Erzeugen einer kreisrunden Kopie

Augen sind schon seltsame Dinger. Wirken die Pupillen zu klein, wird der Mensch unsympathisch. Sind die Pupillen zu groß, wirken sie wiederum unnatürlich und so, als ob der fotografierte Mensch sich gerade auf einem LSD-Trip befindet – bei einem wie dem hier abgebildeten Sechsjährigen ein befremdlicher Gedanke. Um das Dunkle der Pupillen der Gesamtgröße der Augen anzupassen, wird eine weitere, kreisrunde Kopie angefertigt, die einen Teil der Iris miteinschließt. Diese Auswahl wird kopiert und wieder eingefügt, eine weiche Auswahlkante vorausgesetzt. Jetzt kann man die Iris so skalieren, dass die Pupille verkleinert wird.

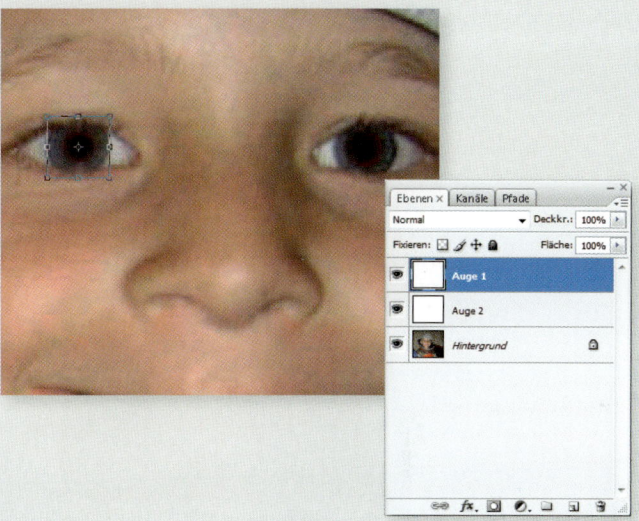

[3] Natürlicher lebhafter Glanz

Jeder dieser Vorgänge muss für jedes Auge einzeln durchgeführt werden. Zuletzt gilt es wieder, den Augen einen natürlichen, lebhaften Glanz zu verpassen. Man muss die hellen Glanzpunkte so einzeichnen, wie es die Anatomie und die Lehre vom Licht zulassen.

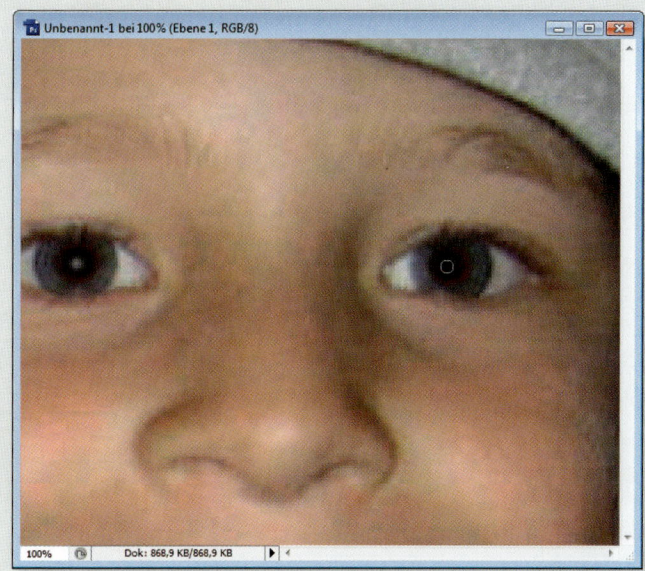

Weiße Zähne

Gelbe Zähne sind ein häufig auftretendes Problem, gerade in Zeiten der digitalen Fotografie. Durch automatischen Weißabgleich bei allerlei Mischlicht entsteht schnell ein Beleuchtungseffekt, der Zähne noch gelber wirken lässt, als sie ohnehin durch Rauchen oder Kaffeegenuss schon sind.

VORHER
*Eine Möglichkeit, gelbe Zähne zu vermeiden, wäre, Menschen nur mit geschlossenem Mund zu fotografieren. Leider ist das nicht bei jedem Motiv möglich. Eine Frau, die wie hier gerade ins Mikrofon singt, kann kaum mit geschlossenem Mund dargestellt werden. Die untere Zahnreihe auf dem Foto wirkt durch allerlei Einflüsse nicht ganz frisch.
(Foto: Stefan Weis)*

NACHHER
Mit wenigen Schritten lassen sich die Zähne auf einem digitalen Foto weiß machen. Schneller, bequemer und günstiger als beim Zahnarzt – und vor allem: absolut schmerzfrei!

[1] Treffende Auswahl

Am Anfang jeder Retusche steht wie immer
die richtige Auswahl. Bei Zähnen ist diese
meist leicht mit dem *Zauberstab*-Werkzeug bei
niedriger Toleranz und mehrmaligem Klicken zu
bewältigen. Die Auswahl muss auch nicht absolut genau sein und wird über *Auswahl/Auswahl
verändern/Weiche Kante* mit einem *Radius* von
3 Pixeln weich gemacht.

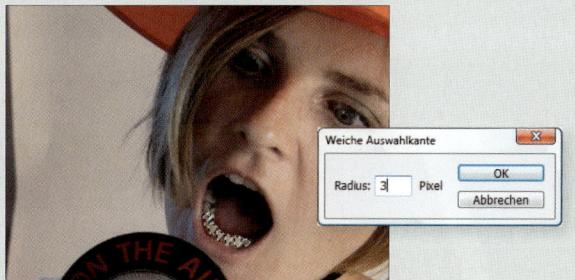

[2] Gelbtöne regulieren

Mit der Regulierung von *Farbton/Sättigung*
kann der Gelbstich schon ganz gut ausgeblendet
werden. Wählen Sie *Bild/Anpassungen/Farbton/
Sättigung* und bearbeiten Sie nur die Gelbtöne.
Verringern Sie die Sättigung und erhöhen Sie die
Helligkeit.

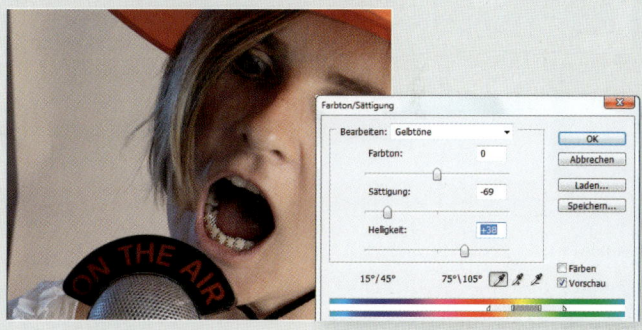

[3] Feintuning der Gelbtöne

Mit der selektiven Farbkorrektur können Sie die
Gelbtöne weiter verringern, indem Sie Schwarz
auf -100 % ziehen. Wählen Sie hier aus dem
Menü *Bild/Anpassungen* die Funktion *Selektive
Farbkorrektur*.

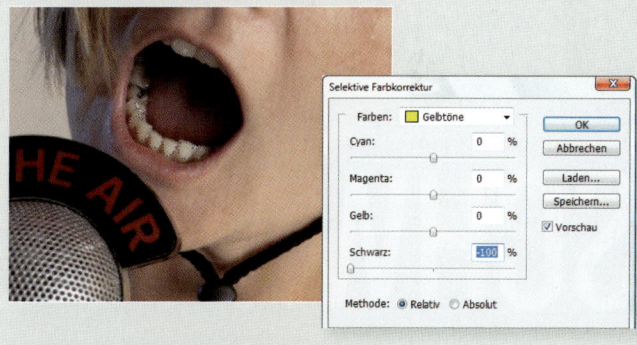

[4] Plomben und Pickel retuschieren

Jetzt haben die Zähne wieder ein natürliches,
nicht übertrieben strahlendes Weiß. Bevor
Sie das Bild speichern, können Sie noch kleine
Fehlerchen retuschieren wie zum Beispiel alte
Amalgamfüllungen, Pickel und Unregelmäßig-
keiten im Bildhintergrund.

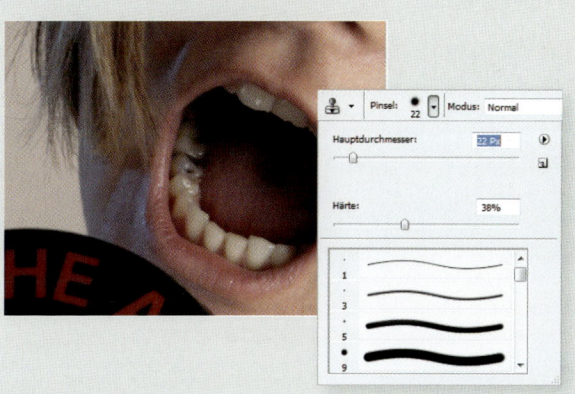

7

SCHWARZ UND WEISS

7

Schwarz und Weiß

Duplexbilder

Bei Duplexbildern handelt es sich um Graustufenbilder, deren Tonwertumfang für die Druckausgabe um zwei Farben erweitert wurde. Als erste Farbe dient üblicherweise Schwarz, wobei beide zum Druckeinsatz verwendeten Farben frei gewählt werden können. Sie können also auch mit Sonderfarben jenseits der Industrienorm CMY arbeiten. Photoshop ist die einzige Software, die diese spezielle Aufarbeitung von Bilddokumenten anbietet. Die Besonderheit ist, dass die Tiefen und Lichter nicht von der zweiten Farbe beeinflusst werden. Mit ihr werden nur die Grauabstufungen eingefärbt.

VORHER
Sie sehen das Ausgangsbild mit den standardisierten Druckfarben Cyan, Magenta, Yellow und Schwarz gedruckt.
(Foto: Jonathan Schule)

NACHHER
Im Duplexdruck wird mit zwei Farben gearbeitet, in der Regel mit Schwarz plus einer bunten Sonderfarbe. Das verspricht im Ergebnis eine höhere Brillanz durch die pigmentreicheren Sonderfarben (drucktechnisch hier mit den üblichen CMYK-Farben simuliert).

[1] Ausgangsbild wählen

Zum Vergleich wird dasselbe Ausgangsbild gewählt. Auch hier steht am Anfang die Umwandlung in ein Schwarzweiß-Foto.

[2] Schwarzweiß-Einstellebenen

Beim Vergleich der zuvor erstellten Schwarzweiß-Varianten fiel auf, dass auf dem einen Bild die Berge besser durchzeichnet sind und dass bei der Variante *Kanalmixer 1* die Tiefen im Wasser besser differenziert wurden. Beide Einstellungswerte wurden auf unterschiedlichen Einstellungsebenen geladen.

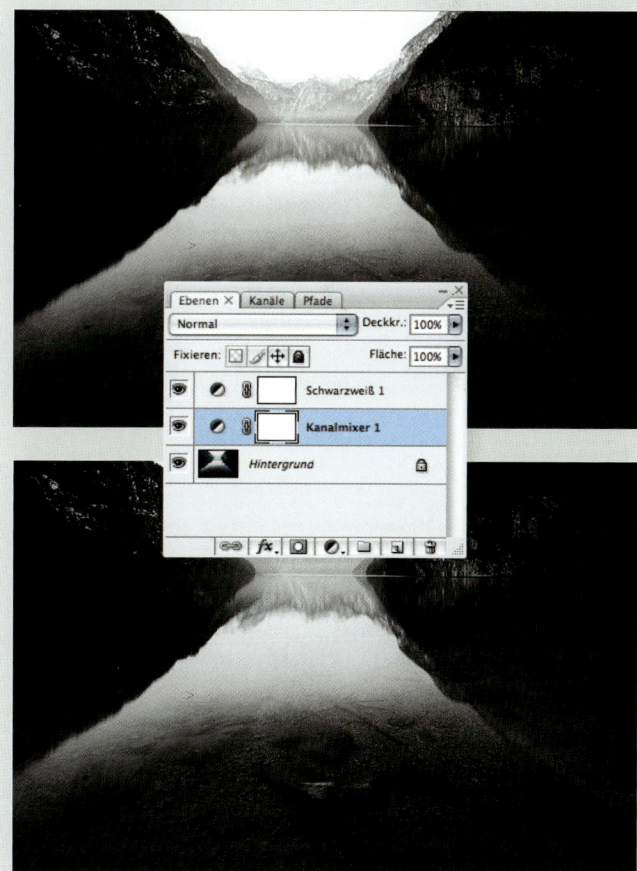

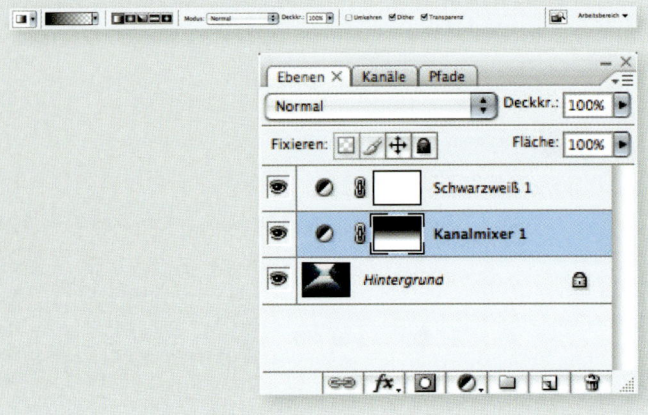

[3] Nur das Beste ist gut genug

Um das Beste aus beiden Varianten zu vereinen, erstellen Sie mit dem *Verlaufs*-Werkzeug auf der Ebene *Kanalmixer 1* eine Verlaufsmaske.

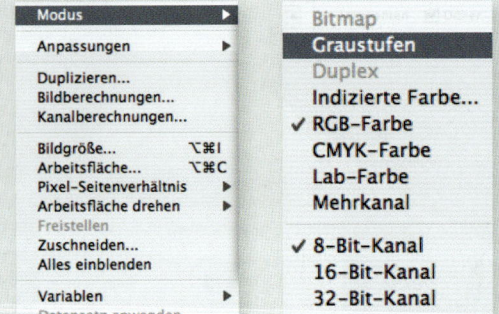

[4] Bildmodus verändern

Das sichtbare Ergebnis wird nun in den Modus *Graustufen* umgewandelt. Den Modus verändern Sie über das Menü *Bild/Modus*. Hier wählen Sie die Funktion *Graustufen*.

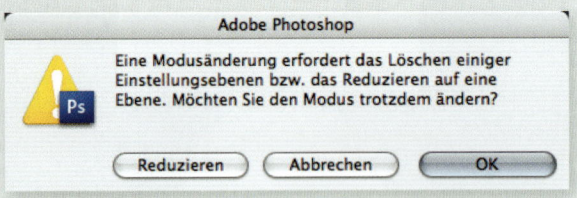

[5] Einstellungsebenen reduzieren

Photoshop fragt jetzt nach, was mit den Einstellungsebenen geschehen soll. Diese können leider bei einen Moduswechsel nicht mitübernommen werden. Damit das vorliegende, sichtbare Ergebnis in Graustufen umgewandelt wird, wählen Sie unbedingt *Reduzieren* und nicht *OK*.

[6] Farbinfos verwerfen

Eine gute Kommunikation ist alles. Im Folgenden fragt Photoshop jetzt nochmals nach, ob auch wirklich alle Farbinformationen verworfen werden sollen. Bestätigen Sie die Meldung mit *Löschen*.

[7] Bildmodus Duplex

Sie erinnern sich - dies sollte ein Workshop zum Thema Duplex werden und nicht zum Thema Schwarzweiß-Konvertierungen. Richtig, doch der Modus *Duplex* ist nur über eine Graustufendatei anwählbar. Solange Sie in einem Modus mit Farbkanälen arbeiten, wird dieser Modus nur abgeblendet dargestellt. Das heißt, Sie müssen wieder über das Menü *Bild/Modus* gehen und hier die Funktion *Duplex* wählen.

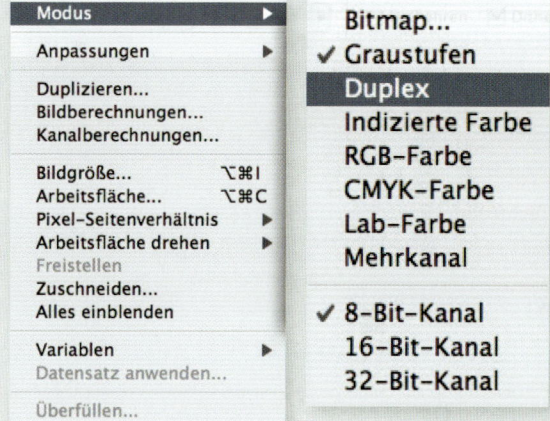

[8] Darf's ein bisschen mehr sein?

In den *Duplex*-Optionen wählen Sie als Erstes unter *Art,* mit wie vielen Farben Sie arbeiten wollen. *Duplex* mit zwei, *Triplex* mit drei und *Quadruplex* logischerweise mit vier Sonderfarben. Wir bleiben bei *Duplex*.
Die erste Druckfarbe ist automatisch auf *Black* gesetzt. Das ist gut so und auch der Name der Druckfarbe sollte nicht verändert werden. Klicken Sie in das Farbsymbol von *Druckfarbe 2*.

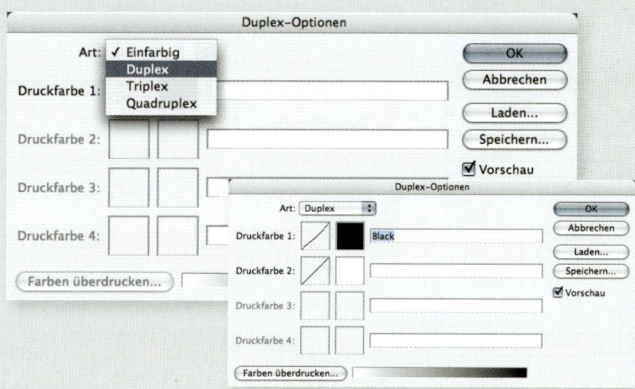

[9] Farbbibliothek festlegen

Das quadratische Farbsymbol eröffnet Ihnen die gesamte Wunderwelt der Farbkataloge. Unter dem Listenfeld *Buch* finden Sie die Kataloge der gängigsten Industriedruckfarben aufgelistet. Für den Duplexdruck auf gestrichenem Papier wählen Sie am besten eine Farbe aus der Bibliothek *Pantone solid coated* aus. Absprachen mit Ihrem Druckdienstleister sind durchaus hilfreich.

Hinweis: Die abgebildeten Farben sind Sonderfarben und liegen damit meist außerhalb des darstellbaren Spektrums des Monitors und dienen nur zur Orientierung.

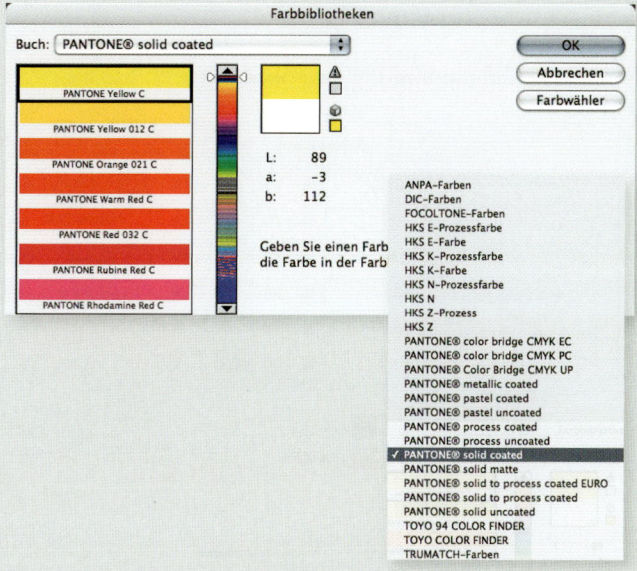

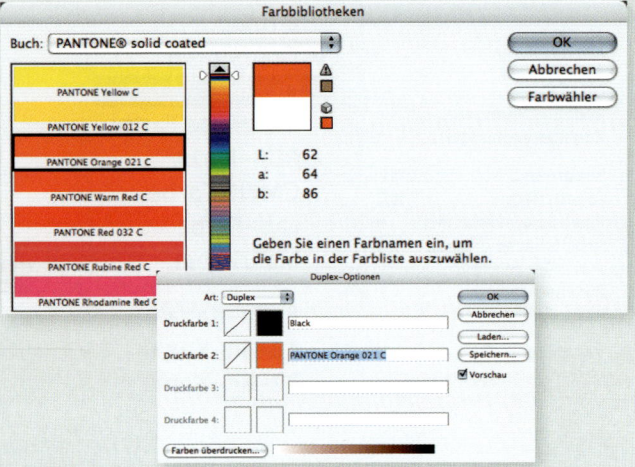

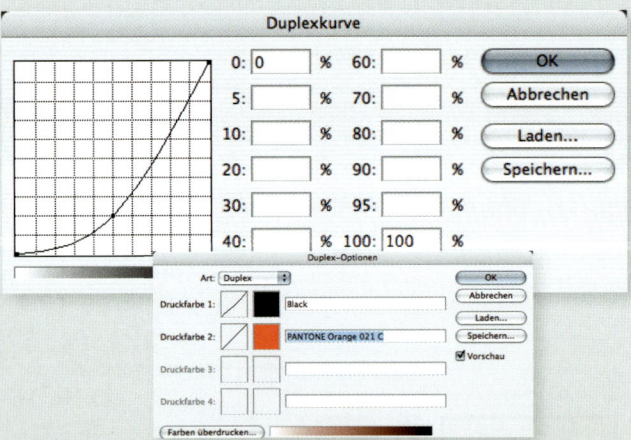

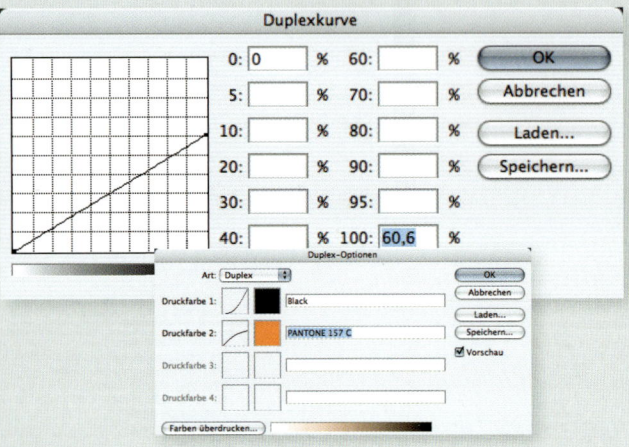

[10] Deckkraft

Links neben dem Farbsymbol befindet sich ein Symbol für die Gradationskurve der Farbe. Standard ist ein linearer Verlauf. Die Besonderheit von Duplex ist, dass Ihnen die Möglichkeit gegeben wird, diese Gradationskurve zu beeinflussen.

Der Balken unten neben der Schaltfläche *Farben überdrucken* zeigt Ihnen den Tonwertverlauf an. Stellen Sie in den Vierteltönen der Lichter für die dunklere Farbe (Schwarz) die Gradation heller ein. Hier soll im Druck später weniger Farbe aufgetragen werden.

[11] Duplexkurve abschwächen

Gute Ergebnisse bekommen Sie, wenn Sie für die hellere der beiden Farben die Duplexkurve in den Tiefen deutlich abschwächen.

[12] Jugend forscht ...

... und an dieser Stelle wird es spannend. Wenn
Sie mehrere Ankerpunkte in der Duplexkurve
setzen und diese mutig verschieben, werden Sie
mit dezenten bis schrillbunten Resultaten belohnt. Und wie wirken sich diese Duplexkurven
auf andere Farben aus?

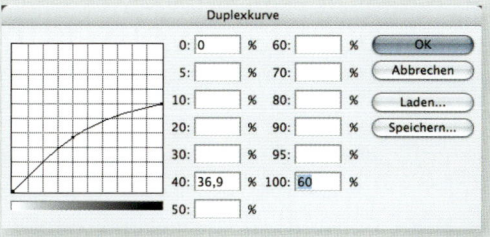

[13] Duplex-Vorgaben

Wollen Sie sich lieber auf die sichere Seite
begeben, dann wählen Sie eine der vielen tollen
Varianten, die seit Jahren in den Photoshop-
Vorgaben vor sich hin schlummern. Navigieren
Sie über die Schaltfläche *Laden* zum Photoshop-
Ordner *Vorgaben/Duplex*. Dort finden Sie für
Duplex-, *Triplex-* und *Quadruplex*-Vorlagen in
den besten Farb- und Intensitätsstufen vor.

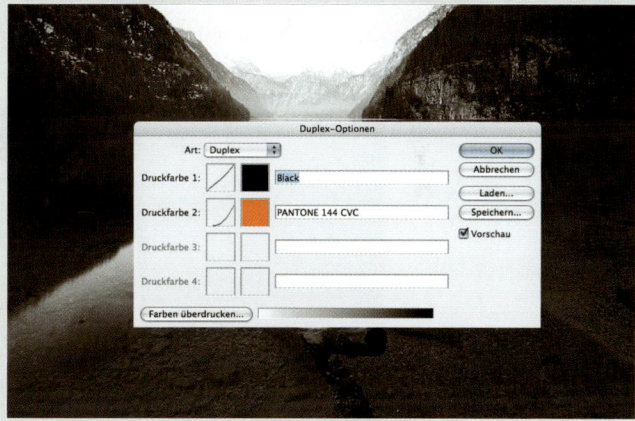

[14] Speichern als EPS-Datei

Wenn Sie sich aus den unendlichen Möglichkeiten für eine Variante entscheiden konnten,
dann soll die Frage der Dokumentensicherung
geklärt werden.
Viel Auswahl verbleibt nicht. Das Photoshop-
eigene Format bietet sich für die Archivierung
an, zur Weitergabe und zur Einbindung von
Bilddokumenten in Layoutprogramme (Adobe
InDesign, QuarkXPress) das EPS-Format.

Als PC-User haben Sie im Dialog *Speichern unter*
nicht sehr viele Einstelloptionen. Unter *Vorschau*
wählen Sie besser die *8 Bit/Pixel*-Möglichkeit.
Damit haben die Vorschaubilder, die in einem
Layoutprogramm sichtbar sind, zumindest eine
265-Farbendarstellung. 1-Bit-Bilder bestehen
demnach nur aus schwarzen und weißen Pixeln.
Mac-User können die kleiner verrechnende
Binärvariante auswählen.

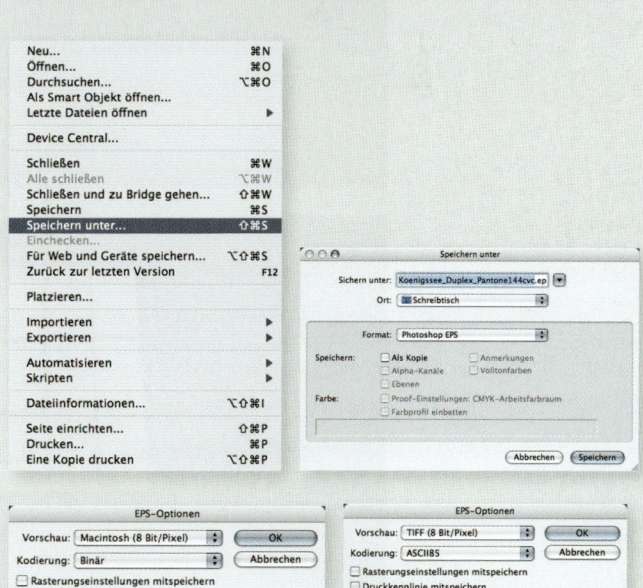

Schwarzweiß-Filmkorn simulieren

Auch Fotografen können sich dem Trend in der Bildästhetik nicht immer entziehen. Und so schufen Zeitgeist und technische Möglichkeiten einen unverwechselbaren Look. TRI-X-PAN hieß der Schwarzweiß-Film, der in den sechziger Jahren auf den Markt kam und bei der Entwicklung zu kontrastreichen, extrem körnigen Resultaten führte. Dieser Workshop zeigt einen Weg auf, wie Sie diesen Look aus einer normalen Farbaufnahme heraus entwickeln. Um ein annähernd realistisches Filmkorn zu simulieren, müssen Sie sich bewusst machen, wie Korn im Film verteilt ist: Filmkorn ist verstärkt in den Mitteltönen und weniger in den Tiefen und Lichtern zu erkennen. In den Bildtiefen erscheint das Filmkorn heller.

VORHER
Sie sehen eine digitale Aufnahme, die in den Aufnahmekriterien den allgemein üblichen Anforderungen gerecht wird.
(Foto: Björn Gantert)

NACHHER
Der Entzug der Farbigkeit und die Überlagerung der Aufnahme mit grobem Filmkorn geben dem Motiv einen speziellen Charakter, der die Atmosphäre unterstützt.

[1] In Graustufen konvertieren

Ein absolutes Highlight in Photoshop CS3 ist das
Dialogfeld für das Konvertieren von Farbbildern
in Schwarzweiß-Bilder. Über die Funktion *Neue
Einstellungsebene erstellen* legen Sie die neue
Einstellungsebene *Schwarzweiß 1* an.
Es erscheint das Dialogfeld *Schwarzweiß*, mit
dem Sie die volle Kontrolle über die Konvertierung der einzelnen Farben in Schwarzweiß
behalten. Beginnen Sie mit Klick auf die Schaltfläche *Auto*.
Die automatische Mischung erzeugt oft hervorragende Ergebnisse. Doch ist sie zumindest
ein guter Ausgangspunkt für das Anpassen
der Grauwerte mit den Farbreglern. Wird ein
Farbregler nach links verschoben, dann werden
die Grautöne der ursprünglichen Farbe dunkler,
nach rechts heller dargestellt.

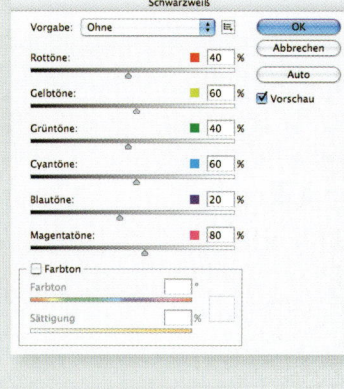

[2] Kontraste anheben

Um ein knackiges Schwarzweiß-Bild zu erhalten, heben Sie die Kontraste im Bild an. Das
gelingt natürlich am besten mit einer Gradationskurve. Legen Sie auch für diese Aktion eine
neue Einstellungsebene *Gradationskurven* an.
Die neue Einstellebene wird automatisch *Kurven
1* benannt. Sie bewahren sich damit die volle
Flexibilität für nachträgliche Anpassungen, ohne
die Pixelwerte des Originals zu ändern.

[3] Starke S-Kurve

Für den TRI-X-Pan-Effekt benötigen Sie einen
starken Bildkontrast. Nutzen Sie die Vorgaben
von Photoshop und korrigieren Sie bei Bedarf
an den Ankerpunkten des Kurvenverlaufs leicht
nach. Je steiler die Diagonale verläuft, desto
härter ist der Kontrast.
Doch Vorsicht: Sehr leicht übersteuert man
die Diagonale und erhält Tiefen ohne Details
oder Tonwertabrisse in den Verläufen. Nachdem das Schwarzweiß-Bild erstellt ist, legen
Sie als Nächstes die Ebenen für das Bildkorn
an. Als Basis dafür dient das Graustufenbild. In
Wirklichkeit ist das Originalmotiv aber immer
noch farbig und unverändert. Die Einstellebenen
simulieren das sichtbare Ergebnis nur.

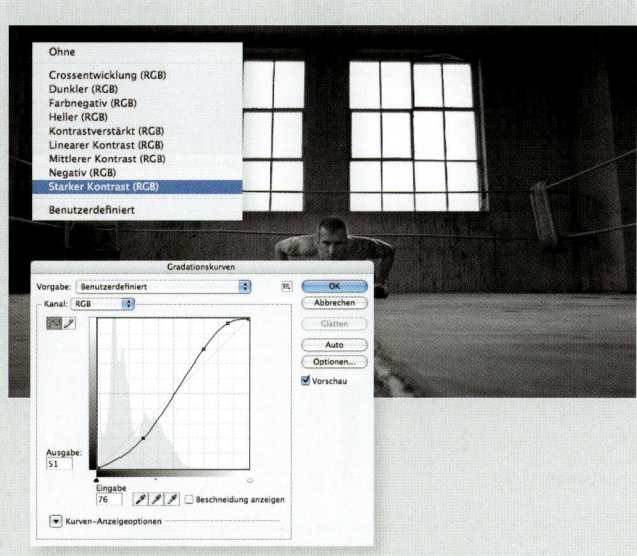

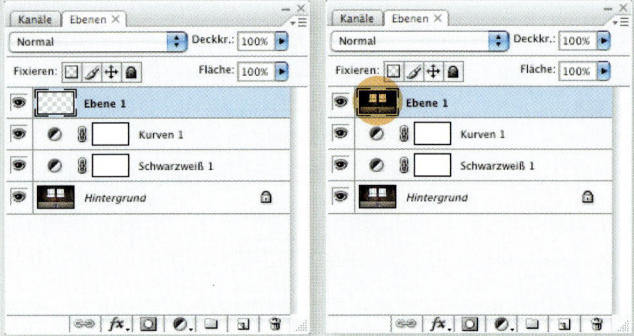

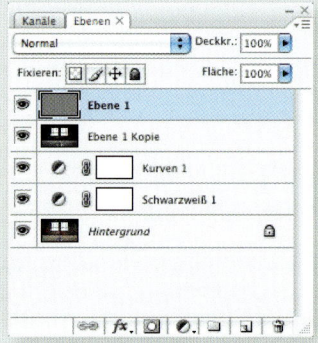

[4] Sichtbares Kopieren

Erstellen Sie eine neue, leere Ebene. Die Ebene wird automatisch *Ebene 1* genannt. Verschieben Sie die Ebene im Ebenenstapel ganz nach oben. Wichtig: Drücken Sie nun die [Alt]-Taste und wählen Sie im Kontextmenü der *Ebenen*-Palette (oben rechts) die Funktion *Sichtbare auf eine Ebene reduzieren*. Das Ergebnis der Einstellungsebenen wird in die neue Ebene als Pixelbild hineinkopiert, erkennbar an dem jetzt gefüllten Ebenensymbol von *Ebene 1*.

[5] Unsichtbare Grauebene

Erstellen Sie eine weitere, neue Ebene und füllen Sie diese über *Bearbeiten/Fläche füllen* mit *50 % Grau*. Danach stellen Sie die Füllmethode der Ebene von *Normal* auf *Ineinanderkopieren* um.

[6] Auswahl der Mitteltöne

Die erste Körnung soll in den Mitteltönen angelegt werden. Markieren Sie dazu die zuvor erstellte Bildebene und öffnen Sie über *Auswahl/Farbbereich* das Dialogfeld *Farbbereich*. Hier wählen Sie im Listenfeld *Auswahl* den Eintrag *Mitteltöne* und bestätigen die Auswahl mit *OK*.
Jetzt sehen Sie im Bildfenster eine Auswahl um die Mitteltöne des Bildes. Eine Auswahl ist nicht an eine Ebene gebunden. Sie können Ebenen frei auswählen und markieren, ohne dass dabei die Auswahl aufgehoben wird.

[7] Auswahl auf Ebene übertragen

Markieren Sie die unsichtbare graue *Ebene 1*.
Mit der aktiven Auswahl wird alles, was Sie jetzt
auf dieser Ebene machen, nur innerhalb der
Auswahl passieren.

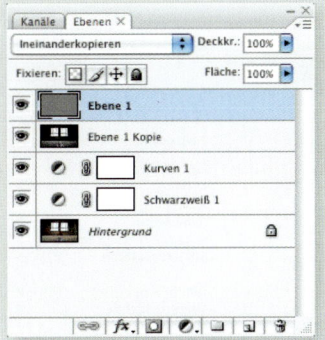

[8] Rauschen hinzufügen

Über das Menü *Filter* und die Funktion *Rausch-
filter/Rauschen hinzufügen* füllen Sie nun den
Auswahlbereich mit Störungen. Wählen Sie
unter *Stärke* einen Wert von *20 %* und aktivieren Sie die Option *Gaußsche Normalverteilung*
und *Monochromatisch*. Geben Sie der Ebene den
Ebenennamen *Mitteltöne*.
Mit der Tastenkombination [Strg]+[D] heben Sie
die Auswahl auf. Reduzieren Sie die Ebenendeckkraft auf ca. *10* bis *20 %*.
Mit der Option *Gleichmäßig* wird ein kaum
erkennbarer Effekt erzielt. Mit der Einstellung
Gaußsche Normalverteilung entsteht ein ge-
sprenkelter Effekt. Mit *Monochromatisch* wird
der Filter nur auf die Tonwerte des Bildes angewendet, ohne dass ein Farbrauschen entsteht.

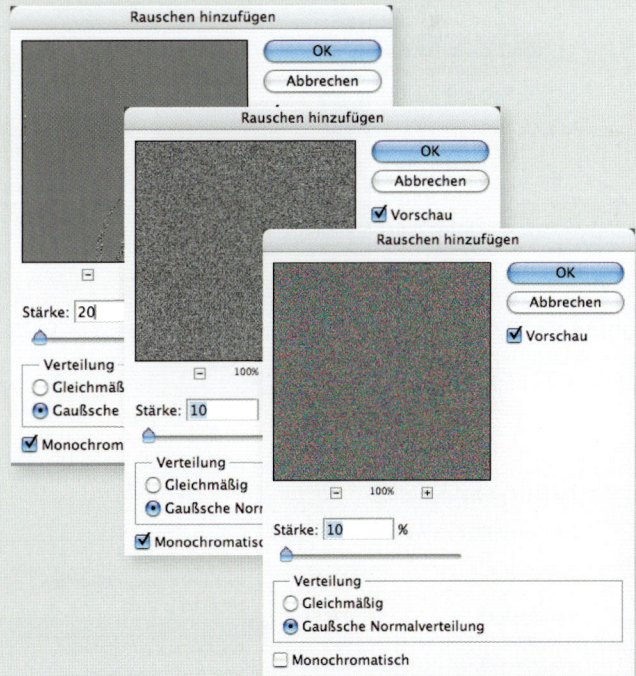

[9] Ebene duplizieren

Die so manipulierte unsichtbare Grauebene
Mitteltöne wird nun dupliziert. Per Drag and
Drop ziehen Sie die Grauebene auf das Symbol
Neue Ebene erstellen. Die duplizierte Ebene
erhält zunächst von Photoshop den Ebenenna-
men *Mitteltöne Kopie* zugewiesen. Benennen Sie
den Ebenennamen in *Mitteltöne 20 %* um. Alle
Werte der Ebene werden mit übernommen. Für
den Mitteltonbereich wird das Korn der unteren
Grauebene nochmals verändert.

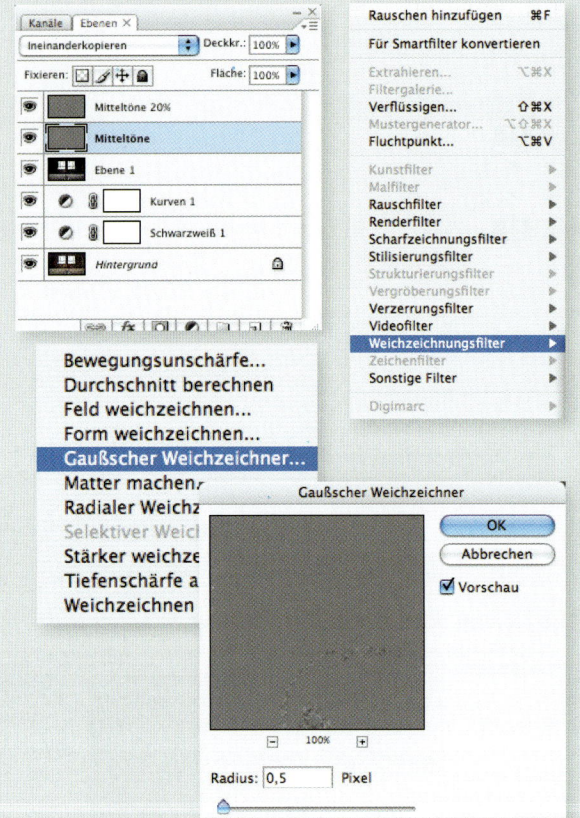

[10] Filmkorn weichzeichnen

Verglichen mit dem echten Filmkorn ist der Rauschen-Effekt in Photoshop zu schwach. Deshalb folgt jetzt eine zweite Nachbearbeitung des Rauschens auf der zweiten, unteren Grauebene.

Über *Filter/Weichzeichnungsfilter/Gaußscher Weichzeichner* zeichnen Sie die gesamte Ebene mit einem *Radius* von *0,5* Pixeln minimal weich.

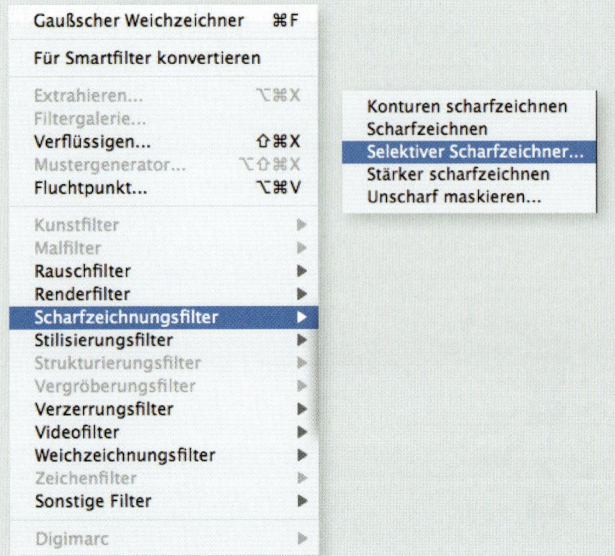

[11] Korn nachschärfen

Um das Korn nachzuschärfen, wird die Ebene mit dem *Scharfzeichnungsfilter/Selektiver Scharfzeichner* nachgeschärft.

[12] Deckkraft regulieren

Reduzieren Sie die *Deckkraft* der fertigen Korn-
ebene auf *20 %* ein guter Ausgangswert.

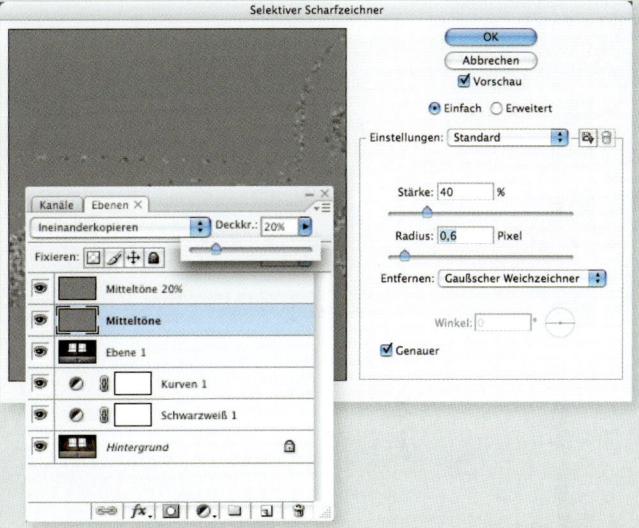

[13] Lichter auswählen

Für die Lichter und Tiefen soll in den folgenden
Schritten ebenfalls ein Kornbereich definiert
werden.
Gehen Sie in der *Ebenen*-Palette zurück auf die
Ebene mit dem Graustufenbild. Hier die *Ebene
1 Kopie*. Erstellen Sie, wie bereits beschrieben,
über *Auswahl/Farbbereich* eine Auswahl. Im
Dialogfeld *Farbbereich* öffnen Sie das Listenfeld *Auswahl* und markieren hier die Funktion
Lichter.
Damit die Tonwerte aus dem Bild gewählt werden, ist es wichtig, dass Sie sich auf der richtigen Ebene befinden.

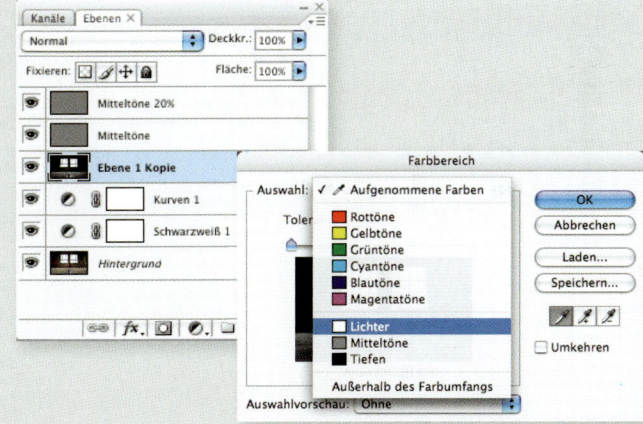

[14] Lichtauswahl kopieren

Kopieren Sie den ausgewählten Tonbereich von
der Erstellungsebene mit der Tastenkombination
[Strg]+[C] in den Zwischenspeicher. Anschlie-
ßend erstellen Sie eine weitere neue, leere
Ebene und kopieren den Inhalt aus dem Zwi-
schenspeicher mit [Strg]+[V] in die Ebene hinein.
Um den Überblick zu behalten, sollten Sie die
Ebenen entsprechend benennen.

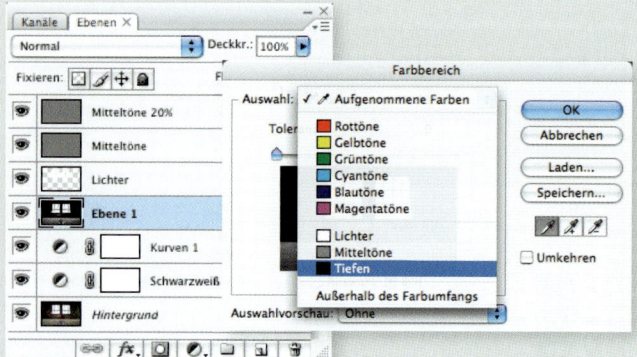

[15] Tiefen auswählen

Als Nächstes kopieren Sie mit *Auswahl/Farb-bereich/Tiefen* den Tonbereich der Bildtiefen in eine Ebene. Bestätigen Sie mit *OK*. Mit [Strg]+[C] kopieren Sie den Ebeneninhalt wieder in den Zwischenspeicher. Heben Sie die Auswahl anschließend mit [Strg]+[D] wieder auf.

[16] Tiefen einfügen

Nun legen Sie wieder eine neue, leere Ebene an und fügen den Inhalt aus dem Zwischenspeicher mit [Strg]+[V] wieder ein.

[17] Ebenen zusammenfügen

Um die Pixel der Lichter und Tiefen auf eine Ebene zu bekommen, markieren Sie bei ge-drückter [Strg]-Taste beide Ebenen und drücken danach die Tastenkombination [Strg]+[E], um beide Ebenen miteinander zu verschmelzen. Natürlich hätten Sie die Auswahl der Tiefen aus dem Zwischenspeicher auch direkt zu den Lich-tern einfügen können. Doch dann wäre Ihnen dieser kleine Tipp entgangen.

[18] Neue Grauebene

Auch das Korn für die Tiefen und Lichter wird auf einer eigenen unsichtbaren grauen Ebene angelegt,

.

[19] Inhalt übertragen

Um den Inhalt einer Ebene auszuwählen, reicht es, wenn Sie mit der Maus auf das Symbol der Ebene klicken und dabei die [Strg]-Taste gedrückt halten. Sie sehen die ausgewählte Ebene *Tiefen/Lichter*. Diese Ebene hat ihre Schuldigkeit getan und kann gelöscht werden. Wählen Sie anschließend die neue Grauebene an.

[20] Korn für Tiefen und Lichter

Über das Menü *Filter* wählen Sie die Funktion *Rauschen hinzufügen*. Im Bereich der Auswahl fügen Sie Störungen entsprechend der Werte wie abgebildet hinzu. Anschließend heben Sie die Auswahl wieder auf.

[21] Weichzeichnen

Auch diese Störungen zeichnen Sie, wie beschrieben, wieder ein wenig weich.

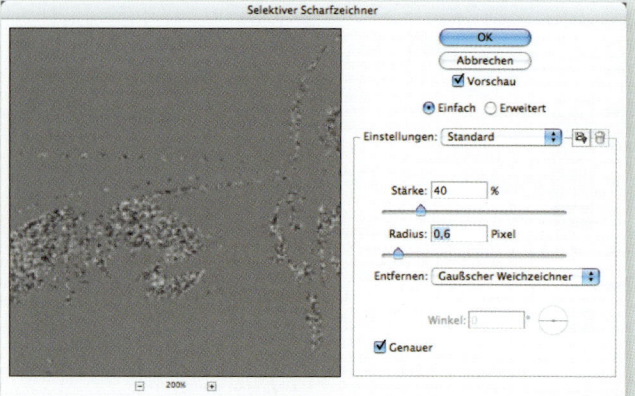

[22] Korn nachschärfen

Wie schon bei den Mitteltönen, wird auch hier bei *Tiefen/Lichter* mit denselben Einstellwerten das Korn nachgeschärft.

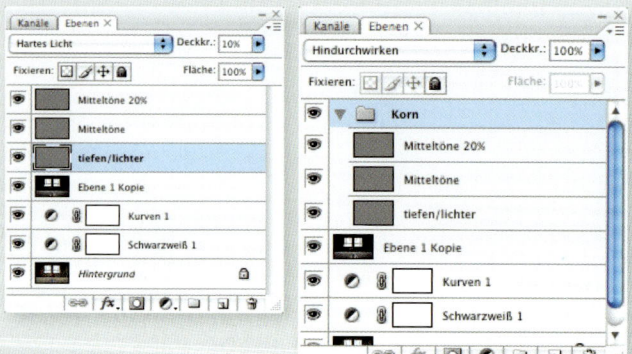

[23] Ebenenmodus umstellen

Den Ebenenverrechnungsmodus des Korns der Tiefen und Lichter stellen Sie auf *Hartes Licht* um. Damit erscheint das Korn in den Tiefen heller und in den Lichtern dunkel. Passen Sie die *Deckkraft* auf ca. *10 %* an.

[24] Ordnung im Ebenenstapel

Damit Sie den Überblick behalten, können Sie die drei Kornebenen zu einer Ebenengruppe zusammenfassen. Auch die Bildebene hat ihren Dienst verrichtet und kann entfernt werden. So wächst Ihre Dateigröße nicht unnötig an und die *Ebenen*-Palette bleibt übersichtlich.

[25] Feintuning

Über die *Deckkraft* der Ebenen können Sie das
Korn sowohl in den Mitteltönen als auch in den
Tiefen und Lichtern noch etwas regulieren. Auch
über die eben erzeugte Gruppierungsebene kann
die *Deckkraft* für alle darin befindlichen Ebenen
gesteuert werden.

Mit Filmkorn

Ohne Filmkorn

Partielles Tonen

Die Herangehensweise zur Teilkolorierung von Schwarzweiß-Bildern ist wirklich sehr einfach. Sie erfordert nur eine ruhige Hand beim Ausmalen der Details. Das Ergebnis hat einen eigenen Charme und dient zur Hervorhebung von einzelnen Bildinhalten.

VORHER
*Sie sehen die farbige Digitalaufnahme einer Bushaltestelle irgendwo in Havanna auf Kuba.
(Foto: Guido Sonnenberg)*

NACHHER
Bei der Absenkung der Bild-farben wurde nur das Motiv davon ausgenommen. Dies ist eine einfache Methode in der Produktplatzierung, um die Bildaussage in den Vordergrund zu rücken.

[1] Einstellungsebene Kanalmixer

Wenn Sie mit einem Farbbild starten, müssen
Sie dieses als Erstes in ein Graustufenbild umwandeln. Wählen Sie in der *Ebenen*-Palette die
Einstellungsebene *Kanalmixer*.
Sie können ein farbiges Bild auch mit der Funktion *Farbton/Sättigung* in ein Schwarzweiß-Bild
umwandeln. Hierzu setzen Sie den Sättigungs-
regler ganz nach links auf *-100*. Dann haben Sie
die Wahl zwischen *Kanalmixer* und *Schwarzweiß*. Die Vorteile liegen hier bei der individuellen Schwarzweiß-Gestaltung.

[2] In Schwarzweiß umwandeln

Im aktuellen Beispiel fällt die Entscheidung für
die Einstellungsebene *Kanalmixer*. Tragen Sie
im Dialogfeld *Kanalmixer* unter *Quellkanäle*
die Werte für *Rot*, *Grün* und *Blau* gemäß der
Abbildung ein. Aktivieren Sie unten links im Dialogfeld die Option *Monochrom* und Ihr Farbbild
wandelt sich in ein Graustufenbild um.

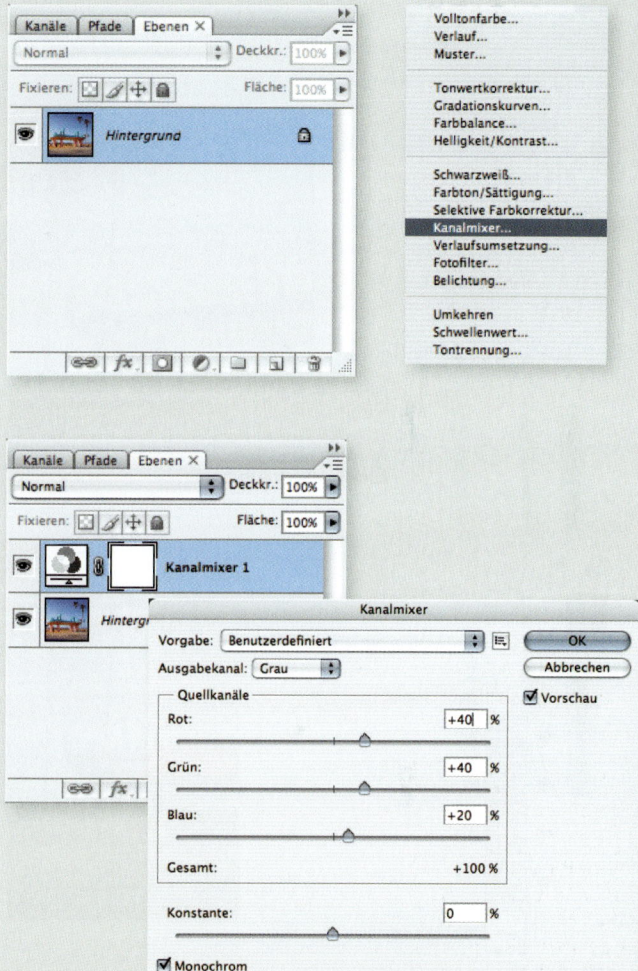

[3] Graustufenvarianten

Unter den Vorgaben finden Sie Voreinstellungen,
die eine ausgezeichnete Basis bilden.

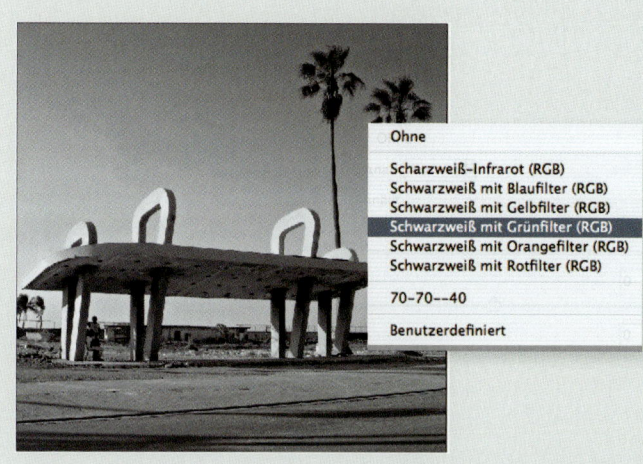

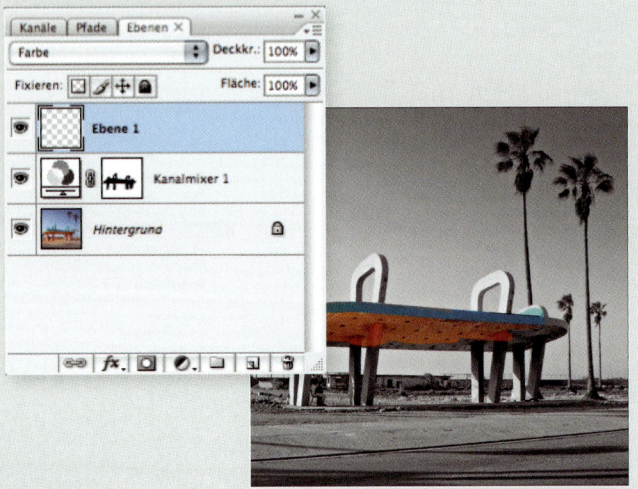

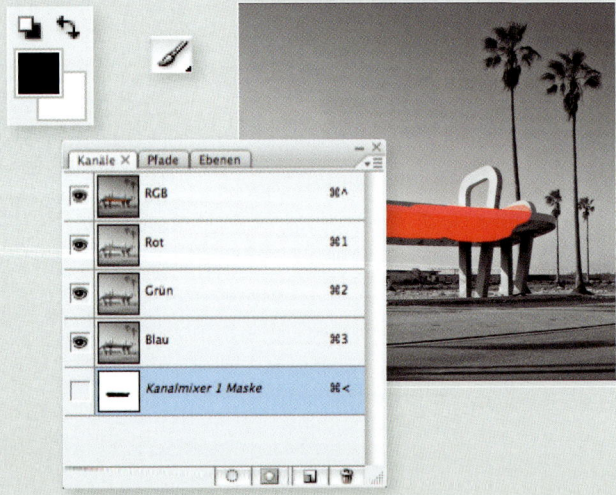

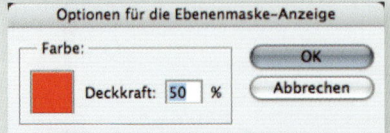

[4] Farbe auftragen

Wählen Sie aus der *Werkzeug*-Palette das *Pinsel*-Werkzeug und malen Sie mit der Vordergrundfarbe *Schwarz* die Bildstellen aus, die von der Graustufenumwandlung ausgenommen sein sollen. Sie maskieren damit die Graustufenumwandlung durch die Einstellungsebene.

[5] Abdeckmaske

Die Abdeckmaske wird Ihnen in der *Kanal*-Palette angezeigt. Klicken Sie auf das *Augen*-Symbol dieser Kanalebene, dann wird die Maske als rote, halb transparente Fläche dargestellt. Es ist vielleicht etwas verwirrend, dass Sie jetzt mit Schwarz malen und dass die betroffene Stelle im Bild rot dargestellt wird.

[6] Maskenoptionen

Mit einen Doppelklick auf die Kanalebene öffnen Sie das Dialogfeld *Optionen für die Ebenenmaske-Anzeige* für die Ebenenmaske. Hier können Sie die Deckkraft der Maske nach Ihrem Bedarf einstellen.
Die Standardfarbe *Rot* ist der Arbeit aus der Dunkelkammer entliehen, weil Fotopapier für rotwelliges Licht unempfindlich ist. Sie können die Maskenabdeckfarbe aber auch anpassen. Der Farbwähler öffnet sich mit einem Doppelklick auf die Farbflächendarstellung.

[7] Farbstich hinzufügen

Damit der Aufmerksamkeitsfokus nicht zu hart
ausfällt, wurde im Beispiel die Deckkraft der
Einstellungsebene ein wenig zurückgenommen,
um in den Graustufen einen zarten Farbstich zu
bekommen: hier ein Wert von *80 %*.

[8] Selektiv nachkolorieren

Wenn Ihnen ein Schwarzweiß-Bild vorliegt,
erstellen Sie eine neue Ebene und ändern Sie
die Füllmethode auf *Farbe*. So erhalten Sie eine
Basis, auf der Sie Ihr Graustufenbild selektiv
nachkolorieren können.

[9] Malwerkzeug abstimmen

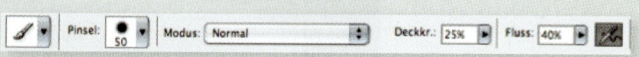

Passen Sie die Pinselspitze den auszumalenden
Details an. Vergrößern Sie die Spitze mit der [Ö]-
Taste, verkleinern Sie sie mit der [#]-Taste. Wenn
Sie mit einer verringerten Deckkraft arbeiten,
können Sie die Wirkung durch mehrfaches
Übermalen verstärken. In den Werkzeugopti-
onen finden Sie auch die Airbrush-Malfunktion.

[10] Deckkraft nachregeln

Damit die Kolorierung dem natürlichen Aussseh-
en angepasst wird, regeln Sie die Ebenendeckkraft nach.

Sepia-Tonung

Die Farbaufnahme eines königlichen Sees in Schwarzweiß zu wandeln, ist auf jeden Fall einfacher als umgekehrt. Deshalb der Tipp: Fotografieren Sie lieber in Farbe, auch wenn viele Digitalkameras ein entspre-
chendes Aufnahmeprogramm im Repertoire haben. Das Umwandeln in ein ansprechendes Schwarzweiß-
Foto ist mit Photoshop CS3 ein Leichtes. Genauso leicht ist es, das Foto mit einem sanften Sepia-Stich zu
veredeln, ohne ein Chemiestudium absolviert zu haben.

VORHER
*Sie sehen eine farbige
Landschaftsaufnahme, die
durch die Zentralperspekti-
ve eine bodenständige Ruhe
und Stille ausstrahlt.
(Foto: Jonathan Schule)*

NACHHER
*Durch die Reduzierung der
Farben auf einen Sepia-Ton
konnte der Eindruck von
bereits Vergangenem der
Bildinterpretation hinzuge-
geben werden.*

Methode 1

[1] Farbe entsättigen

Die einfachste Methode, einem Farbfoto die
Farbe zu entziehen, ist die mit der Einstellebene
Farbton/Sättigung. Im Dialogfeld *Farbton/Sätti-*
gung ziehen Sie den Regler *Sättigung* ganz nach
links bis der Wert auf *-100* steht. Bei diesem
Verfahren wird die Farbe nach und nach aus
dem Bild genommen.

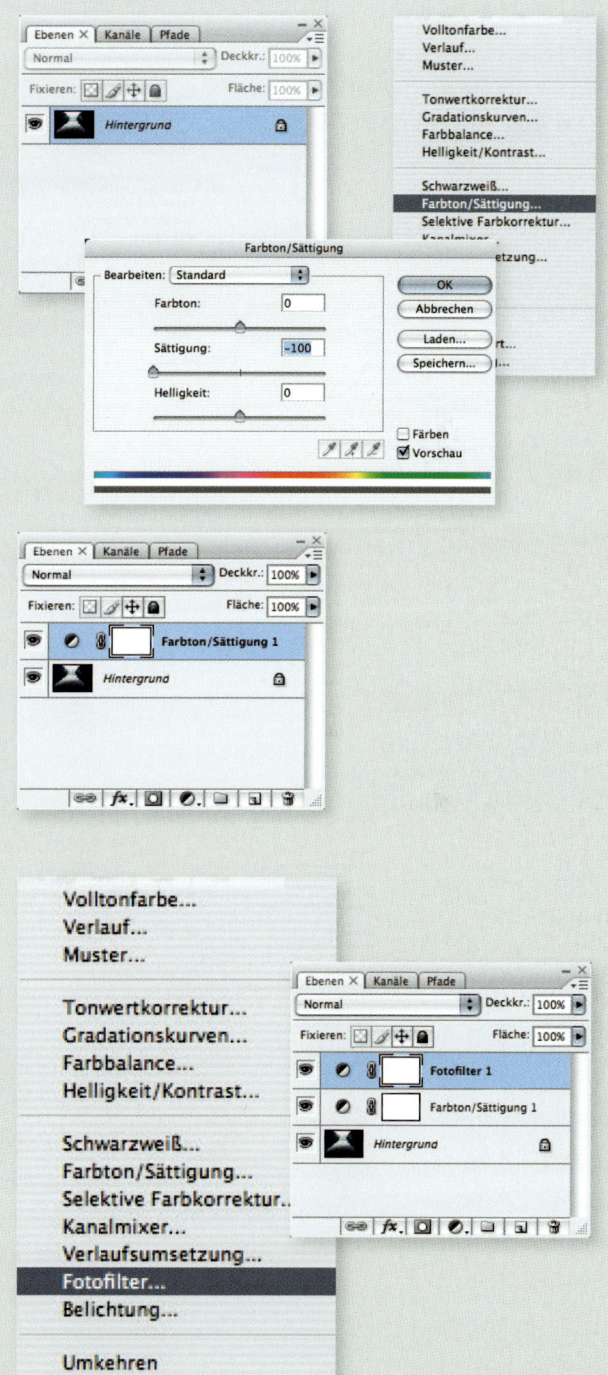

[2] Fotofilter hinzufügen

Doch mit einem reinen Schwarzweiß-Bild
sollten Sie sich nicht zufriedengeben. Veredeln
Sie Ihre Aufnahme mit einem Sepia-Touch.
Auch hier arbeiten Sie wieder, ohne die Original-
informationen zu zerstören, mit einer Einstellungsebene. Wählen Sie die Einstellungsebene
Fotofilter.

Neben zahlreichen anderen Filtern, die den
Schwarzweiß-Fotografen nicht ganz unbekannt
vorkommen, bietet das Dialogfeld *Fotofilter* im
Bereich *Verwenden* eine Liste unterschiedlicher
Filter. So auch die Voreinstellung *Sepia*.
Mit dem Regler *Dichte* brauchen Sie jetzt nur
noch die gewünschte Farbintensität auf *30 %*
einzuregeln. Die Option *Luminanz erhalten*
bleibt aktiviert.

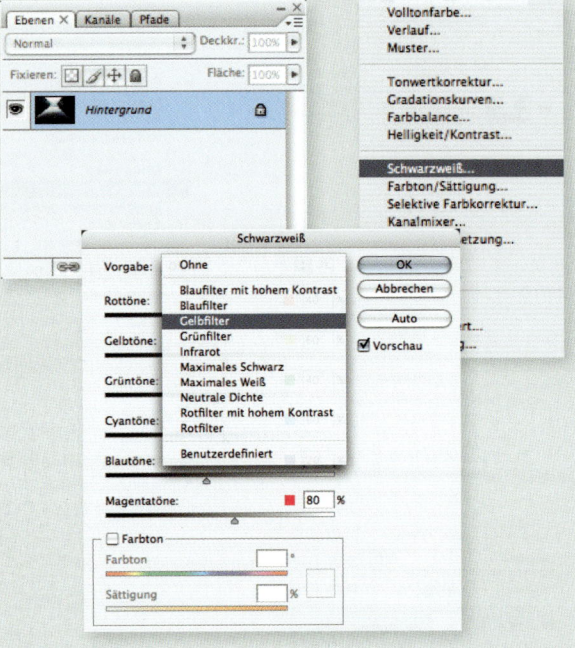

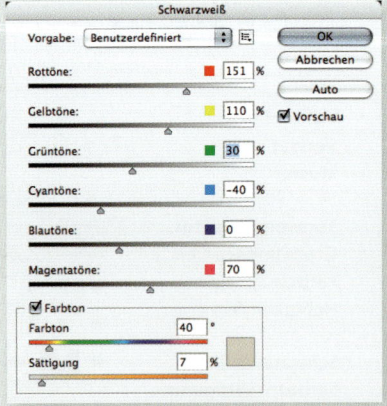

[3] Schnappschuss anlegen

Fotografieren Sie Ihr erstes Sepia-Ergebnis in der *Protokoll*-Palette. Mit einem dort erstellten Schnappschuss, können Sie jetzt weiterexperimentieren und zu einem späteren Zeitpunkt wieder auf dieses Arbeitsergebnis zurückgreifen. Wechseln Sie anschließend auf den Schnappschuss ganz oben in der *Protokoll*-Palette, um zum Ausgangsbild zurückzukehren.

Methode 2

Der zweite Möglichkeit, ein Sepia-Foto zu erstellen, ist genauso einfach.

[1] Ausgewogenes Schwarzweiß-Ergebnis

Ein ausgewogenes Schwarzweiß-Ergebnis Ihres Ausgangsfotos erhalten Sie über die Einstellungsebene *Schwarzweiß*. Versuchen Sie, mit den Voreinstellungen im Dialogfeld *Schwarzweiß* eine gute Basis zu finden, und nehmen Sie dann mit den Reglern der Farbbereiche die Feineinstellung vor. Orientieren Sie sich an den Werten der Abbildung.

[2] Tonung hinzufügen

Im unteren Bereich des Dialogfeldes *Schwarzweiß* markieren Sie die Option *Farbton*. Daraufhin bekommt Ihr Bild einen leichten Braunstich, der ihm einen gewissen Nostalgielook verleiht. Lassen Sie den Effekt nicht zu kitschig aussehen und dämpfen Sie die Farbsättigung mit den unteren Reglern ab.

Methode 3

Erstellen Sie wieder einen Schnappschuss in der *Protokoll*-Palette und wählen danach das obere Symbol an. Wieder sind Sie am Ausgangspunkt.

[1] Back to the Roots

Um die Farbinformationen in Schwarzweiß umzurechen, gibt es natürlich auch die altbewährte Methode über die Einstellungsebene *Kanalmixer*. Legen Sie dafür in der *Ebenen*-Palette die Einstellebene *Kanalmixer* an.

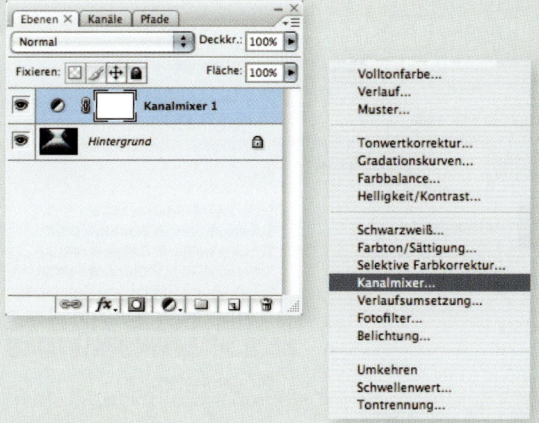

[2] Schwarzweiß-Umwandlung

Stellen den Regler *Rot* auf *+70 %*, den Regler *Grün* auf *+70 %* und den Regler *Blau* auf *-40 %*. Anschließend aktivieren Sie die Option *Monochrom*. Neu in Photoshop CS3 ist die Berechnung der Gesamtsumme aus den Kanalgewichtungen. Um keine Bilddetails zu verlieren, sollte die Gesamtsumme aller Kanäle im Idealfall bei +100 liegen.
Ihre bevorzugten Kanaleinstellungen können Sie auch abspeichern und bei nachfolgenden Bearbeitungen bequem unter dem Listenfeld *Vorgabe* wieder abrufen. Klicken Sie zum Speichern auf das kleine Symbol *Vorgabeoptionen* rechts neben dem Listenfeld *Vorgabe*.

[3] Tonungsfarbe wählen

Eine zweite Einstellungsebene vom Typ *Farbton/Sättigung* bringt jetzt die Farbe wieder ins Spiel. Dieses Mal aktivieren Sie das kleine Kontrollfeld *Färben*. Die Funktion ist dann identisch mit der Funktion beim *Schwarzweißfilter*. Mit dem Regler *Farbton* definieren Sie den passenden Farbstich. Mit dem Regler *Sättigung* bestimmen Sie die Farbdichte.

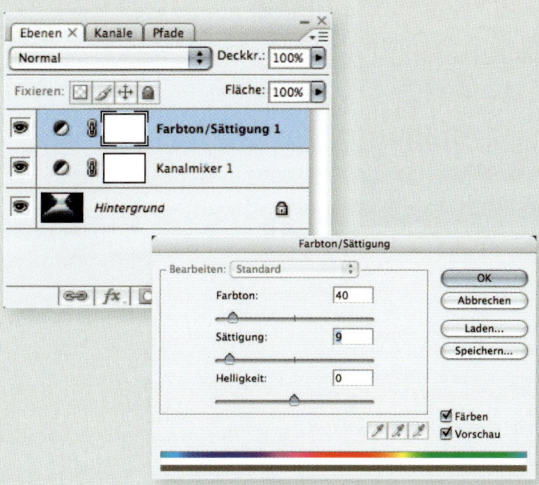

[4] Fine-Art-Sepia-Tonung

Für die Fine-Art der Sepia-Tonung starten Sie wieder mit einer Schwarzweiß-Reduzierung Ihres Originals. Jetzt ist im Vorteil, wer die Einstellungen, im Beispiel hier die des *Kanalmixers*, abgespeichert hat. So kann man schnell auf definierte Werte zurückgreifen.

[5] Farbe auswählen

Die Farbtonung wird mit der Einstellungsebene *Volltonfarbe* angelegt. Es öffnet sich der Farbwähler, über den Sie die gewünschte Farbe anwählen. Um Ihnen als Zwischenergebnis ein Beispiel einer alten Drucktechnik zu geben, wählten wir hier ein saftiges Orange. Keine Panik, wenn Sie nach dem Bestätigen nur noch Rot sehen.

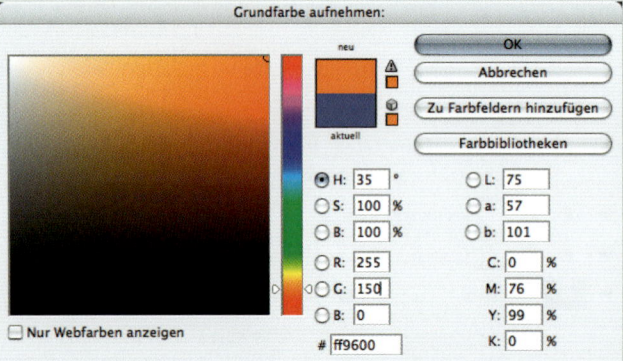

[6] Füllmethode Farbe

Verändern Sie den Verrechnungsmodus der oberen Einstellungsebene von *Normal* auf *Farbe*. Das Ergebnis ist dem alten Lichtdruckverfahren (Sonnendruck) recht ähnlich.

[7] Luminanzmaske

Das jetzige Ergebnis ist noch ein wenig poppig. Durch das Abmaskieren der hellen Bildflächen erreicht man eine viel subtilere Kolorierung. Wechseln Sie in die *Kanal*-Palette und klicken Sie mit gehaltener [Strg]-Taste auf das *RGB*-Symbol. Sie erhalten eine den Helligkeitswerten entsprechende Auswahl im Bild.

[8] Maske füllen

Zurück in der *Ebenen*-Palette achten Sie auf die Anwahl des Maskensymbols der oberen Einstellungsebene und wählen über die Menüleiste *Bearbeiten/Fläche füllen*. Die Fläche innerhalb der Auswahl wird mit der unter *Verwenden* voreingestellten Standardfarbe *Schwarz* gefüllt. Die Auswahl können Sie danach mit der Tastenkombination [Strg]+[D] wieder aufheben.

[9] Deckkraft und Farben anpassen

Passen Sie jetzt sowohl die Deckkraft der Einstellungsebene als auch die Farbwahl nachträglich an.

[10] Vergleichen

Wenn Sie von jedem Ergebnis in der *Protokoll*-Palette einen Schnappschuss erstellt haben, können Sie diese jetzt bequem durch Anwählen vergleichen und Ihren Favoriten küren.

Ergebnis von Kanalmixer und Volltoneinstellebene.

Pseudo-Sepia-Ergebnis durch Einfärben des Schwarzweiß-Fotos.

Ergebnis des Sepia-Filters.

Schwarzweiß-Konvertierung

Eine der großartigen Neuerungen in Photoshop ist die Schwarzweiß-Funktion. So einfach war es noch nie, aus einem Farbfoto ein individuell, gut konvertiertes Graustufenbild zu zaubern.

VORHER
Sie sehen ein farbiges Motiv vor dem Mercedes-Benz-Museum, wie es von einem CCD-Kamerachip interpretiert wird. (Foto: Guido Sonnenberg)

NACHHER
Hier sehen Sie das konvertierte Graustufenbild mit einer ausgewogenen Gewichtung der Tonwertabstufungen.

[1] Schwarzweiß-Einstellungsebene anlegen

Die neuen Filter *Schwarzweiß* finden Sie nicht nur im Menü *Bild/Anpassungen/Schwarzweiß*, sondern auch als Einstellungsebene in der *Ebenen*-Palette.

[2] Schwarzweiß-Basis

Mit Klick auf die Schaltfläche *Auto* im Dialogfeld *Schwarzweiß* wird das Motiv auf der Grundlage seiner Farbwerte als Graustufenbild neu berechnet. Die automatische Mischung erzeugt schon ganz gute Ergebnisse.
Die Möglichkeit, die Konvertierung mit den RGBCMY-Farbreglern anzupassen, liefert Ihnen jedoch ganz individuelle Ergebnisse. Wobei Ihnen der Balken an den Farbreglern anzeigt, wie hell oder dunkel die Farbe im Bild als Grauwert erscheinen wird.
Auch ganz gute Ausgangsvarianten sind die vordefinierten Graustufenmischungen, die im Listenfeld *Vorgabe* angeboten werden.

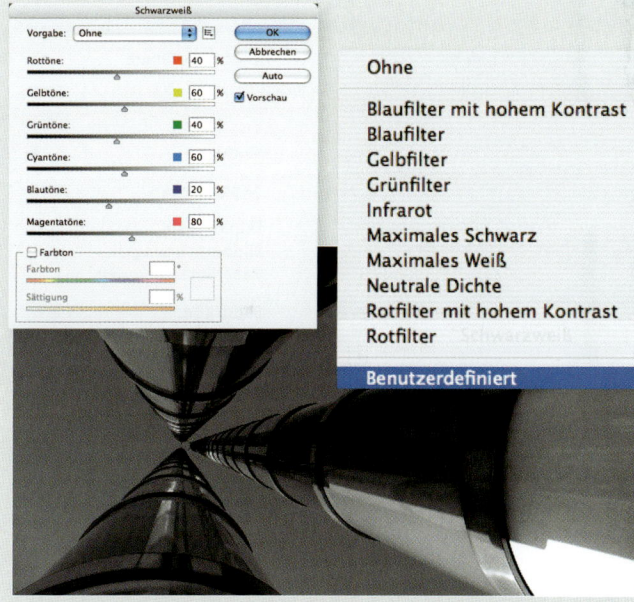

[3] Graustufen variieren

Eine recht attraktive Kontrolle der Graustufeneinstellung ist die Möglichkeit, bei geöffnetem *Schwarzweiß*-Dialogfeld die Maus in das Bilddokument zu bewegen. Der Zeiger verändert sich dabei in eine Pipette. Wenn Sie jetzt über dem zu verändernden Farbbereich die Maustaste gedrückt halten und dabei ziehen, können Sie diese Farbe direkt aufhellen oder abdunkeln.

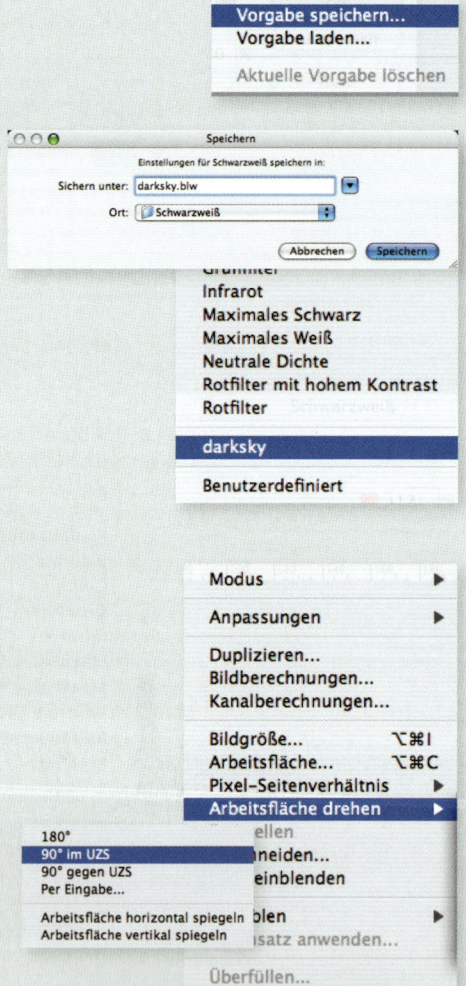

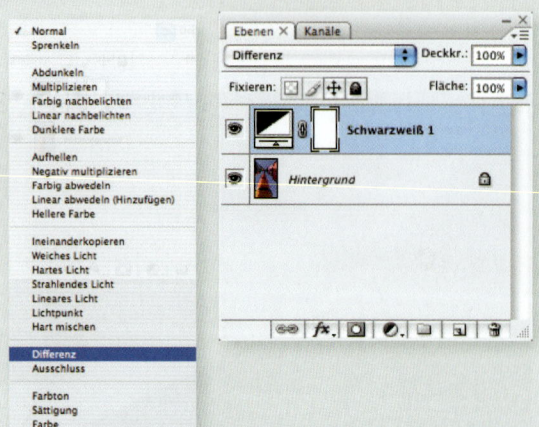

[4] Graustufenwerte abspeichern

Die Einstellungsebene *Schwarzweiß* ist wirklich
eine wunderbare Hilfe, um ganz leicht die richtigen Graustufenwerte für Ihr Motiv zu finden.
Diese ermittelten Werte können ebenso leicht
abgespeichert werden, um sie später auf andere
Motive zu übertragen.
Neben dem Listenfeld *Vorgaben* öffnen Sie über
das kleine Symbol das Kontextmenü *Speichern*.
Geben Sie Ihren Einstellwerten einen Namen
und schließen Sie das Kontextmenü mit Klick
auf die Schaltfläche *Speichern*. Ihre Werte
finden Sie dann direkt im Listenfeld *Vorgaben*
wieder.

[5] Bild drehen

Experimentieren Sie doch einmal mit Ihren
Bildformaten. Wie würde Ihr Motiv gedreht oder
gespiegelt wirken? Im Beispiel wird das Bild um
90° gedreht. *UZS* steht übrigens für Uhrzeiger-
sinn.
Gehen Sie dazu ins Menü *Bild/Arbeitsfläche
drehen* und probieren Sie die verschiedenen
Möglichkeiten aus.

[6] Füllmethode Differenz

Ein weiteres Experiment: Wechseln Sie den Ebenenverrechnungsmodus resp. die Füllmethode
von *Normal* auf *Differenz* – auch diese Farbva-
riante ist nicht ganz uninteressant.

[7] Schwarzweiß versus Color

Veränderungen der Farbwerte im *Schwarzweiß*-
Dialogfeld nehmen Sie direkt im Motiv wahr und
können so einfach Ihre Lieblingsfarbvariation
finden. Ein wunderbares Einstellfeld, um Ihren
kreativen Farbfantasien freien Lauf zu lassen.

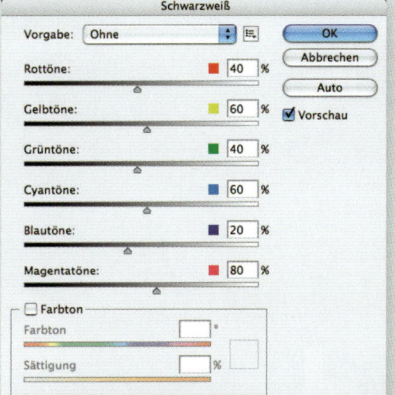

8
PERSPEKTIVE

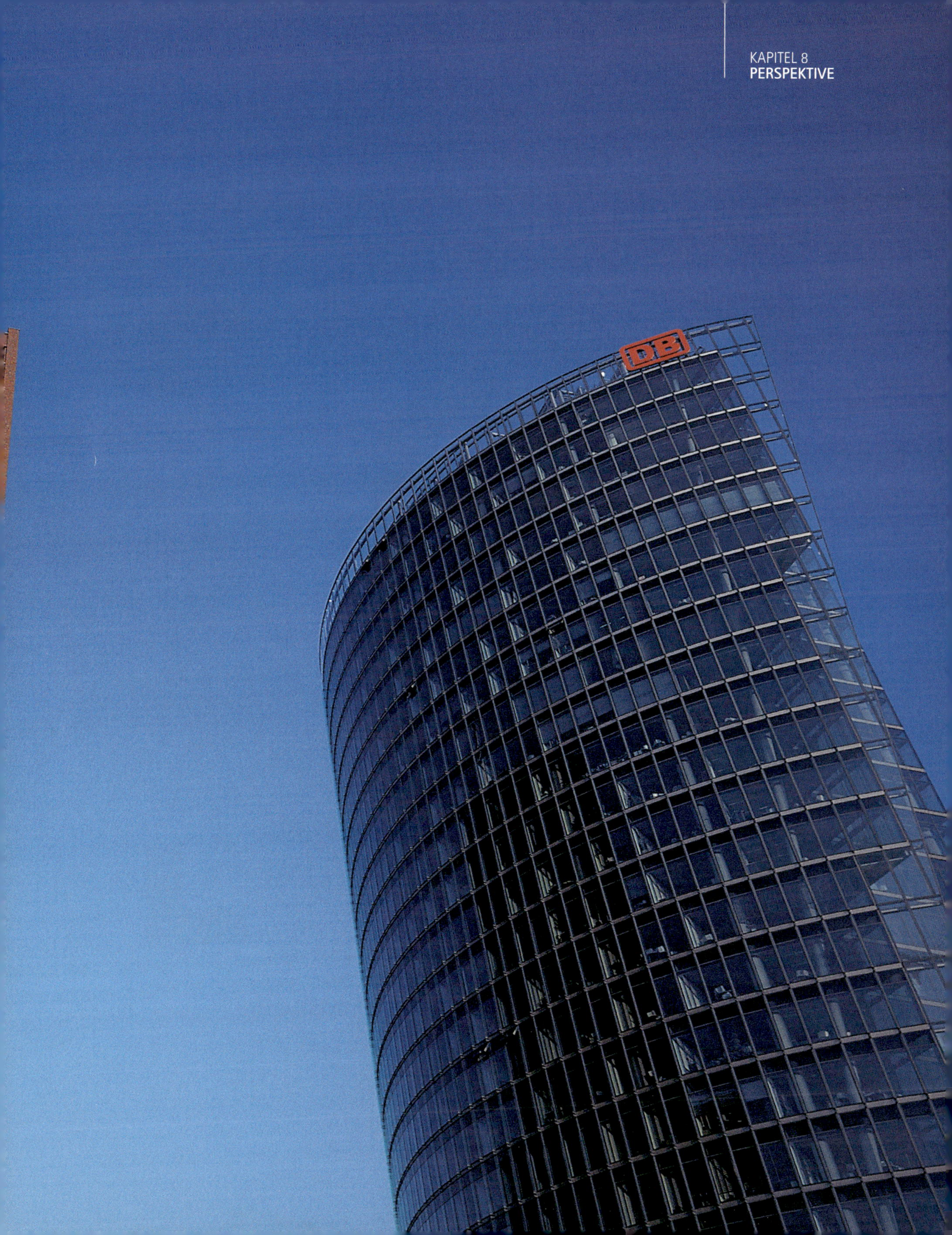
DB

8

Perspektive

Objektivfehler korrigieren

Manchmal ist es erforderlich, dass zum Motiv ein neuer Hintergrund eingebaut werden soll. Dieser Work-
shop zeigt Ihnen, wie sie Motive mit feinen Strukturen schnell und sauber freistellen können.

VORHER
Hier ist die Vignettierung
in den Bildecken gut zu
erkennen. Linien verlaufen
zudem nicht senkrecht
durchs Foto und weisen
eine kleine, kissenförmige
Verzerrung auf.
(Foto: Guido Sonnenberg)

NACHHER
Das Bild ist gleichmäßig ausge-
leuchtet und alle Linien verlaufen
parallel zum Bildrand.

[1] Bildanalyse

Betrachten Sie Ihre Aufnahme zuerst genau und stellen Sie fest, welche Bildfehler sie beinhaltet. In dem hier abgebildeten Beispielbild finden sich Verzerrungen, Neigungsfehler und Vignettierungen in den Ecken. All diese Fehler können in einem Arbeitsschritt behoben werden.

[2] Filter Objektivkorrektur

Der Filter *Objektivkorrektur* ist ein Gewinn für die digitale Bildbearbeitung. Ein Schärfeverlust durch mehrfache Neuberechnungen kann so vermieden werden. Sie finden dieses Allroundtalent unter dem Menü *Filter/Verzerrungsfilter/Objektivkorrektur*. Nach Anwahl öffnet sich das Dialogfeld *Objektivkorrektur*.

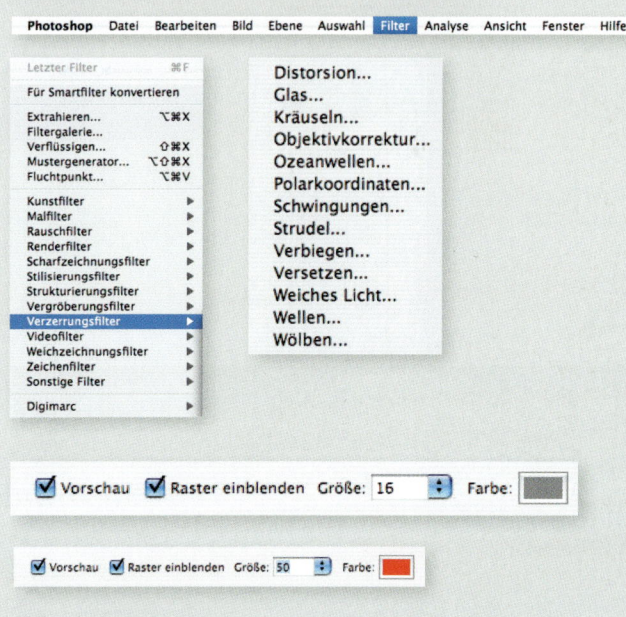

[3] Rasterweite anpassen

Vergrößern Sie das Raster auf eine Ihnen angenehme Größe. Im Eingabefeld *Größe* geben Sie den für Sie optimalen Wert ein, hier eine Größe von *50*. Die Gitterlinien können zur besseren Wahrnehmung mit dem Farbwähler verändert werden. Klicken Sie hierzu einfach auf die Farbfläche hinter *Farbe*.
Auch das Ausrichten wird Ihnen leichter fallen, wenn Sie mit dem *Gitterverschiebe*-Werkzeug das Gitterraster an eine Motivkante im Bild versetzen.

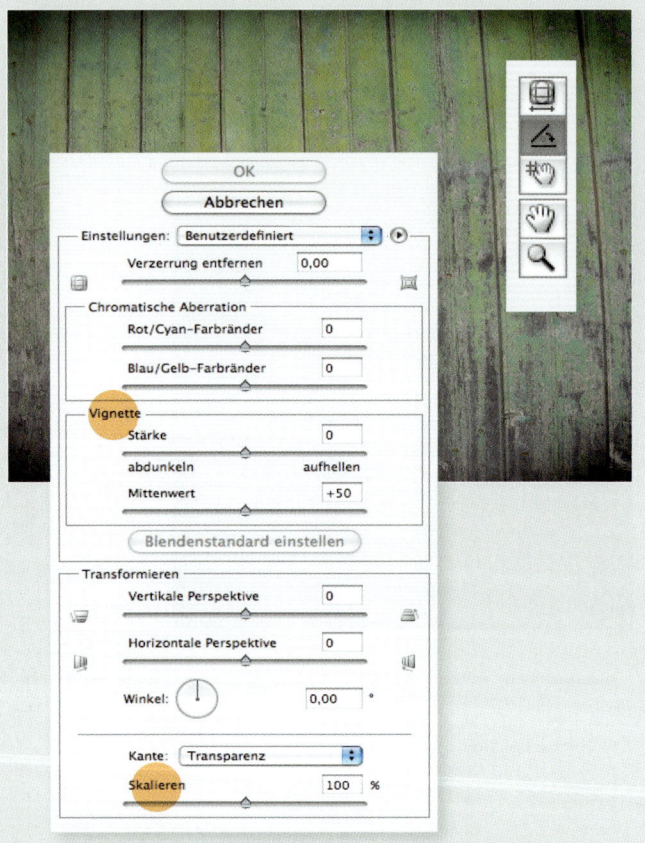

[4] Verzerrungen entfernen

Mit der Funktion *Verzerrung entfernen* korrigieren Sie die tonnen- oder kissenförmigen Verzeichnungen. Sie können diese auch durch das Werkzeug in der linken *Werkzeug*-Palette ausgleichen.

[5] Vignettierung entfernen

Mit den Reglern der Funktion *Vignette* entfernen Sie die dunklen Ränder in den Ecken von Bildern. Der Regler *Mittelwert* legt die Breite des Bereichs fest. Je höher der Wert ist, desto mehr wird der Effekt auf die Bildkanten beschränkt.

[6] Bildneigung ausgleichen

Die Perspektivenkorrektur gleicht stürzende Bildlinien durch geneigt gehaltene Kameras aus: typisch für Aufnahmen aus der Frosch- oder Vogelperspektive. In den korrigierten Randbereichen werden die fehlenden Pixel durch transparente ersetzt. Fehlende Bildteile können durch Zoomen in das Bild mit dem Regler *Skalieren* weggeschnitten werden.

[7] Bildanschnitt

Da das Zoomen aber von allen Seiten gleich erfolgt, werden auch intakte Bildflächen weggeschnitten. Deshalb ist es vorteilhafter, die Bildarbeitsfläche manuell anzupassen, entweder mit dem *Freistellungs*-Werkzeug oder mit dem Menü *Bild/Arbeitsfläche*.
Kleine transparente Bildblitzer können Sie leicht mit dem *Kopierstempel*-Werkzeug ausbessern.

[8] Bild drehen

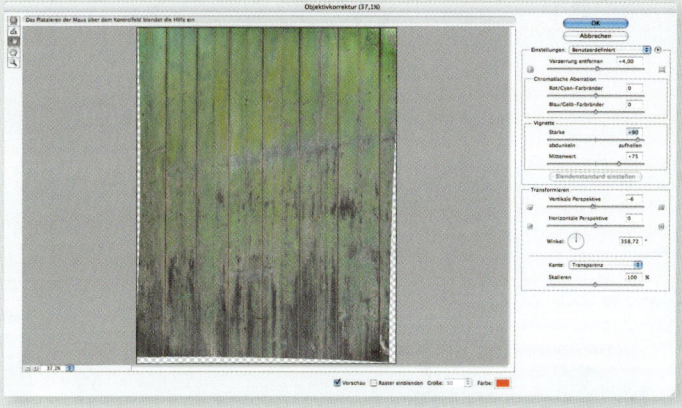

Im Bereich *Transformieren* findet sich die Funktion *Winkel*, mit der Sie Ihr Bild drehen und so den schiefen Horizont ausgleichen können. Alternativ zu diesem Verfahren bietet sich auch der Weg über das *Gerade-ausrichten*-Werkzeug an. Greifen Sie zum *Gerade-ausrichten*-Werkzeug in der *Werkzeug*-Palette. Ziehen Sie dann mit der Maus eine Linie auf der Arbeitsfläche auf, am besten entlang der Bildmotivkante, die ausgerichtet werden soll. Das Bild verrückt dann automatisch um den ermittelten Winkelbetrag.

[9] Voreinstellungen

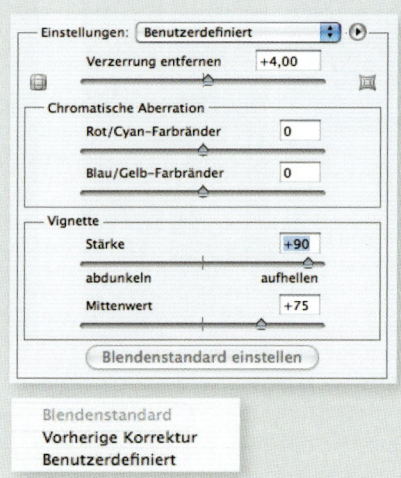

Wie Sie sehen, sind gleich fünf Arbeitsschritte mit diesem einen Korrekturfilter durchführbar. Und noch einen weiteren Arbeitsvorteil kann Ihnen dieser Filter bieten. Fotografieren Sie viele Bilder mit demselben Objektiv, können Sie die Fehlsichtigkeit des Objektivs als Blendenstandard festlegen. Voraussetzung ist, dass Ihre Kamera die Brennweite und den Blendenwert als EXIF-Metadaten aufzeichnen kann. Klicken Sie zur Aufzeichnung auf die Schaltfläche *Blendenstandard einstellen*.

Wenn Sie danach ein Bild korrigieren, bei dem die Einstellungen für Kamera, Objektiv, Brennweite und Blendenwert übereinstimmen, wird im Menü *Einstellungen* die Option *Blendenstandard* verfügbar.

Speichern und laden Sie individuelle Einstellungen manuell. So können Sie dieselben Korrektureinstellungen mehrmals anwenden.

Stürzende Linien ausgleichen

Fotos aus der Frosch- oder Vogelperspektive haben naturgemäß stark fluchtende oder stürzende Linien. Bei Schnappschüssen aus der Hand sind diese nicht parallel verlaufenden Linien auch häufig anzutreffen. Man kann sich natürlich ein Shift-Objektiv zulegen, um diese Verzeichnungen auszugleichen, aber einfacher und billiger geht es mit dem Crop-Tool oder in Deutsch: dem Freistellungs-Werkzeug.

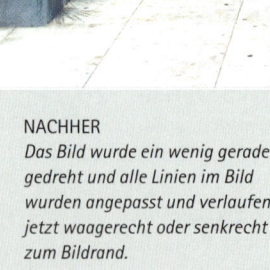

VORHER
Bei dieser verkanteten Aufnahmeperspektive verjüngen sich die senkrechten Linien nach oben hin und der Betrachter bekommt den Eindruck, dass das Motiv nach rechts wegkippt. (Foto: Guido Sonnenberg)

NACHHER
Das Bild wurde ein wenig gerade gedreht und alle Linien im Bild wurden angepasst und verlaufen jetzt waagerecht oder senkrecht zum Bildrand.

[1] Rahmen aufziehen

Wählen Sie in der Werkzeugleiste das *Freistellungswerkzeug* und ziehen Sie um die Eingangstür einen Rahmen auf. Achten Sie darauf, dass keine Werte in den Eingabefeldern der Optionsleiste eingetragen sind.

[2] Perspektivisch bearbeiten

Nachdem der Rahmen aufgezogen worden ist, verändert sich die Leiste der Werkzeugoptionen. Markieren Sie jetzt die Option *Perspektivisch bearbeiten*. Die Ankerpunkte an den Rahmenecken können Sie jetzt individuell versetzen. Passen Sie mit den Eckankerpunkten Ihren Rahmen an den Linien im Foto an, die später senkrecht und waagerecht verlaufen sollen. Vergrößern Sie den Bereich, um die Ankerpunkte so exakt wie möglich zu platzieren.

[3] Bildausschnitt festlegen

Verändern Sie die Eckpunkte nicht mehr und ziehen Sie mit den Ankerpunkten auf den Geraden den Rahmen zum neuen Bildausschnitt auf. Bleiben Sie mit den Freistellrahmen innerhalb der Bildbegrenzung. Bereiche, die über das Bild hinausreichen, werden mit der Hintergrundfarbe aufgefüllt.

[4] Rahmen bestätigen

Mit einem doppelten Anschlag der [Enter]-Taste oder Anklicken des Häkchens rechts außen in der Leiste der Werkzeugoptionen bestätigen Sie die Rahmeneingabe und Photoshop errechnet den neuen Bildausschnitt.

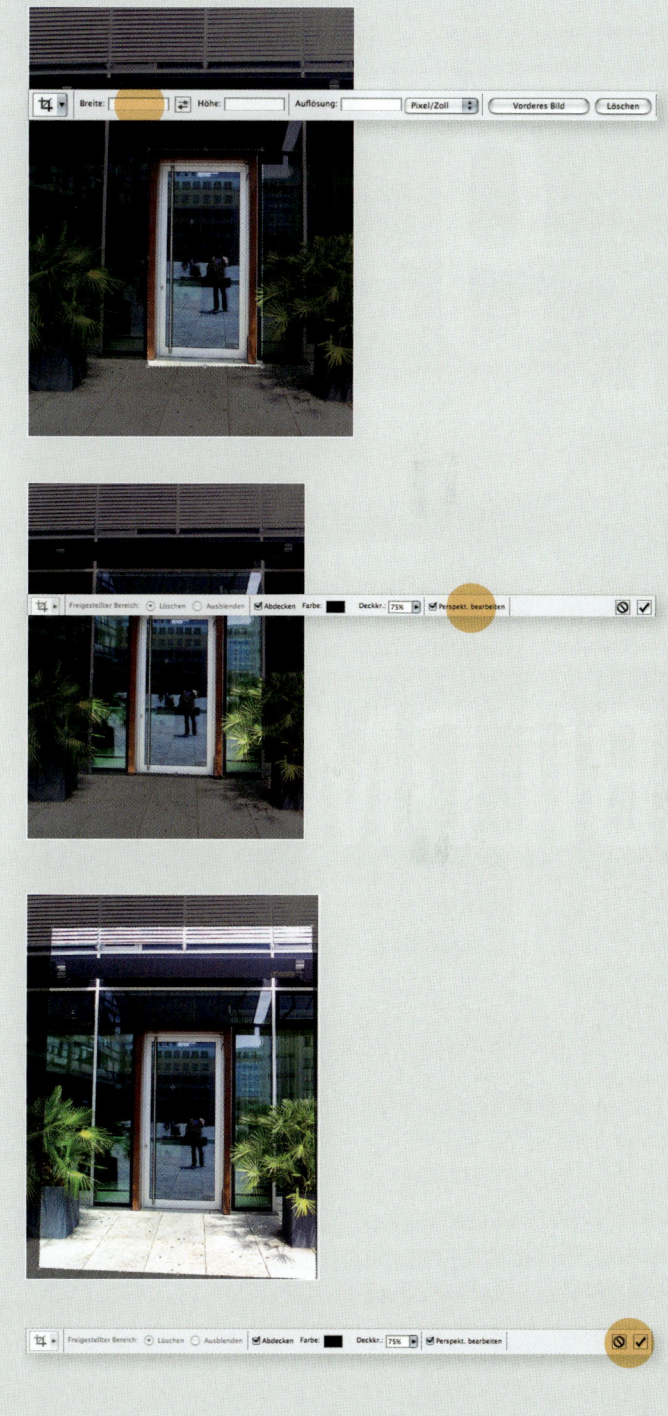

9

BILDMONTAGE

9

Bildmontage

Auto-Masking

In diesem Workshop wird ein Fotoausschnitt des Stuttgarter Mercedes–Benz-Museums verwendet und zu einem völlig neuen Fantasiemotiv arrangiert. Lernen Sie in diesem Workshop das Handling mit der Arbeitsfläche und der neuen **Ebene automatisch füllen***-Funktion in Photoshop CS3 kennen.*

VORHER
Sie sehen zwei Einzelaufnahmen, die zu einem neuen Gesamtbild arrangiert werden sollen.
(Foto: Guido Sonnenberg)

NACHHER
Die sich aus dem Bildarrangement notwendigerweise ergebenen Überlappungen sind von Photoshop fast unsichtbar abmaskiert und auch farblich miteinander verschmolzen worden.

[1] Ebene umbenennen

Ein Doppelklick in die blau markierte Fläche
der Hintergrundebene öffnet automatisch das
Dialogfenster *Neue Ebene*. Unter dem Texteinga-
befeld *Name* wird Ihnen als neuer Ebenenname
Ebene 0 vorgegeben, den Sie ohne Weiteres
übernehmen können. Bei *Farbe* kann die Ebene
optisch hervorgehoben werden. Bei umfangreichen Photoshop-Arbeiten mit sehr vielen
Ebenen kann eine farbige Hervorhebung ganz
hilfreich sein.

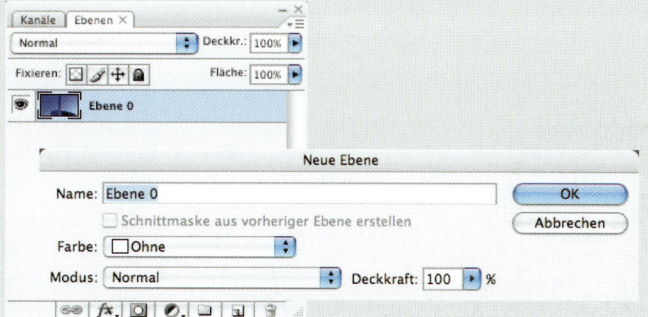

[2] Motiv ausloten

Leider ist die Säule im Motiv nicht senkrecht
ausgerichtet, soll aber optisch vertikal durchs
Bild verlaufen. In der *Werkzeug*-Palette finden
Sie im Ausklappmenü des *Pipetten*-Werkzeugs
auch das *Lineal*-Werkzeug.
Greifen Sie zum *Lineal*-Werkzeug und klicken
Sie mit der Maus an einer gut sichtbaren Kante
im Bildmotiv, die später vertikal oder horizontal
verlaufen soll. Ziehen Sie mit gedrückter Maustaste eine Linie entlang dieser Kante auf. Den so
ermittelten Winkel können Sie in der Leiste der
Werkzeugoptionen ablesen.

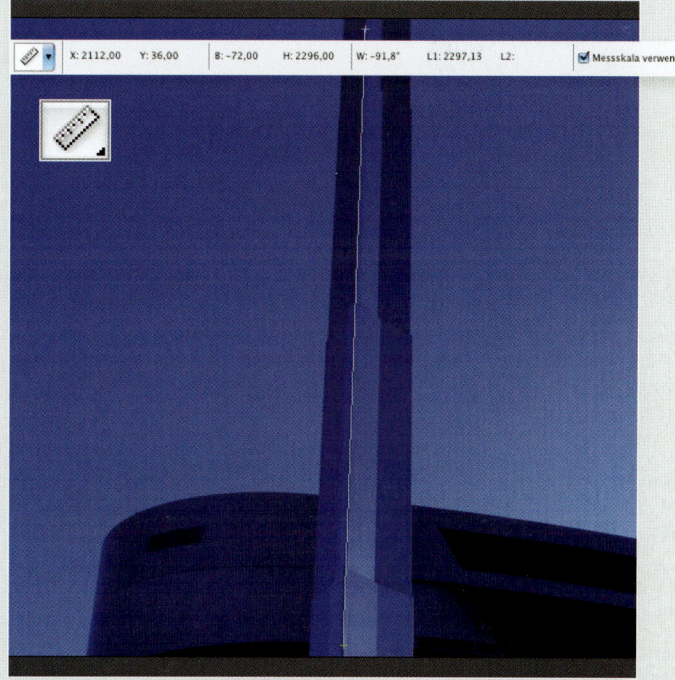

[3] Motiv drehen

Öffnen Sie als Nächstes in der Menüleiste unter
Bild/Arbeitsfläche drehen die Funktion *Per
Eingabe*. Der zuvor ermittelte Winkelwert wird
automatisch in das Eingabefeld übernommen.
Auch die Entscheidung, ob die Arbeitsfläche zur
geraden Ausrichtung im oder gegen den Uhrzei-
gersinn (UZS) gedreht werden soll, nimmt Ihnen
Photoshop ab. Sie brauchen lediglich mit *OK* zu
bestätigen.

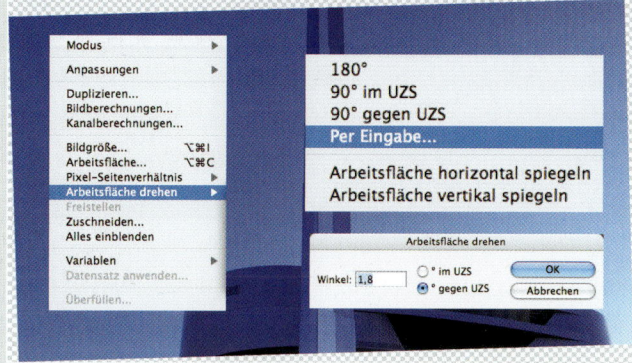

[4] Neue Arbeitsfläche bestimmen

Das Motiv wird in der Arbeitsfläche neu ausgerichtet. Hierbei werden Sie an den Kanten
transparente Flächen erkennen. Diese gilt es
nun mit dem *Freistellungs*-Werkzeug zu entfernen. Achten Sie darauf, dass in den Werkzeugoptionen keine Werte eingegeben sind. Ziehen
Sie einen Rahmen auf, der keine transparenten
Pixel umfasst.

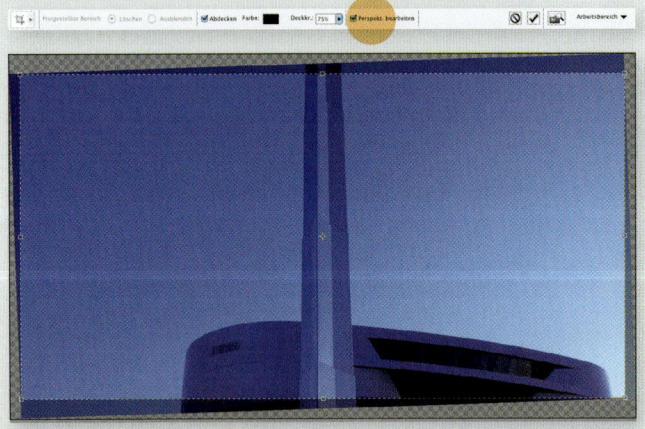

[5] Arbeitsfläche verzerren

Nach dem Aufziehen des Rahmens ändert sich
die Leiste der Werkzeugoptionen und ein kleines
Feature zur Rahmenausrichtung wird anwählbar.
Setzen Sie ein Häkchen in das Kontrollfeld *Per-
spektive bearbeiten.* Nun können die Eckanker-
punkte des Freistellrahmens individuell platziert
werden.
Damit bei dem Motiv nicht zu viel weggeschnitten wird, wurde hier etwas gemogelt und der
Ankerpunkt unten links zur Bildkante verlängert.
Mit der [Enter]-Taste stellen Sie das perspektivisch verzerrte Bild auf ein neues Format frei.

[6] Ebene duplizieren

Wechseln Sie jetzt zur *Ebenen*-Palette und
duplizieren Sie das Ergebnis der neuen Arbeitsfläche.

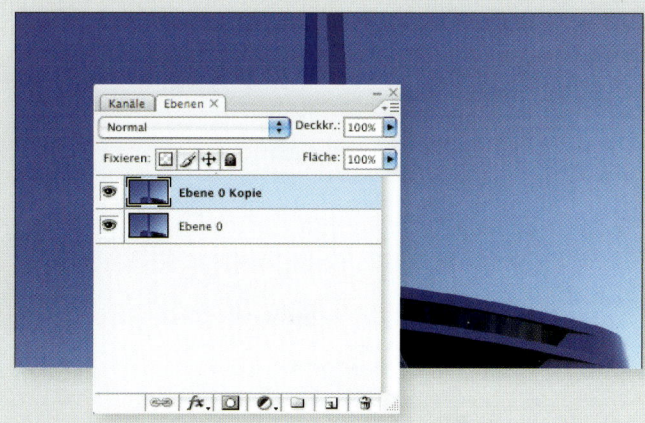

[7] Neue Hintergrundebene

Für ein besseres Handling der Ebenen benötigen
Sie jetzt noch eine neue Hintergrundfläche.
Erstellen Sie eine leere Ebene und verschieben
Sie diese in der *Ebenen*-Palette an die unterste
Stelle.

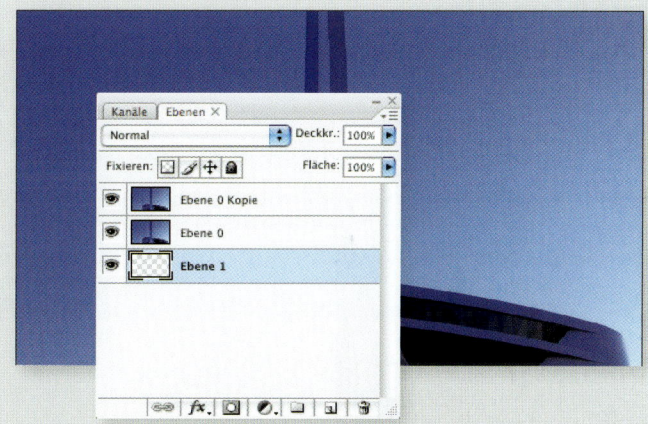

[8] Arbeitsfläche drehen

Für das Endresultat soll das Bild um *90°* gedreht
werden. Wählen Sie dazu im Menü *Bild* die
Funktion *Arbeitsfläche drehen/90° gegen UZS*.

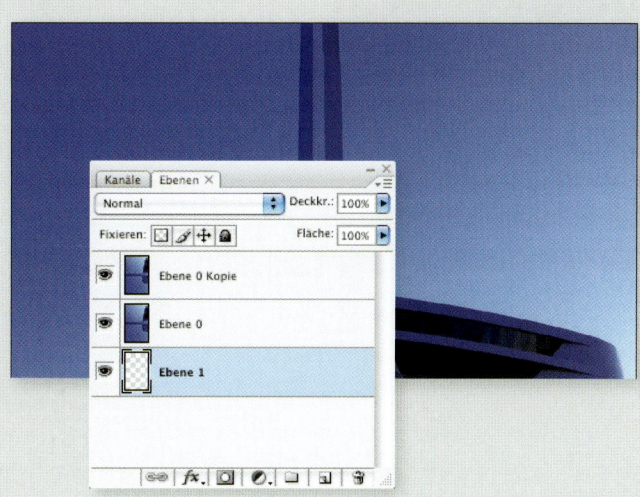

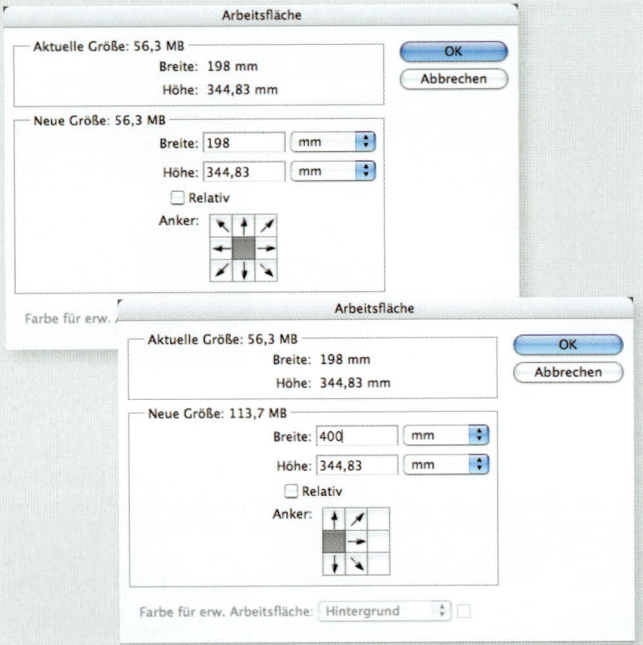

[9] Arbeitsfläche vergrößern

Damit Ihnen die Arbeitsfläche den nötigen Raum zur Platzierung der Ebenen bietet, wird diese verbreitert. Gehen Sie dazu in das Menü *Bild* und wählen Sie die Funktion *Arbeitsfläche*. Unter *Breite* und *Höhe* können Sie die neuen Maße angeben, im Pop-up-Menü daneben die gewünschte Maßeinheit. Im aktuellen Arbeitsbeispiel wird die Breite auf *400 mm* vergrößert. Klicken Sie unter *Anker* auf ein Quadrat, von dem aus die neue Größe der Arbeitsfläche berechnet werden soll, hier das linke Quadrat der mittleren Reihe.

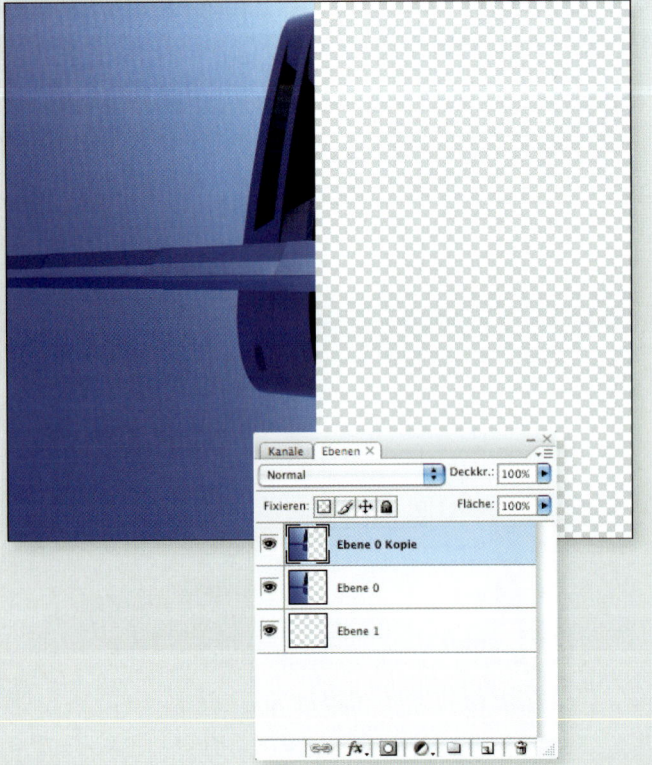

[10] Ebene auswählen

Entscheiden Sie, welche der Ebenen Sie anschließend spiegeln und versetzen wollen. Markieren Sie diese in Ihrer *Ebenen*-Palette.

[11] Motivebene spiegeln

Eine der duplizierten Ebenen soll jetzt genau spiegelverkehrt dargestellt werden. Mit *Bearbeiten/Transformieren/Horizontal spiegeln* wird der Ebeneninhalt gespiegelt.

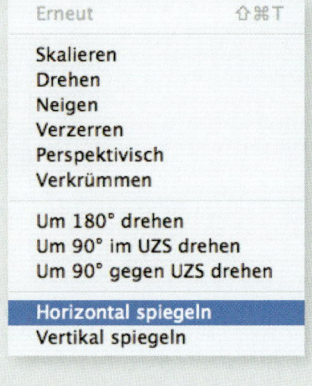

[12] Ebene versetzen

Mit dem *Verschieben*-Werkzeug versetzen Sie die gespiegelte Ebene an die andere Bildkante.

[13] Neue Hilfslinie

Zur folgenden Positionierung der Ebenen erstellen Sie eine Hilfslinie exakt in der Mitte der Arbeitsfläche.
Damit Sie nicht nur ungefähr die Mitte treffen, wählen Sie im Menü *Ansicht* die Funktion *Neue Hilfslinie*. Im Dialogfeld *Neue Hilfslinie* geben Sie unter *Position* als Maßangabe einen Prozentwert ein. Die Hälfte der Arbeitsfläche ist mit *50 %* exakt definiert.

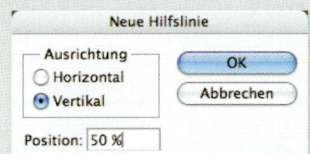

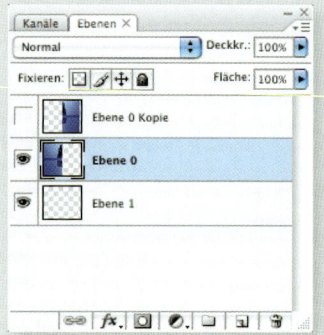

[14] Ebenen ausrichten

Beide Ebenen sollten sich um den gleichen Wert in der Mitte der Arbeitsfläche überlappen. Je mehr sich diese Flächen decken, desto besser kann im folgenden Arbeitsschritt *Ebenen automatisch füllen* die Überblendungsautomatik arbeiten. Positionieren Sie erst die obere Ebene, blenden diese dann aus und verschieben die untere dann um den gleichen Wert.

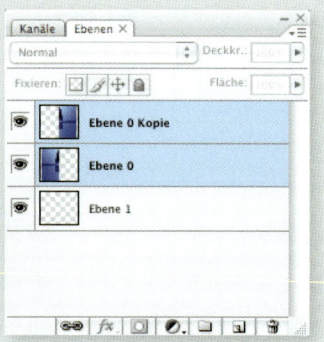

[15] Mehrere Ebenen auswählen

Markieren Sie die Motivebenen, die im Bereich der Überlappung miteinander verschmolzen werden sollen. Halten Sie dabei die [Strg]-Taste gedrückt und Sie können alle Ebenen, die Sie anklicken, markieren und auswählen.

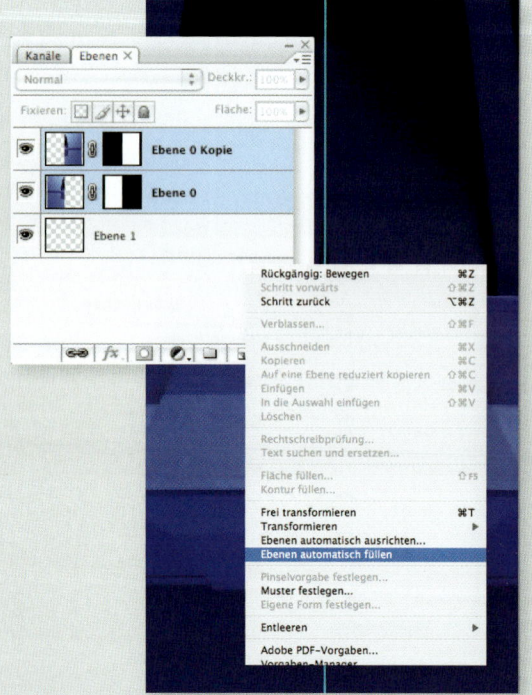

[16] Maskieren

Unter dem Menüpunkt *Bearbeiten* finden Sie den neuen Befehl *Ebenen automatisch füllen*. Beiden Ebenen wird eine Ebenenmaske hinzugefügt und sie werden an den überdeckenden Stellen unsichtbar verschmolzen.

[17] Retuscheebene erstellen

Feinheiten können jetzt anschließend auf einer
eigenen Retuscheebene ausgebessert werden.
Verschieben Sie die noch leere Ebene in die
obere Position der *Ebenen*-Palette

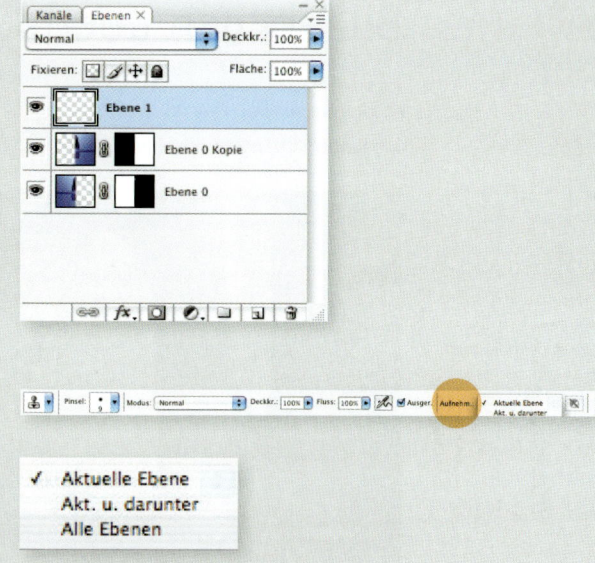

[18] Bild–Komposing verfeinern

Wählen Sie aus der Werkzeugleiste das *Kopierstempel*-Werkzeug und aktivieren Sie in den
Werkzeugoptionen im Pop-up-Menü *Aufneh-
men/Alle Ebenen*. Alle Retuschearbeiten, die
mit dem *Kopierstempel*-Werkzeug ausgeführt
wurden, werden so auf einer eigenen Ebene
gespeichert und können jederzeit nachkorrigiert
werden.

Bildebenen überblenden

Kennen Sie das Dilemma von Serienaufnahmen, in denen das eine Bild etwas hat, was im nächsten fehlt, und umgekehrt. Hier bietet Ihnen Photoshop CS3 eine fantastische, einfache Lösung.

VORHER
Sie sehen zwei ähnliche Einzelaufnahmen, die einen guten Ansatz zeigen aber dann den Auswahlkriterien nicht genügen. Zum einen wegen der Belichtung, zum anderen wegen der Pose. (Foto: Guido Sonnenberg)

NACHHER
Aus den Bildern wurden einzelne Elemente herausgenommen und zu einem Bild vereint.

[1] Bilddateien zusammenfassen

Öffnen Sie zwei ähnliche Bilddokumente in Photoshop CS3 und ordnen Sie beide über *Fenster/Anordnen/Nebeneinander* an. Für diesen Workshop wurden zwei Bilder mit ähnlichem Hintergrund ausgewählt. In dem einen Bild ist die Belichtung in Ordnung, in der anderen Aufnahme ist aber der Ausdruck des Models ansprechender. Von jedem dieser zwei Bilder sollen nun die Sahnestückchen übernommen und in einem Bild kombiniert werden.

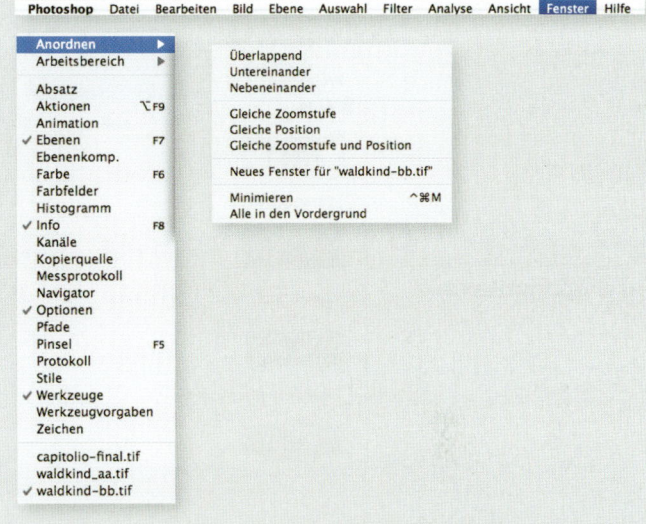

[2] Bilddokumente kombinieren

Die beiden einzelnen Bilddokumente werden nun in einer Datei zusammengefasst. Bei gedrückter [Umschalt]-Taste klicken Sie eines der Bilder mit dem *Verschieben*-Werkzeug an und ziehen dieses per Drag and Drop auf das andere Bild. Durch das gleichzeitige Halten der [Umschalt]-Taste fügt sich das Bild wunderbar an die Dokumentbegrenzungen an. Das Original des positionierten Bildes kann nun geschlossen werden.

[3] Ebenen auswählen

Beide Bilder sind jetzt in einem Dokument zusammengefasst, jeweils auf einer eigenen Ebene. Durch temporäres Ausblenden der oberen Ebene (klicken Sie auf das *Augen*-Symbol) werden Sie erkennen, dass die Motivelemente noch nicht exakt deckungsgleich übereinanderliegen. Wählen Sie in der *Ebenen*-Palette die Ebenen aus, die miteinander ausgerichtet werden sollen. Drücken Sie dabei die [Umschalt]-Taste und markieren Sie die Ebenen.

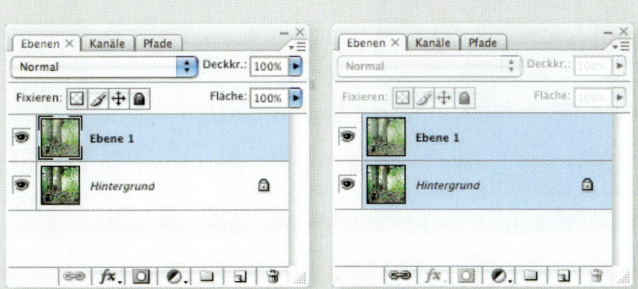

WORKSHOP 2

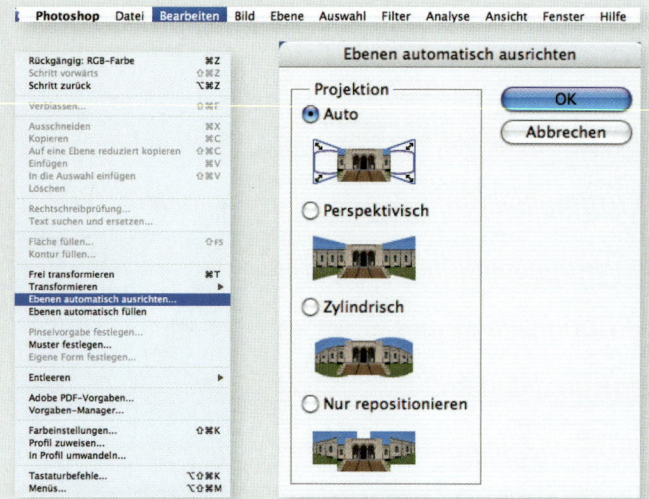

[4] Ebenen ausrichten

Im Menü *Bearbeiten* wählen Sie die Funktion *Ebenen automatisch ausrichten*. Das gleichnamige Dialogfeld bietet Ihnen mehrere Möglichkeiten an, wie die ausgewählten Bilder zueinander projiziert werden können. Machen Sie sich das Leben einfach und wählen Sie *Auto*. Bestätigen Sie dann mit *OK*.
Überprüfen Sie die Ausrichtung von Photoshop durch erneutes Ausblenden der oberen Ebene. Denken Sie an die Animationsmöglichkeiten, die sich hier ergeben. Den Hintergrund verschiedener Bilder ausrichten und die Objekte (Menschen) im Vordergrund scheinen sich in den Ebenen zu bewegen.

[5] Ebenenmaske hinzufügen

Da der Hintergrund perfekt ausgerichtet wurde, ist es kein Problem, den gewünschten Ebeneninhalt mit einer Ebenenmaske einzublenden. Weisen Sie die Ebenenmaske der oberen Ebene zu.
Da die Ebenenmaske standardmäßig in Weiß angelegt wird (also alles sichtbar), wird durch das Abdecken mit Schwarz der untere Ebeneninhalt eingeblendet.

[6] Ebenenmaske gegebenenfalls umkehren

Möchten Sie die untere Ebene als Hauptmotiv haben, füllen Sie die weiß gefüllte Maske
komplett mit der Farbe Schwarz. Unter *Bild/
Anpassungen/Umkehren* können Sie die Maske
invertieren.
Tragen Sie jetzt weiße Farbe mit dem *Pinsel*-
Werkzeug auf die Stellen auf, die von der oberen
Ebene übernommen werden sollen.
Achten Sie beim Auftragen der Farbe darauf,
dass der Ebenenrahmen um die Ebenenmaske
liegt. Ansonsten würden Sie die Farbe uner-
wünschterweise auf Ihr Bild auftragen.

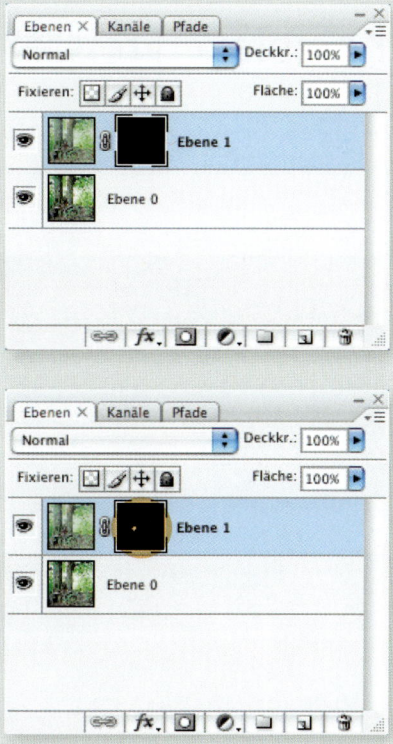

Komplexe Freisteller

Ein Problem, das vielen „Photoshoppern" früher oder später einmal begegnen wird, ist das problematische Freistellen von strukturierten oder farblich ähnlichen Objekten. Doch gerade für die diffizileren Freistellaufgaben ist der Photoshop-Filter **Extrahieren** ein hilfreicher Assistent.

VORHER
In der Aufnahme findet sich ein strukturierter Hintergrund, der keine schnelle Freistellung von Objekten zulässt. Auch die Auswahl von Farbflächen würde zu keiner schnellen Objektisolierung führen.
(Foto: Guido Sonnenberg)

NACHHER
*Die zwei Musikerinnen wurden mit dem **Extrahieren**-Assistenten freigestellt und anschließend verfremdet.*

[1] Ebene duplizieren

Der Filter *Extrahieren* ist ein destruktives Werkzeug. Er löscht unwiederbringlich Pixel. Kopieren Sie deshalb, bevor Sie loslegen, die Hintergrundebene und blenden Sie das Original aus.

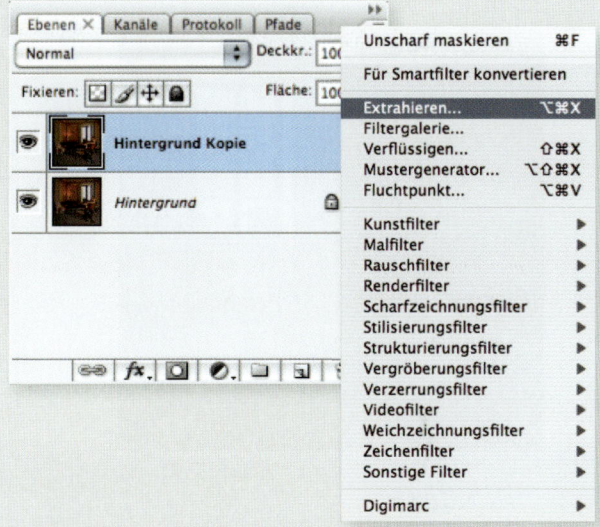

[2] Freistellfilter

Im Dialogfeld *Extrahieren* können Sie Ihre Objekte Schritt für Schritt vorbereiten. Als Erstes muss dem Filter gezeigt werden, wo die Grenze zwischen Freistellobjekt und zu löschendem Bereich zu suchen ist.
Aktivieren Sie zur Unterstützung im Bereich *Werkzeugoptionen* die Option *Hervorhebungshilfe*. Beim Nachzeichnen der Konturen werden die Kanten wie magnetisch sein.

[3] Konturen nachzeichnen

Aktivieren Sie in der Werkzeugleiste des Dialogfelds den *Kantenmarker*. Zeichnen Sie mit dem *Kantenmarker* eine Linie um die Freistellobjekte herum. Sie können dabei jederzeit absetzen und an anderer Stelle weitermalen. Aber achten Sie darauf, dass keine Lücken offen bleiben.
An klaren Kanten darf die Linie sehr dünn sein, an schlecht differenzierbaren etwas stärker. Je kleiner die Werkzeugspitze des *Kantenmarkers* ist, desto sauberer wird die Freistellung ausfallen. In haarigen Zonen setzen Sie den Marker großflächig ein, damit die Filterfunktion alle Details erfassen kann.

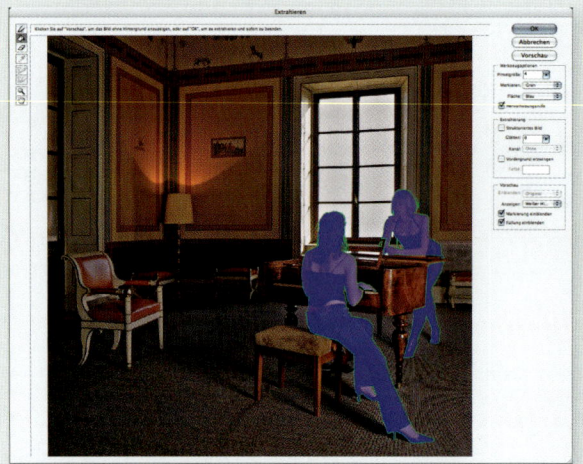

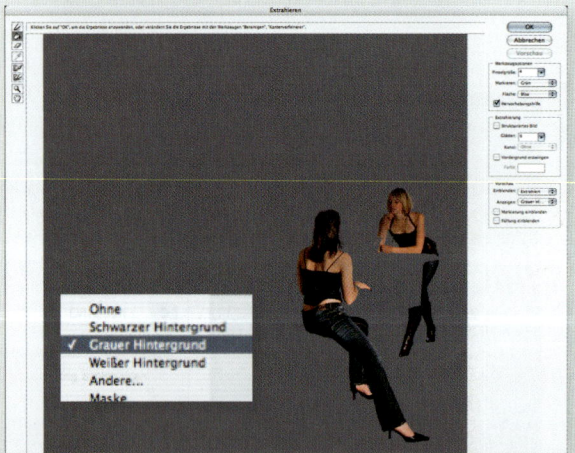

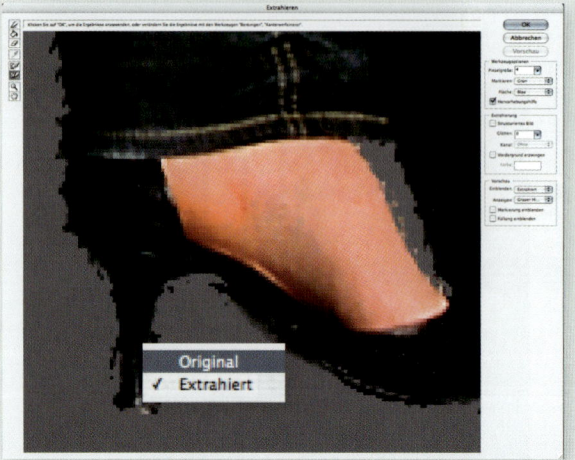

[4] Bereiche schützen

Wählen Sie anschließend in der Werkzeugleiste des Dialofeldes das *Füll*-Werkzeug und klicken damit in den geschlossenen Bildbereich. So erkennt der Freistellfilter, welcher Teil des Bildes erhalten bleiben soll.

Läuft die Farbe nicht über das ganze Bild aus, dann haben Sie sauber gearbeitet und keine Lücke offen gelassen. Ansonsten müssen Sie die offene Stelle suchen und mit dem Marker schließen.

[5] Vorschau erstellen

Um die spätere Endversion der Freistellung zu überprüfen, klicken Sie die *Vorschau*-Schaltfläche an. Überprüfen Sie die Details auf verschiedenen Hintergrundfarben.

[6] Nacharbeit

Unsaubere Freistellkanten weisen auf einen schwachen Bildkontrast oder auf zu dicke Markierungskanten hin. Wählen Sie im Bereich *Vorschau* unter dem Pop-up-Menü *Einblenden* die Option *Original* aus und aktivieren Sie das eckige Kontrollfeld *Markierung einblenden*. Aktivieren Sie im Bereich *Extrahierung* das Kontrollfeld *Strukturiertes Bild*, wenn Sie ein Bild ohne klaren Hintergrund haben. Glattere Freistellkanten erhalten Sie auch, wenn Sie die Glättung hochsetzen. Bei besonders komplizierten Objekten, die keinen klaren Innenbereich besitzen, aktivieren Sie *Vordergrund erzwingen*. Beachten Sie, für die neue Freistellberechnung müssen Sie erst noch einmal das *Füllwerkzeug* einsetzen.

[7] Kantendeckkraft

Freigestellte Kanten, die ungewünschte transparente Bereiche aufzeigen, können mit dem Werkzeug *Bereinigen* korrigiert werden. Damit können Sie die Deckkraft der Pixel verringern. Mit gedrückter [Alt]-Taste stellen Sie die volle Deckkraft wieder her.

Malen Sie über unsaubere Kanten mit dem *Kantenverfeinerer*, dann werden die Freistellungsübergänge kontrastreicher und deutlicher, bis daraus eine klare Kante resultiert. Drücken Sie dabei die [Alt]-Taste, erzielen Sie genau das Gegenteil.

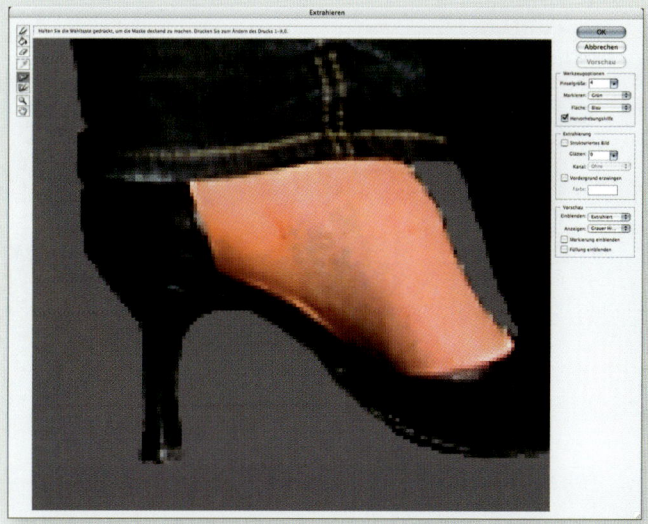

[8] Destruktives Freistellen

Bestätigen Sie die Filtereinstellungen mit *OK* und das Ergebnis wird auf transparentem Hintergrund angezeigt. Spätere Korrekturen sind jetzt leider ausgeschlossen, da alle übrigen Pixel gelöscht worden sind. Um nicht ganz von vorne anfangen zu müssen, hier ein kleiner Trick.

[9] Freistellmaske

Duplizieren Sie erneut die Ebene *Hintergrund*. Um den freigestellten Inhalt als Auswahl zu aktivieren, halten Sie die [Strg]-Taste gedrückt und klicken Sie auf das Ebenensymbol. Wechseln Sie auf die Motivebene und weisen Sie dieser eine Ebenenmaske zu.

Beide Freistellergebnisse sind identisch bis auf den gravierenden Unterschied, dass Sie jetzt jederzeit durch eine Korrektur der Maske die Freistellung nachträglich beeinflussen können.

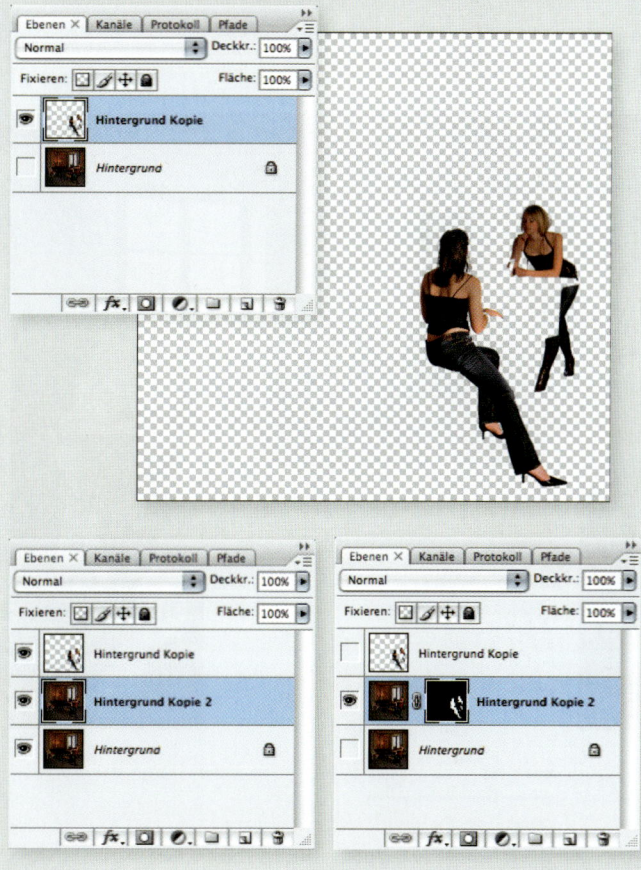

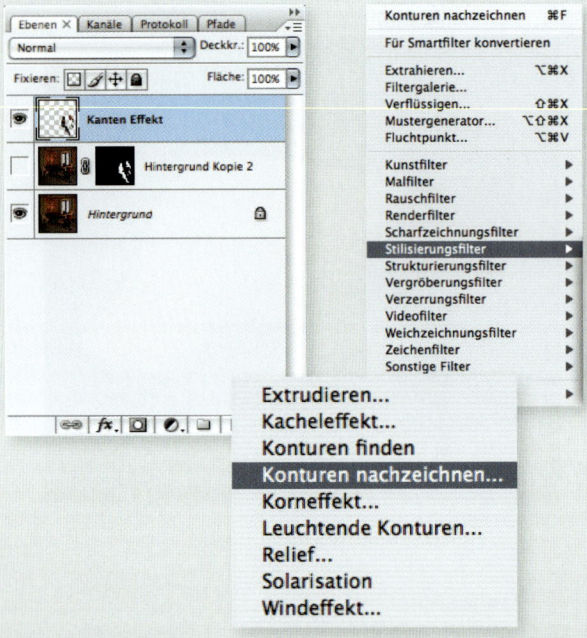

[10] Effektfilter

Bei der destruktiv freigestellten Ebene bietet es sich an, mit dem Filter *Konturen nachzeichnen* zu experimentieren.

[11] Konturen andeuten

Über das Menü *Filter/Stilisierungsfilter* wählen Sie die Funktion *Konturen nachzeichnen*. Experimentieren Sie, um herauszufinden, welche Werte Ihre Kanten im Bild am besten herausarbeiten. *Kante Obere* zeichnet die Konturen an Farbwerten heraus, die oberhalb des angegebenen Wertes liegen.

[12] Farbe entziehen

Die bunten Konturen können Sie über *Bild/An-passungen/Sättigung verringern* in Schwarzweiß umwandeln. Das identische Ergebnis erhalten Sie auch über *Farbton/Sättigung* mit dem Sätti-gungswert *-100*.

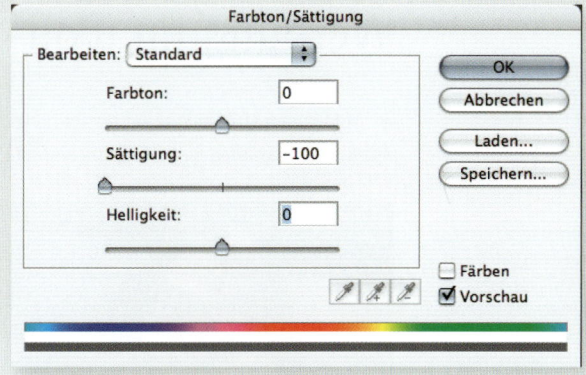

[13] Smart Objekt-Lösung

Wenn Sie die flexiblere Lösung bevorzugen, dann wandeln Sie die freigestellte Ebene erst in ein Smart Objekt um und wenden darauf den Filter an. Die Funktion *Sättigung verringern* steht dem Smart Objekt nicht zur Verfügung, so dass hier für eine Graustufenumsetzung nur der Weg über die Einstellungsebene *Farbton/Sätti-gung* oder *Schwarzweiß* führt.
Um die Konturen anzupassen, können Sie noch mit dem Gammaregler der *Tonwertkorrektur* die Intensität anpassen.

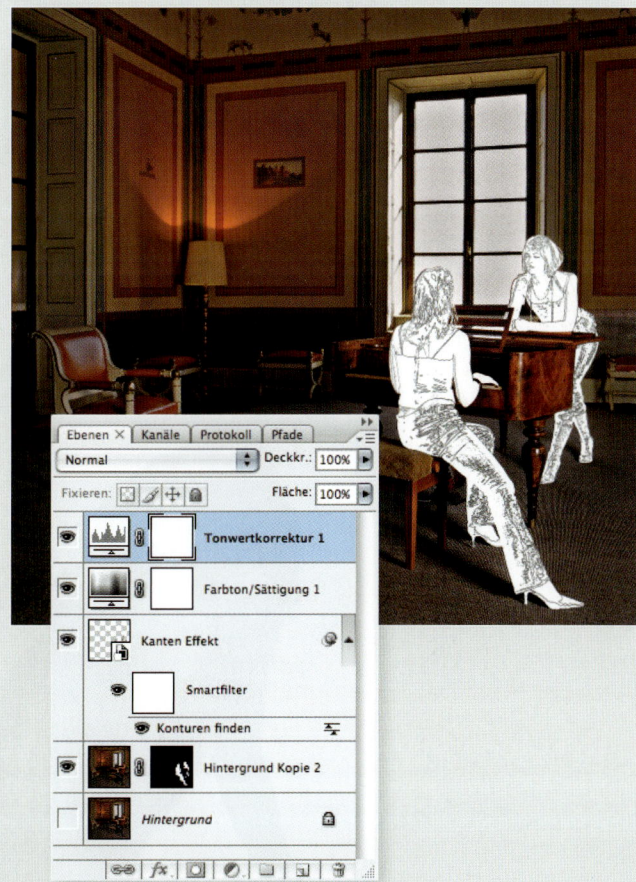

Werbung im iPod-Stil

Die Medienindustrie macht mit beeindruckenden Plakaten und Bildern Werbung. Einige der dabei verwendeten Effekte können Sie mit relativ einfachen Photoshop-Techniken auch selbst nachbauen.

VORHER
Gute Bilder sind oft nicht gut genug beim alltäglichen Kampf um Aufmerksamkeit in der reizüberfluteten Medienlandschaft. (Foto: Guido Sonnenberg)

NACHHER
Neben ungewohnten Perspektiven sind es die grafischen Verfremdungen, die die Aufmerksamkeit des Betrachters auf sich ziehen.

[1] Die Ausgangsbasis

Als vorbereitende Arbeit zu diesem Workshop
sollten Sie Ihr Bildmotiv bereits als freigestellte
Silhouette im Alphakanal abgespeichert haben.

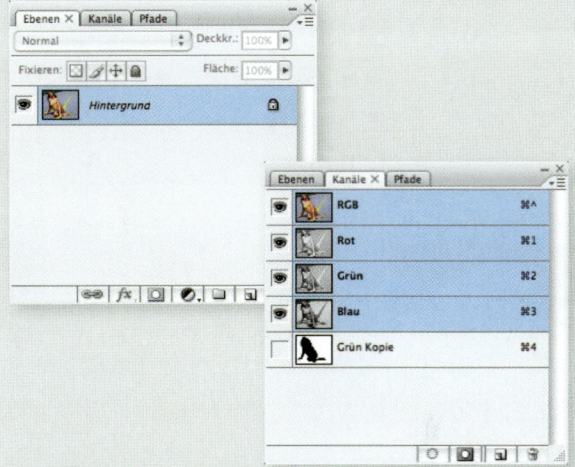

[2] Motiv isolieren

Zu Beginn duplizieren Sie die Ebene *Hintergrund*
und isolieren das Motiv. Wandeln Sie dazu den
Alphakanal in eine Auswahl um, indem Sie auf
das gepunktete *Kreis*-Symbol in der Symbolleiste der *Kanäle*-Palette klicken. Aktivieren Sie
dann bei der laufenden Auswahl in der *Ebenen*-Palette das Symbol *Maske hinzufügen*. Die
Auswahl wird als Maskenfüllung verwendet.

[3] Auswahl umkehren

Schwarz symbolisiert „nicht sichtbar" in der Maske. So kann es durchaus sein, dass Sie Ihre Maskierung invertieren müssen, denn auf der Ebene soll das freigestellte Motiv erkennbar sein und nicht der Hintergrund.

[4] Poppiger Hintergrund

Der iPod-Stil zeichnet sich durch poppige Hintergrundfarben aus. Legen Sie dafür eine neue, leere Ebene an und füllen Sie diese mit einer der typischen RGB-Farben.

Pink	235	82	150
Orange	245	145	16
Yellow	231	171	0
Green	64	201	60
Blue	0	148	224
Purple	164	106	168

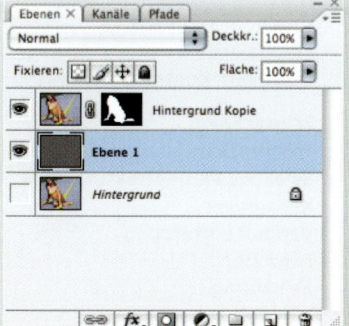

[5] Ebenenschichtung anpassen

Natürlich muss die neue Ebene mit dem Farbhintergrund noch unterhalb des Objektes positioniert werden.

[6] Flexibilität mit der Einstellungsebene

Gott muss ein Maler sein, hätte er uns sonst so viele Farben geschenkt? Welche Farbe wählen Sie? Probieren Sie alle aus.
Erstellen Sie oberhalb der Farbhintergrundebene eine Einstellungsebene vom Typ *Farbton/Sättigung.* Aktivieren Sie im Dialogfeld die Option *Färben* und spielen Sie mit den drei Reglern. Pastellene Farbnuancen, die in der Regel besser zum iPod-Stil passen, erreichen Sie, indem Sie die *Helligkeit* auf ca. *+75* setzen.

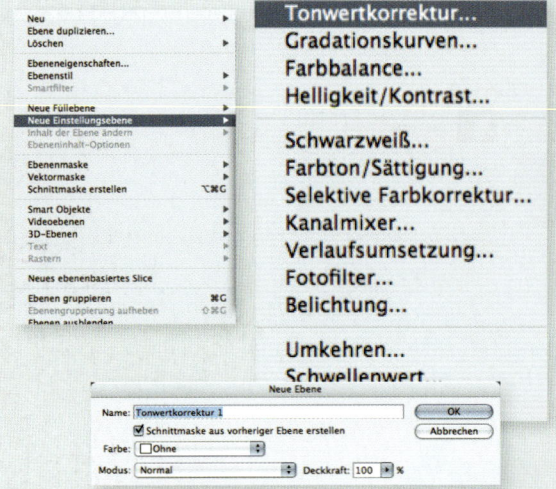

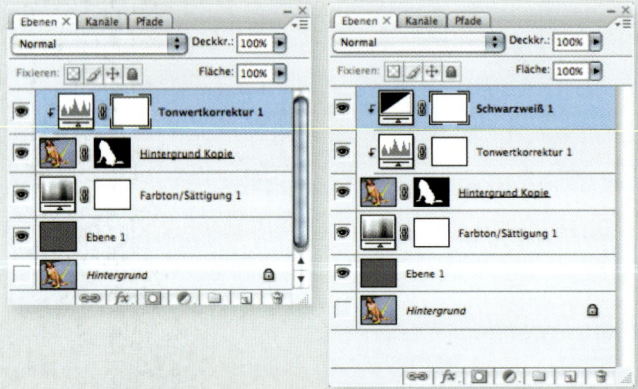

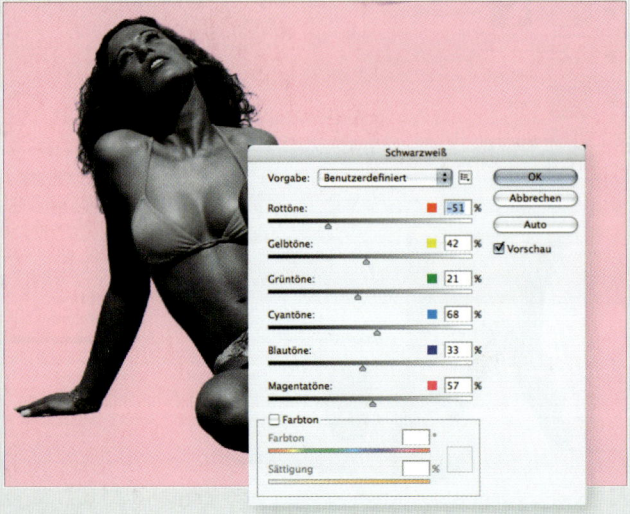

[7]
Schnittmaske erstellen

Wenden Sie sich wieder der Motivebene zu. Für die Umwandlung des Motivs in die Schattentechnik benötigen Sie zwei weitere Einstellungsebenen, die aber nur die Motivebene beeinflussen dürfen.
Über *Ebenen/Neue Einstellungsebene* erstellen Sie eine *Tonwertkorrektur-* und eine *Schwarzweiß*-Ebene. In dem sich öffnenden Dialogfeld aktivieren Sie das Kästchen für *Schnittmaske aus vorheriger Ebene erstellen*.

[8]
Schwarzweiß-Look

Beginnen Sie mit der farblichen Reduzierung Ihres Bildmotivs nach schwarzweiß. Benutzen Sie hier die *Auto*-Schaltfläche für eine gute Graustufenbasis. Individuelle Anpassungen können Sie je nach Geschmack und Laune vornehmen.

[9] Tonwertzerstörung

Für den typischen Dunkel-Look werden die
Regler der Tonwerte extrem nach rechts
verschoben. Den richtigen Look finden Sie mit
etwas „Forschergeist" im Zusammenspiel mit
den schwarzen und grauen Reglerdreiecken.
Das Motiv soll dunkel, aber nicht völlig schwarz
zulaufen. Die Bildlichter sollen die Motivmodu-
lation gerade noch erahnen lassen. Um diese zu
akzentuieren, müssen Sie den weißen Dreiecks-
regler ein wenig nach links versetzen.

[10] Selektive Schwärzung

Für kleine Bereiche in Ihrem Motiv, die nicht mit
der Tonwerteverzerrung abgedunkelt werden
können und störend wirken, legen Sie eine
eigene leere Ebene an. Auf dieser können Sie
mit Schwarz die betroffenen Bereiche manuell
übermalen.
Damit sich diese Ebene, genau wie die Einstellungsebenen, nur auf die Motivebene bezieht,
können Sie diese ebenfalls als Schnittebene
definieren, indem Sie mit gedrückter [Alt]-Taste
auf die Trennlinie der Ebenen klicken.

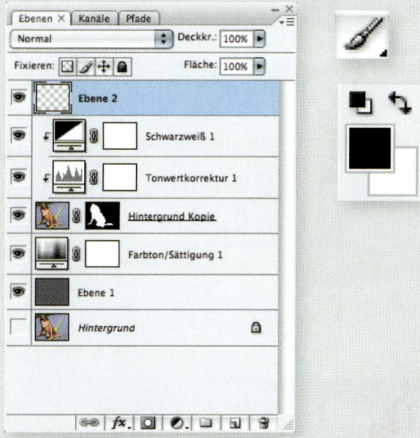

[11] Durchscheinende Farbe

Damit die Hintergrundfarbe an den helleren
Flächen im Motiv durchscheint, stellen Sie den
Ebenenmodus der Motivebene auf *Multiplizieren*
um.

[12] Exkurs zum Original

Aktivieren Sie noch einmal die Ansicht der Original-Hintergrundebene. Die Schatten geben die optische Gewissheit, dass das Motiv nicht schwebt. In den nächsten Schritten wird auch dem iPod-Motiv ein Schatten hinzugefügt.

[13] Maskierungsmodus

Wechseln Sie in der Werkzeugleiste vom *Standardmodus* in den *Maskierungsmodus*. Drücken Sie die Taste [D], damit in Ihrem Farbwähler der Werkzeugleiste die Standardfarben Schwarz und Weiß repositioniert werden. Malen Sie mit Schwarz die Schattenflächen im Bild großzügig nach.

[14] Auswahl malen

Lassen Sie sich nicht verwirren, wenn die Farbe, die Sie auftragen, nicht Schwarz, sondern wahrscheinlich Rot ist. Sie befinden sich im *Maskierungsmodus* und die Maskenfarbe ist in Photoshop standardmäßig auf Rot eingestellt. Mit einen Doppelklick auf das Symbol können Sie ggf. eine andere Farbe zuweisen und die *Deckkraft* der Maskierungsfarbe verändern. Die gewählte Farbe Schwarz bedeutet für den Maskierungsmodus nichts anderes als „volle Deckkraft".
Wechseln Sie danach wieder in den *Standardmodus*, verwandeln sich die gemalten Flächen in Auswahlbereiche um. Ein genialer Trick, eine Auswahl mit einem Malwerkzeug zu erstellen. Kehren Sie die Auswahl für den nächsten Schritt noch um.

[15] Auswahl füllen

Füllen Sie die Auswahl mit Schwarz auf einer eigenen, neuen Ebene. Damit die harten Kanten weicher werden, müssen Sie anschließend mit dem *Gaußschen Weichzeichner* die Ebenenfüllung bearbeiten.

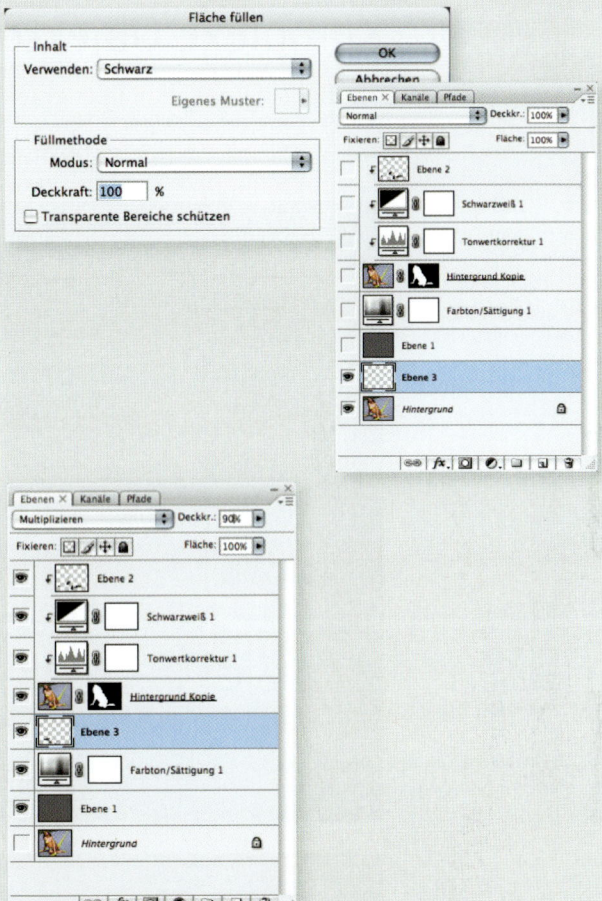

[16] Schattenebene platzieren

Ordnen Sie die Ebenen mit der Schattenfläche unterhalb der Motive an. Den Ebenenmodus stellen Sie auf *Multiplizieren* um und die *Deckkraft* passen Sie nach Geschmack an.

[17] Feintuning der Schatten

Schatten wirkt realistischer, wenn er mit zunehmender Entfernung zum Objekt heller wird und sich letztendlich ganz auflöst.
Bearbeiten Sie Ihren Schatten mit dem *Abwedler*-Werkzeug nach. In der Leiste der Werkzeugoptionen geben Sie einen geringen Wert von ca. *15 %* ein und hellen durch mehrmaliges Übermalen die einzelnen Schattenbereiche selektiv auf.

Komplexe Objektretusche

Wenn Bildbereiche durch andere Pixel zu ersetzen sind, ist man dankbar, wenn aus einem anderen Teilbereich oder gar einem anderen Foto deckungsgleiche Elemente dafür herhalten können.

VORHER
Die dritte Protagonistin ist offensichtlich deplatziert und soll entfernt werden. Der Fokus soll eindeutig auf die zwei Musikerinnen zentriert werden. (Foto: Guido Sonnenberg)

NACHHER
Die betroffenen Bildbereiche wurden mithilfe ähnlicher Objekte aus einer anderen Aufnahme überdeckt und an die Lichtgegebenheiten angepasst.

[1] Fotobereich auswählen

Rein zufällig fand sich bei einem weiteren Motiv
der zu ersetzende Bildbereich. Erstellen Sie als
Erstes eine großzügige Auswahl mit dem *Auswahlrechteck*-Werkzeug.

[2] Auswahlkante weichzeichnen

Schon bei der Auswahl können Sie eine harte
Auswahlkante vermeiden. Hierzu wählen Sie im
Menü *Auswahl/Auswahl verändern* die Funktion
Weiche Kante. Geben Sie unter *Radius* einen
Wert von *2* Pixeln ein und die Kante der aktiven
Auswahl wird weicher.

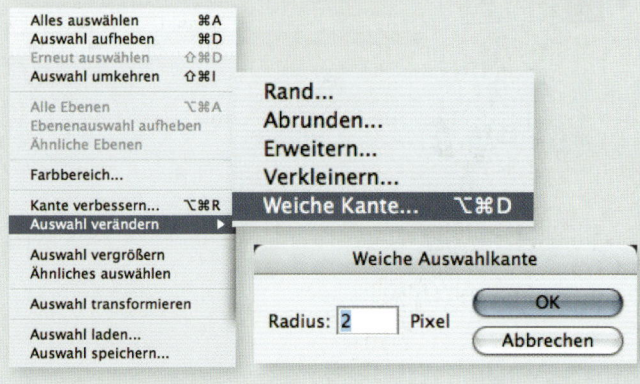

[3] Pixelbereich klonen

Isolieren Sie den Bereich innerhalb der Auswahl
auf eine eigene Ebene. Drücken Sie die Tastenkombination [Strg]+[J] und der markierte Auswahlbereich wird in einer neuen Ebene abgelegt.

[4] Pixelbereich verschieben

Mit dem *Verschieben*-Werkzeug verschieben Sie den Inhalt der Ebene. Dabei ist es gleichgültig, ob Sie den Ebeneninhalt innerhalb des Dokumentes oder von einem zweiten Dokument in ein anderes verschieben möchten.

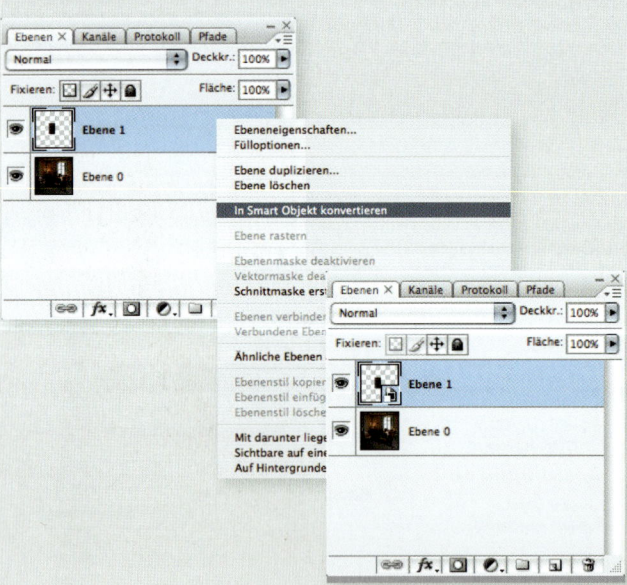

[5] Smart Objekt erstellen

Um die Qualität auch nach mehrfachem Anpassen in Form und Skalierung zu erhalten, wird die Ebene in eine Smart Objekt-Ebene konvertiert.

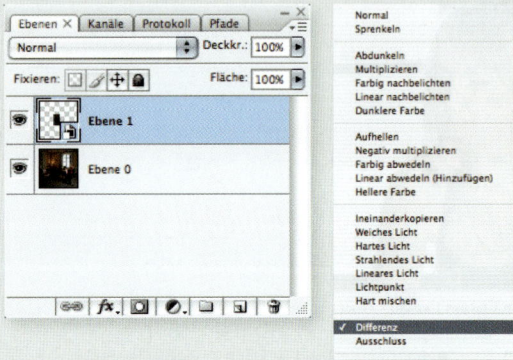

[6] Bereichskopie platzieren

Passen Sie Ihre Kopie dem abzudeckenden Bereich an. Vielleicht ist es leichter, wenn Sie den unteren Bereich dabei erkennen können. Hierzu wechseln Sie den Ebenenmodus von *Normal* auf *Differenz.*

[7] Objekt anpassen

Wie Sie feststellen werden, ist bei einer Smart Objekt-Ebene die *Transformieren*-Funktion *Verzerren* ausgeblendet und steht nicht zur Verfügung.
Verwenden Sie für das genaue Ausrichten und Anpassen die Funktion *Verkrümmen*. Idealerweise können Sie damit auch einzelne Bildsegmente verzerren.

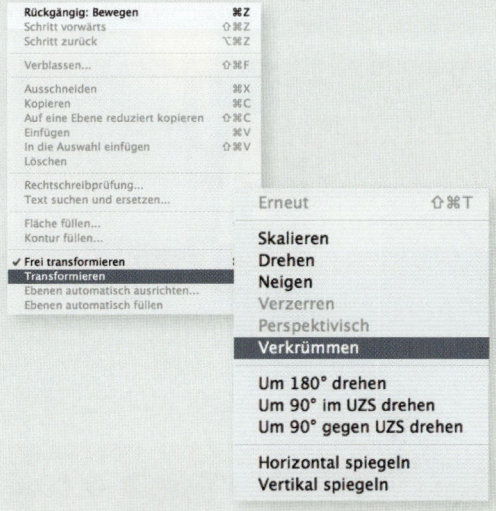

[8] Verkrümmen

Wenn Sie die Steuerpunkte zum Verzerren verwenden, können Sie über *Ansicht/Extras* das Gitter und die Steuerpunkte ein- und ausblenden.
Zum Ändern der Form ziehen Sie die Steuerpunkte, ein Segment des Begrenzungsrahmens oder einen Bereich im Gitter. Wenn Sie einen Kurvenbereich anpassen wollen, verstellen Sie die Grifflinien an den Steuerpunkten. Abschließend bestätigen Sie die Transformation mit Drücken der [Enter]-Taste.

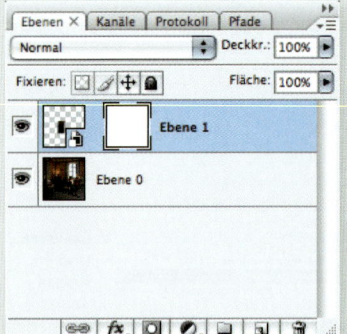

[9] Ebenenmaske hinzufügen

Um einen möglichst weichen Übergang zum
Original zu erhalten, werden die nicht erforder-
lichen, abdeckenden Bereiche mit einer Ebenenmaske weich ausgeblendet. Den gleichen Effekt
erhalten Sie auch mit dem *Radiergummi*-Werk-
zeug, können aber später keine Korrekturen
mehr durchführen, da dabei alle Pixel gelöscht
werden.

[10] Ebenenmaske bearbeiten

Malen Sie mit einem weichen und in der Deckkraft reduzierten *Pinsel*-Werkzeug die sichtbaren Bereiche weg. Fehler können Sie mit der
Farbe Weiß wieder korrigieren. Durch mehrfaches Übermalen erreichen Sie den weichen
Übergang. Auch hier können Sie der Einfachheit
halber die Füllmethode der Ebene gegebenenfalls auf *Differenz* umstellen.

[11] Eingezogene Einstellungsebene

Anschließende Änderungen von Helligkeit und
Farbe sollen sich nur auf die Smart Objekt-
Ebene auswirken und nicht auch noch auf die
darunter liegende Motivebene. Wenn Sie die
Einstellungsebene als *Schnittmaske* anlegen,
wirken sich die Änderungen nur auf eine unter-
halb liegende Ebene aus. Wählen Sie über das
Menü *Ebene* eine *Neue Einstellungsebene* des
Typs *Gradationskurven* aus.

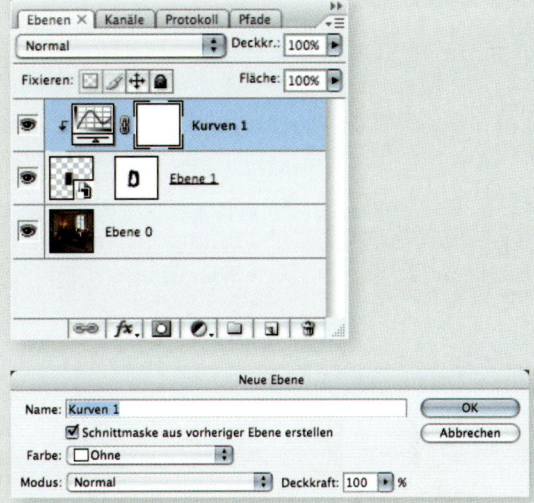

[12] Helligkeit und Farbe anpassen

Passen Sie dann wie gewohnt über die Gradationskurven die Helligkeit und die Farben an. Das
sichtbare Ergebnis reduzieren Sie abschließend
auf eine Ebene. Auf dieser neuen Ebene, die als
Bearbeitungsbasis dient, können Sie dann alle
weiteren Bearbeitungen durchführen.

BILDNACHWEIS

1
- Guido Sonnenberg
- Christian Haasz
- Björn Gantert
- Dirk Trachte

2
- Guido Sonnenberg
- Stella Frerichs
- Christine Anders

3
- Christine Anders
- Dirk Trachte
- Guido Sonnenberg

4
- Guido Sonnenberg
- Linda Blatzek
- Jonathan Schule

5
- Guido Sonnenberg

6
- Stefan Weis

7
- Björn Gantert
- Jonathan Schule
- Guido Sonnenberg

8
- Guido Sonnenberg
- MEV Verlag GmbH

9
- Guido Sonnenberg

INDEX

INDEX

INDEX